2023年国家重点研发计划《中国艺术专用纸研制应用
与标准体系研究》项目成果
2023年度中国美术学院学术出版物资助项目

纸质文物保护与修复理论

李爱红 著

中国美术学院出版社

序言

现代意义上的文物保护始于西方的启蒙运动。对于文化遗产的保护需要我们不断反思，尤其在我国近50年的现代文物保护实践中，对于西方20世纪的经典保护理论体系已经有了较深入的研究之后，提升和完善符合我国国情的当代文物保护理论体系成为一种趋势。本书旨在于当代文物保护的语境下，阐述纸质文物保护理论发展历程与现状，构建符合我国国情的纸质文物保护理论体系。

当代文化遗产保护事业迅速发展，造成文物保护对象大幅度增加，文物保护制度也在趋于完善。与此同时，也有许多亟待解决的问题没有因为保护制度的逐步完善而减少，没有因为保护技术水平的不断提升而减少，亦没有因为经济发展水平的提升而减少，反而因为日益增长的文化需求，关于文物保护的争议日益凸显。对大型文物保护项目的决策，显现了专家与管理者的顾此失彼。20世纪末，中国文物保护学界已经逐步意识到文物保护理论的重要性，开始尝试将西方经典保护理论和当代保护理论引入中国。但是，西方的保护修复理论是基于西方特定的文化历史背景形成的，完全照搬这些理论来处理中国的文化遗产保护问题，可能会造成水土不服。因此，在当下，建立符合中国文化遗产保护的理论体系逐步成为一个备受关注的议题，本书正是在这样的氛围中完成。本书所论述的文物保护理论有的来自中国经典古籍专著，有的来自当代世界各国同行的知识共享，其中尚有不成熟的观点，希望得到业界同行的批评指正。

撰写本书的目的是希望通过构建符合我国国情的纸质文物保护理论体系，为我国纸质文物保护与修复提供一个可参考、可借鉴的理论依据。本书试图发掘我国传统纸质文物保护中暗藏千年的纸质文物保护原理，并使其与当代纸质文物保护理念融会贯通，挖掘两者之间“不谋而合”的共通原则，并将其链接成具有逻辑性的理论架构。

本书分五个章节阐述纸质文物保护修复理论体系。第一章讲述文物与纸质文物的概念、纸质文物的类别、纸质文物的载体，阐释文物保护与文物修复的关系。第二章讲述中国传统纸质文物保护与修复发展历程，详细解读了《装潢志》与《赏延素心录》两部与传统书画保护与修复相关的古籍专著，以及其他二十四种包含装潢与修复内容的古籍，系统梳理了中国传统纸质文物保护与修复的理论框架，详细分析了西方文物保护与修复理论体系，初步探讨了中国纸质文物保护与修复理论体系的构建设想。第三章从文献史实修复、美学价值修复、预防性保护、再生性保护等四个角度，分析了纸质文物保护与修复的类型。第四章着重阐述修复理念与修复原则。第五章从理论到实践，分析传世书画修复案例，强调传统修复技艺与科学保护技术并进的重要性，阐明修复对象的价值判断对修复方案制定的影响，解析文物保护理论对文物修复技术的作用。

本书的出版是为了满足教学单位研究生和本科生的教学需要，同时，如果能对文物保护行业的一线工作人员有所帮助，能对图书馆、博物馆等文物保护管理单位、文物保护研究机构、个体收藏者等有所帮助，将不胜荣幸！

李爱红

2024 年 10 月于缮书堂

目录

第一章

纸质文物保护与修复概述

一、文物与纸质文物的概念

文物一词最早出现于战国初期《左传·恒公二年》:“夫德，俭而有度，登降有数，文物以纪之，声明以发之。”《后汉书·南匈奴传》中亦有记载:“制衣裳，备文物。”《隋书·礼仪志》中:“隋制，正旦及冬至，文物充庭，皇帝出西房即御座。”[1] 以上这些文献中所提及的“文物”一词，均指礼乐祭祀制度中的礼器和祭器，与现代所指的“文物”内涵均有区别。现代意义上的文物作为保护对象，涵盖的内容较之古时候丰富许多。在民国时期，对保护对象的称呼，常用“古物”一词，1930 年《古物保存法》第一条:“本法所称古物指与考古学、历史学、古生物学及其他文化有关之一切古物而言”。[2] 民国时期保护对象之古物所涵盖的范围远超出古代礼器、祭器的文物概念，接近今天的文物概念。今天的文物作为保护与修复对象，涵盖内容丰富，可以是艺术品，也可以是非艺术品;可以是遗产，也可以是遗迹;可以是具备文化价值的物品，也可以是具备经济价值的物品;可以是具有象征性，也可以是具有传播性。所有这些都构成文物的共同特征。文物作为保护对象，其意义在于具有的文化价值、艺术价值、历史价值等，文物的象征意义越强，其作为保护对象的价值越高。文物只有具备文化属性，具备思想和信仰等象征属性，具备情感纪念与象征属性，才有被保护的价值。实际上，文物作为保护对象，通常会同时具备多种象征意义，而其象征意义及价值的主次，

1 李晓东:《文物学》，学苑出版社，2005 年，第 2 页。
2 同上，第 3 页。

也成为制定、判定保护与修复方案的关键依据，修复方案往往依据使其成为文物保护对象的关键价值因素而制定。

文物的概念在我国是有形文化遗产的总称，是人类在社会活动中产生的具有历史、艺术、经济价值的物质文化和精神文化遗产，同时也包括部分与人类活动相关的具有科学价值的自然文物遗存，例如古人类化石等。中华人民共和国成立以后，颁布了一系列文物保护法规，具体有1961年国务院发布的《文物保护管理暂行条例》，1982年第五届全国人民代表大会常务委员会通过并颁布的《中华人民共和国文物保护法》。后者历经多次修订：1991年第七届全国人民代表大会常务委员会修订第三十条、第三十一条，2002年第九届全国人民代表大会常务委员会修订，2007年第十届全国人民代表大会常务委员会第二次修订，2013年第十二届全国人民代表大会常务委员会第三次修订，2015年第十二届全国人民代表大会常务委员会第四次修订，2017年第十二届全国人民代表大会常务委员会第五次修订。

《中华人民共和国文物保护法》第二条明确规定：

在中华人民共和国境内，下列文物受国家保护：

（一）具有历史、艺术、科学价值的古文化遗址、古墓葬、古建筑、石窟寺和石刻、壁画；

（二）与重大历史事件、革命运动或者著名人物有关的以及具有重要纪念意义、教育意义或者史料价值的近代现代重要史迹、实物、代表性建筑；

（三）历史上各时代珍贵的艺术品、工艺美术品；

（四）历史上各时代重要的文献资料以及具有历史、艺术、科学价值的手稿和图书资料等；

（五）反映历史上各时代、各民族社会制度、社会生产、社会生活的代表性实物。

文物认定的主体标准和程序由国务院规定并公布。

具有科学价值的古脊椎动物化石和古人类化石同文物一样受国家保护。

由此，文物作为保护对象，在我国有了明确规定的保护范围，这个保护范围也是文物所涵盖的内容。历史上，其他国家和地区对于保护对象的称呼也各有区别，非洲国家埃及对于保护对象的定义接近中国，他们接近文化遗存的含义，日本称为“文化财”，希腊称为“古物”，联合国教育、科学及文化组织称为“文化财产”。联合国教育、科学及文化组织大会第十六届会议于1970年在巴黎通过《关于禁止和防止非法进出口文化财产和非法转让其所有权的方法的公约》，公约第一条明确了“文化财产”所指为具有重要考古、史前史、历史、文学、艺术或科学价值的财产，具体范围如下：

1. 动物群落、植物群落、矿物和解剖以及具有古生物学意义的物品的稀有收集品和标本；

2. 有关历史，包括科学、技术、军事及社会史、有关国家领袖、思想家、科学家、艺术家之生平以及有关国家重大事件的财产；

3. 考古发掘（包括正常的和秘密的）或考古发现的成果；

4. 业已肢解的艺术或历史古迹或考古遗址之构成部分；

5. 一百年以前的古物，如铭文、钱币和印章；

6. 具有人种学意义的文物；

7. 有艺术价值的财产，如：

（1）全部是手工完成的图画、绘画和绘图，不论其装帧框座如何，也不论所用的是何种材料(不包括工业设计图及手工装饰的工业产品)；

（2）用任何材料制成的雕塑艺术和雕刻的原作；

（3）版画、印片和平版画的原件；

（4）用任何材料组集或拼集的艺术品原件；

8. 稀有手稿和古版书籍，有特殊意义的（历史、艺术、科学、文学等）古书、文件和出版物，不论是单本的或整套的；

9. 邮票、印花税票及类似的票证，不论是单张的或成套的；

10. 档案，包括有声、照相和电影档案；

11. 一百年以前的家具物品和古乐器。

由此可见，联合国教育、科学及文化组织的“文化财产”与我国的文物概念在意义内涵上接近一致，只是表述和分类上稍有差异。其中，纸质文物在上述两段文字中都有详细注明。《中华人民共和国文物保护法》第二条第四点明确指出：“历史上各时代重要的文献资料以及具有历史、艺术、科学价值的手稿和图书资料等。”这部分内容全部为纸质文物，再加上第三点“历史上各时代珍贵的艺术品、工艺美术品”中所有的纸质艺术品和纸质工艺品。在联合国教育、科学及文化组织中“文化财产”的内容中，纸质文物所指的内容则更多，比如：“8. 稀有手稿和古版书籍，有特殊意义的（历史、艺术、科学、文学等）古书、文件和出版物，不论是单本的或整套的；9. 邮票、印花税票及类似的票证，不论是单张的或成套的；10. 档案，包括有声、照相和电影档案……”还有第7点中所有纸载体形式的“有艺术价值的财产”。所以，纸质文物作为文物中的一大类别，涵盖的内容非常丰富。

在确定文物的概念和范围之后，不难发现文物种类十分庞杂，若不分类则难以对其进行科学的研究与保护。对于文物的分类形式有多种，比如，可移动文物、不可移动文物；出土文物、传世文物；馆藏文物、民间文物或流散文物；有机质文物、无机质文物等。文物分类一般使用博物馆分类法和文物保护分类法。博物馆的文物分类法是为了便于保管、查找、展览、研究等而进行的分类。博物馆的文物分类中会有等级分类，包括珍贵文物和一般文物，珍贵文物又分为一级文物、二级文物、三级文物等；还会按地域、年代、质地、制造工艺等来分类，这些分类都是为了便于保管、展览、查找、研究等而采用的分类法。

文物保护分类法一般从三方面分类，一类是以文物材质、结构来分类，分有机质文物和无机质文物。有机质文物又分为：纸质文物、纺织品文物、皮革类文物、漆木竹类文物、骨角牙贝类文物、磁带胶片类文物等。无机质文物又分为：金属类文物、石质文物、玉质文物、陶瓷琉璃类文物、壁画彩绘泥塑文物等。第二类是依据文物保存环境分类，分为室内文物、室外文物、地下文物、水下文物等。第三类是依据文物保护与修复技术来分类，分为雕塑装置类文物、古迹建筑类文物、器物家具类文物、陶瓷琉璃类文物、壁画造像类文物、书画类文物、古籍文献档案类文物等。

纸质文物是依据文物物质属性，以纸为主要载体的文物保护对象。纸质文物的具体概念指以纸载体为主件，经由书写、绘画、印刷、传摹、捶拓等形成具有信息或艺术符号的纸媒艺术品、工艺品、图书、文献档案等。纸质文物包括书画、经卷、书籍、档案文献、拓片碑帖、手稿信札、契约文书、报纸、招贴、壁纸、地图、纸币、照片、包装等，种类繁多。纸质文物通过各种形式，承载了人类漫长的绘画艺术发展史、书籍发展史、文学发展史等。纸质文物信息量庞大，记载了人类历史各时期的生活、生产、文化、艺术、政治、经济等社会活动，是人类文明传承、文化延续的重要遗产，是研究人类社会发展和技术进步的重要历史资料。

纸质文物的基本材料是纸张，除纸张以外，还附加有颜料、墨色、染汁、金银粉、胶矾、浆糊等其他材质。不同类型的纸质文物，附着材料也各异，如书画作品上附着的装裱材料绫绢、轴头、天地杆、包首、别签等；书籍中附着的装帧材料书皮、订线、夹板、函套、锦盒等；还有文献档案等纸质文物中的结合物，如邮票、照片等。在纸质文物的制作过程中，会有许多添加物，而后期的保存与传藏中也会有装潢材料或保护材料添加。所以，纸质文物不只是单纯的纸材料文物，许多被称为纸质文物的保护对象同时具备多种其他物质属性，在对文物进行实际保护与修复过程中，要全面考虑文物的各项材质与结构属性，制定正确科学的保护与修复方案。

二、纸质文物的类别

纸质文物包含的保护对象种类十分繁杂，对其进行科学分类，便于纸质文物的保护与研究。分类方式因分类角度不同存在多种形式，按来源出处可分为出土纸质文物、传世纸质文物；按收藏主体可分为馆藏纸质文物、民间纸质文物；按年代可分为古代纸质文物、近现代纸质文物，细化时间又分为汉代纸质文物、魏晋南北朝纸质文物、隋唐五代纸质文物、宋元纸质文物、明清纸质文物、近代纸质文物；按功能与形式一般分为书画、古籍、档案三类，三者之间并非界限分明。书画类包括书法、绘画、碑帖拓片、手稿等，碑帖拓片中拓本、帖本也常划分在古籍内，小幅绘画作品装裱成册页装或线装时，也常作为古籍收藏。古籍包含稿本、印本、杂志、经卷、印谱、图谱、图录、信札、册页、手卷等，手卷和册页作为一种装裱形式，常常装潢书画作品，所以书画与古籍作为纸质文物，相互之间没有清晰界限。档案包含内容更杂，古代有文牒、契约、告示、公文、纸币、证书、账册、户籍、诏书、名刺、舆图等，近代有邮票、图纸、相片、海报、电报、票据、商标、执照、传单等。档案的概念从传递信息出发。所有的书画和古籍都具备视觉符号与文字信息，从某种意义上说，书画与古籍也属于档案的一种。档案并非从材质属性上分类，因此非纸质类档案，只要是档案信息，都属于档案的范畴，如胶片影像类档案、数字信息类档案。本书所提及的档案范围限定在纸质类档案。

1. 书画

书画是纸质文物中艺术价值最高的一类文物。书画也称字画，是书法与绘画两种艺术的合称，“书画同源”“书画同笔同法”也说明无法将书法与绘画分开。书画是馆藏纸质文物保护的核心内容。从中国绘画与文字的起源探索，绘画先于文字，在五六千年前出现于岩壁上的岩画，多是古人作为记事符号或图腾崇拜之用。本文所涉及的古代绘画以绢帛、纸质绘画为主，不包括壁画、岩画、画像砖、画像石等其他材质的绘画形式。文字是记录语言的符号，最早由图像符号演变为象形文字，通过甲骨文、大篆、籀文、小篆、隶书、楷书、章草、草书、行书等演化过程，完成由单纯文字记事向书法艺术的发展。

（1）书法

汉代帛书是书法艺术的早期阶段，魏晋以后，书法进入汉字书体承上启下的重要发展阶段，这一时期，行书、楷书、草书皆已定型，出现了钟繇、陆机、王羲之、王献之、王珣、索靖等著名的大书法家，也流传下来极为稀少的珍贵书法文物。现存中国最早的书法作品《平复帖》（图 1）是西晋陆机的存世孤品，此帖上承汉简，下启今草，是章草向今草过渡的典范之作，现收藏于故宫博物院，是我国第一件流传有序的法帖墨迹。《平复帖》也是我国现存最早的纸本法帖，纸张为浅灰色麻纸，虽历一千七百余年，强度

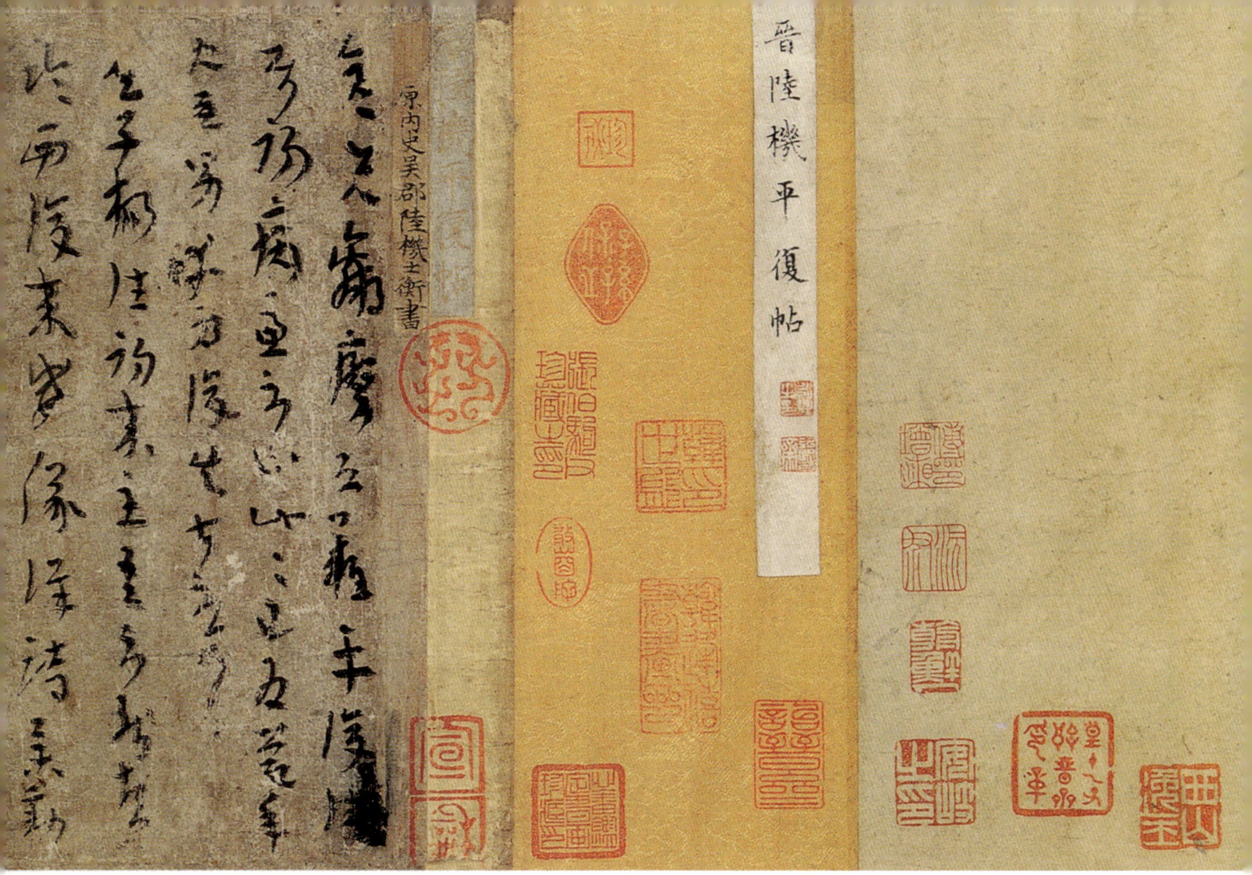

图 1 ［西晋］陆机《平复帖》（局部） 故宫博物院藏

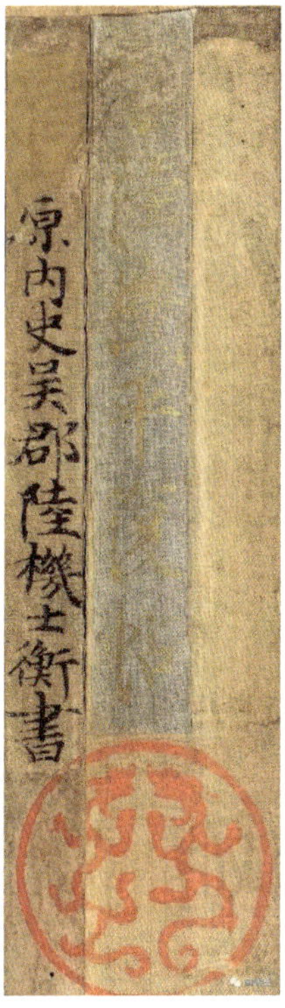

图2 《平复帖》墨笔楷书细节

仍然较好，麻纸书芯尺寸纵 23.7 厘米、横 20.6 厘米，全文共九行八十四字。《平复帖》经历代传藏，历经修复装裱，全卷钤印累累，有众多名家题跋，卷前开端有白纸题签“晋陆机平复帖”，黄绢隔水上还嵌有月白绢签，签上有宋徽宗泥金笔书“晋陆机平复帖”，旁边还紧邻“□□原内史吴郡陆机士衡书”墨笔楷书（图 2），卷后有董其昌“右军以前，元常以后，唯此数行，为希代宝”等跋文。该帖在递藏过程中，经多次装潢，唯有画芯周围一圈镶料还保留着宋宣和装。《平复帖》所用纸张为造纸初级阶段的麻纸，此时原纸生产与纸张二次加工工艺还不是十分成熟。陆机书写时，难免因为纸张表面的不平整而受到一定的影响。

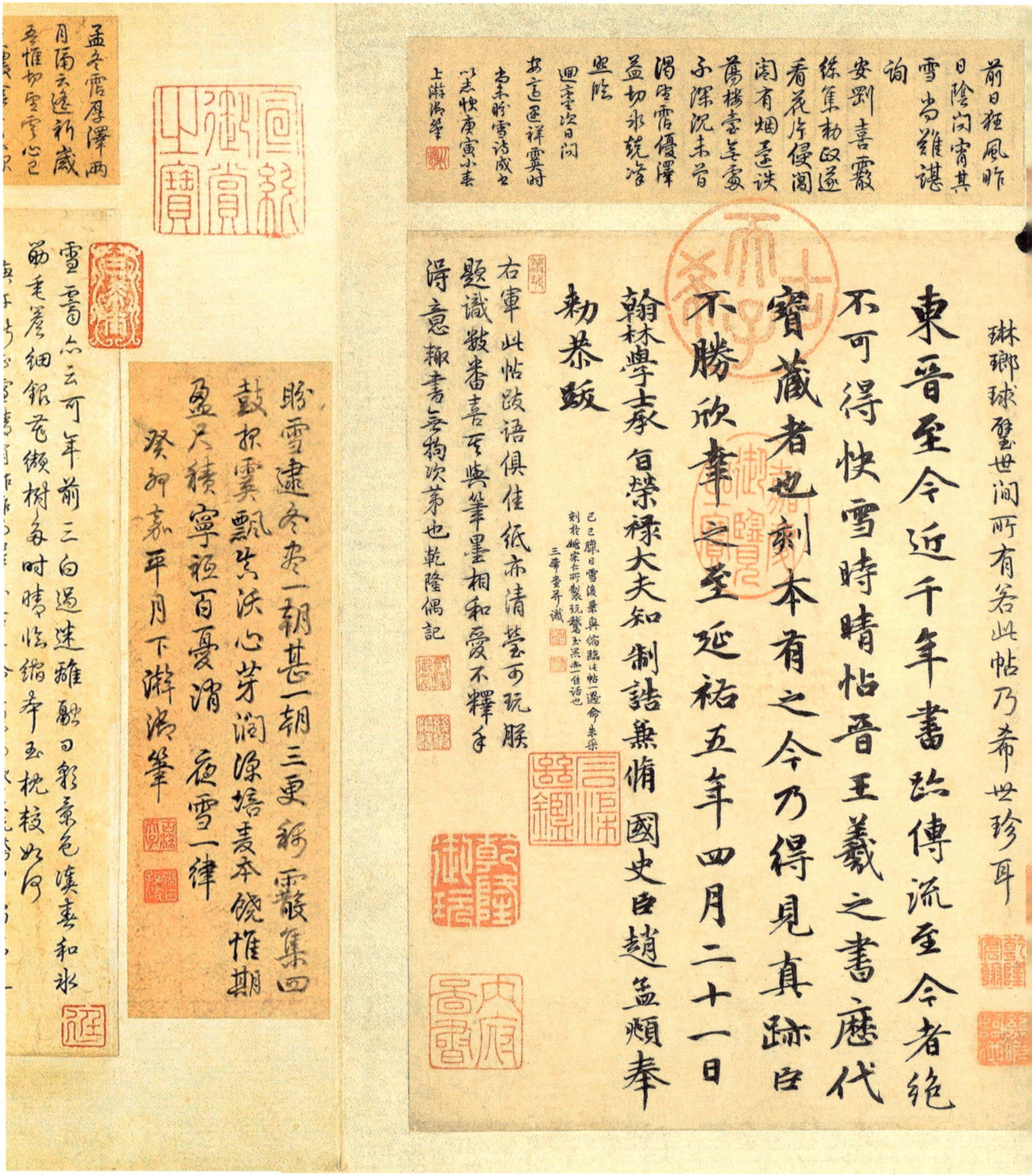

魏晋时期最重要的书法家是被称为“书圣”的王羲之。王羲之兼擅隶、草、楷、行各体，博精群法，尤擅行草，其代表作行书《兰亭集序》被称为“天下第一帖”，传真迹殉葬昭陵，有摹本和临本传世，其中冯承素摹本“神龙本”最佳，现藏于故宫博物院。王羲之并无真迹文物存世，传世作品

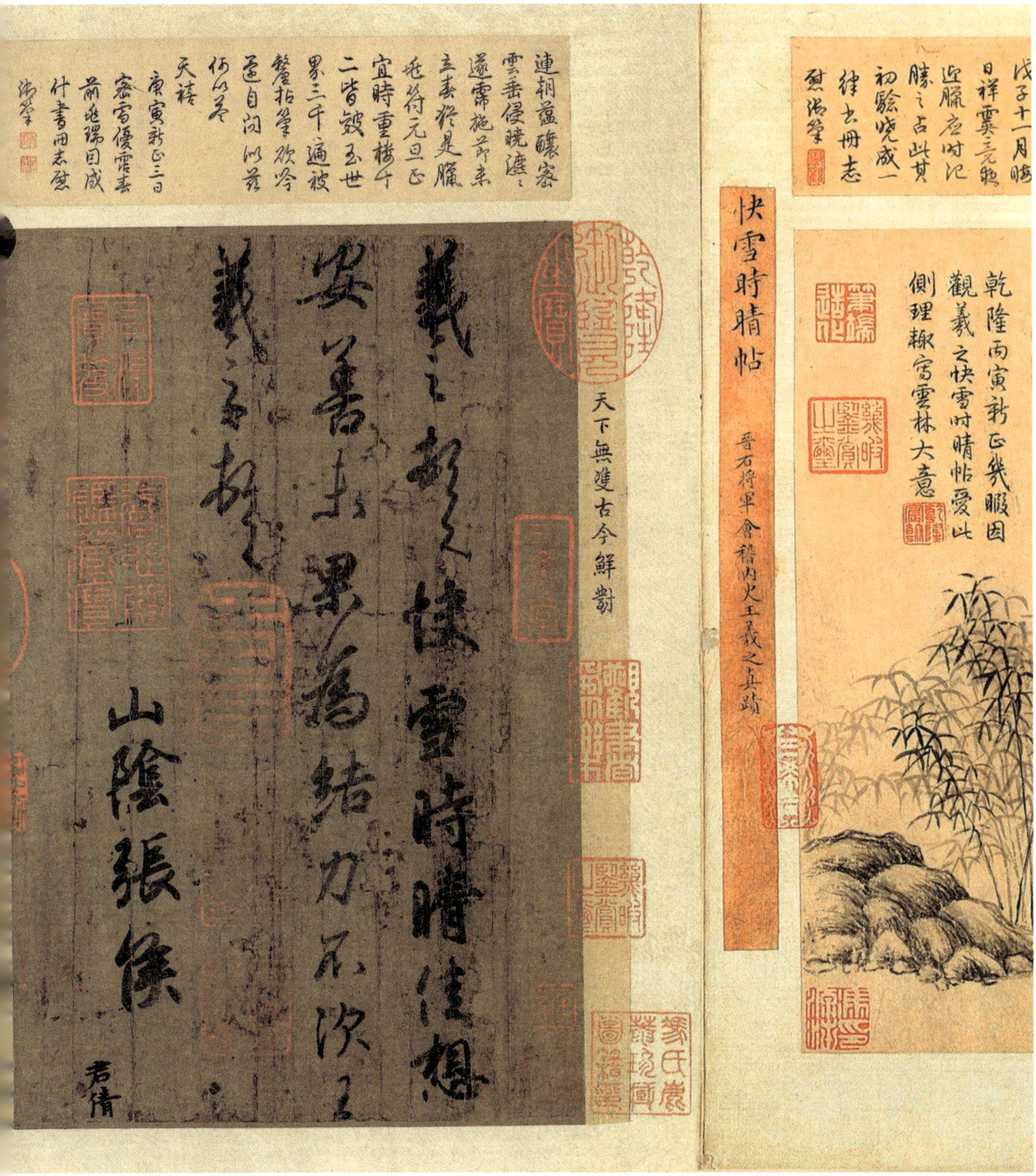

图3 ［东晋］王羲之《快雪时晴帖》 台北“故宫博物院”藏

均为后人摹本，其行书代表作品除《兰亭序》外，还有《姨母帖》《丧乱帖》《平安帖》《快雪时晴帖》（图3）等；草书代表作品有《初月帖》《十七帖》《寒切帖》等；楷书代表作品有《乐毅论》《黄庭坚》《曹娥碑》等。这些摹本和临本虽年代久远，但传藏有序，并被刻入各种法帖中，为后世名家效仿，其艺术价值、文物价值不言而喻。王羲之的《快雪时晴帖》被称为“天下法书第一”，真迹亦失，现存唐代纸本墨迹摹本，藏于台北“故宫博物院”。《快雪时晴帖》为素笺经折式册页，册中未见唐人题跋，左下角有“君倩”题名；宋代有钤印，无题跋；元代有赵孟頫、刘赓、护都沓儿作跋；明代有王稚登、吴廷、刘承禧、文震亨题跋；清代除钤印累累，还有乾隆七十一则题跋，帖前后画有《快雪时晴图》《云林小景》《羲之观鹅》小图。全册有记载的重装共两次，一次是明代王稚登重装并题签、作跋；另一次在乾隆时期重装，乾隆在帖前书“神乎技矣”四字。全册合装十四开册页，共二十八页，册页外有织锦囊袋包裹，囊袋内层有董邦达绘雪景山水一幅，并有清高宗手书“王羲之快雪时晴帖”八字。明代詹景凤的《东图玄览编》称《快雪时晴帖》“是真迹，纸精带竹，字墨纤毫无损，良是千余年间异物。”[1]凭此虽不能确认此纸纤维中有竹料，如能检测，确认为竹纸，或含竹混料纸，可推断此帖不会早于唐末，因为关于竹纸的最早记录大抵只能追溯至唐末，此前并无关于竹纸的记录。

王羲之第七子王献之，精通诸体，尤擅章草、草书、行书，与王羲之并称“二王”，又与张芝、钟繇、王羲之并称“书中四贤”。王献之存世作品很少，且都是摹本，还有一些刻帖。传世墨宝有《鸭头丸帖》《中秋帖》《洛神赋十三行》《东山松帖》《舍内帖》《送梨帖》等，皆为摹本。《鸭头丸帖》，行草，绢本，唐摹本，两行十五字，现藏于上海博物馆。《中秋帖》卷（图4），草书，纸本，二十二字，传米芾临本，现藏于故宫博物院。卷前引首清高宗弘历行书题“至宝”两字。前隔水有乾隆题跋，帖正文右上乾隆题签“晋王献之《中秋帖》”，卷后有明董其昌、项元汴，清乾隆题跋，还有乾隆、丁观鹏绘画各一段。《中秋帖》所用纸张为竹料纸，泛黄色，从笔势上观察，所用毛笔为无芯笔，不似晋代有芯硬笔，行笔灵活流畅，因此，当代书画鉴定家多认定此帖为北宋米芾所临。

东晋书法家王珣，王羲之之侄，擅行书，其传世墨迹《伯远帖》（图5）被认为是传世唯一的东晋名家法书真迹，被历代书法家、收藏家、鉴赏家

1 ［宋］米芾：《书史》，明刻百川学海本（中国基本古籍库），第6页。

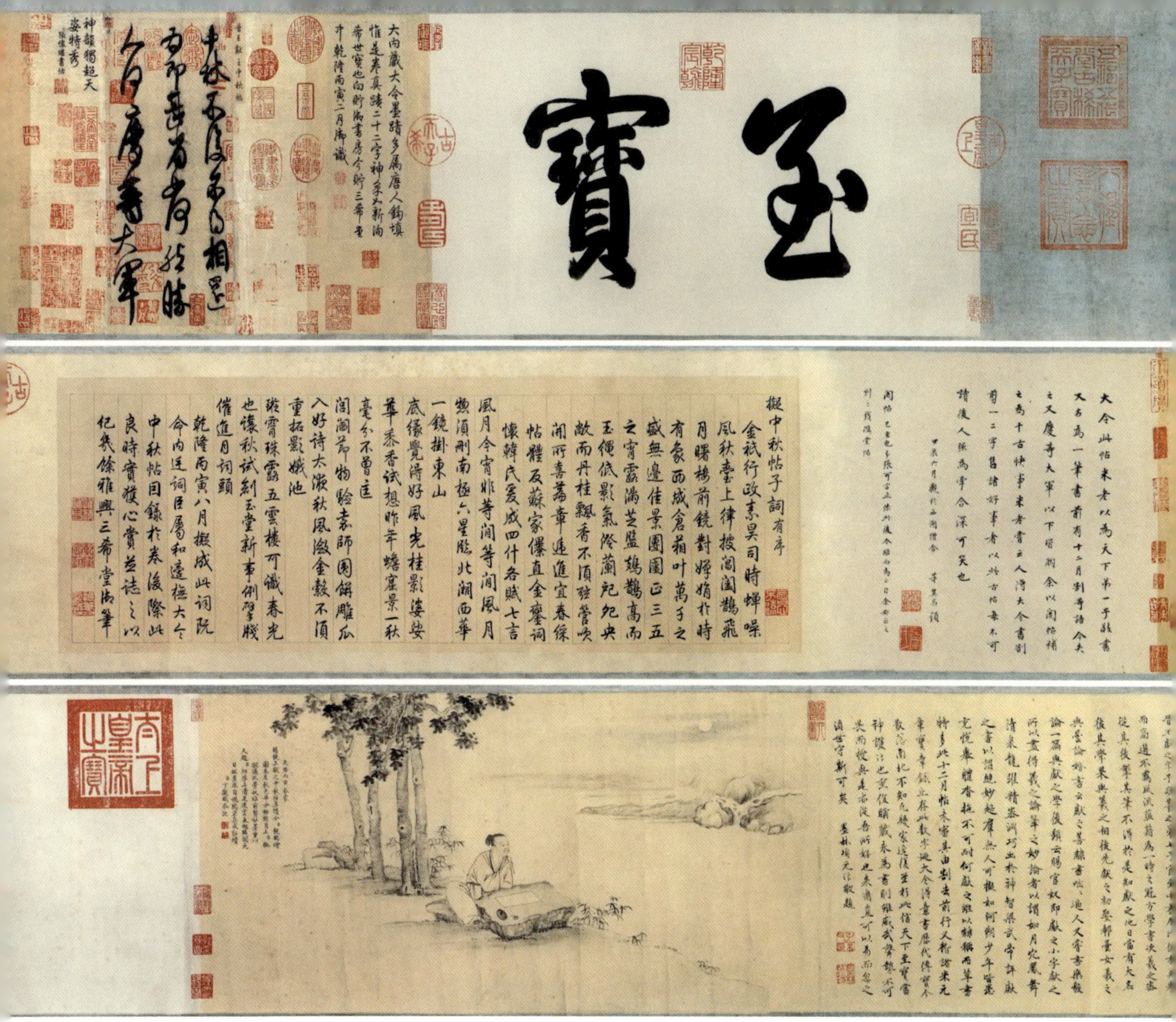

图 4 ［东晋］王献之《中秋帖》摹本 上海博物馆藏

视为稀世瑰宝，现藏于故宫博物院。《伯远帖》行书，纸本，共四十七字，纵 25.1 厘米，横 17.2 厘米，纸墨精良，流传有序，北宋时曾入宣和内府，后流落民间，明代为董其昌、吴新宇、吴廷收藏，清代经安岐等人收藏，后在乾隆时期入清内府，经乾隆品题，与《快雪时晴帖》《中秋帖》并藏在养心殿西暖阁内，乾隆御书匾额“三希堂”。徐邦达评说《伯远帖》：“平生所见晋人名书，此帖最为可信是真迹。”《伯远帖》为经折装形制，完整展开有数米长，卷前引首有乾隆御书“江左风华”四个大字，卷首及前隔水上有乾隆数次题跋与钤印，正文后隔水上有明董其昌题跋，跋后有乾隆绘《枯枝文石图》并识及钤印，后有明代王肯堂跋文，再后有清董邦达所绘《林下萧散之致图》，图后并附董邦达题记，最后是清沈德潜书《三希堂歌》。

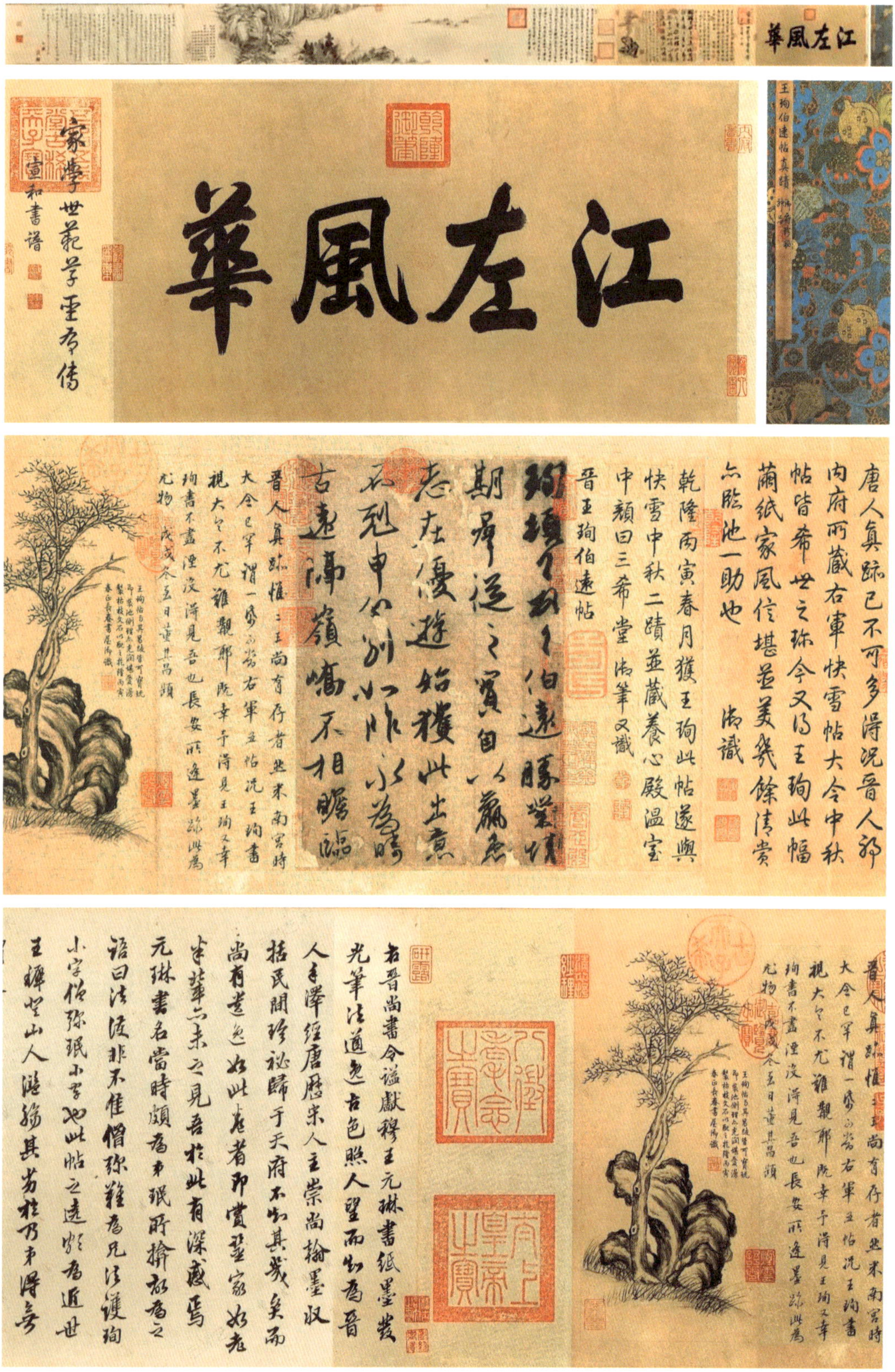

图 5 ［东晋］王珣《伯远帖》 故宫博物院藏

图 6 ［唐］李白《上阳台帖》 故宫博物院藏

隋代传世书法真迹有释智永的《真草千字文》。唐代著名的书法家中，正书代表人物初唐有欧阳询、褚遂良、虞世南、薛稷、李邕，中唐有颜真卿、柳公权；草书代表人物初唐有孙过庭，中唐有张旭、怀素等。唐代的书法艺术对后世影响深远。唐代是中国书法艺术发展的黄金时期，流传于世的真迹书法文物较多，如李白的纸本墨迹草书《上阳台帖》（图 6），是国家一级文物，现藏于故宫博物院。《上阳台帖》所用麻纸纸面粗糙，质感较强，纸性也比较熟，书写墨色不洇，加之麻纸纤维长，强度好，纸面挺括。欧阳询存世书法墨迹有《仲尼梦奠帖》，现藏于辽宁省博物馆。褚遂良的存世书法墨迹有《倪宽赞》，现藏于台北“故宫博物院”。颜真卿的行草真迹《祭侄文稿》（图 7），被誉为“天下行书第二”，现藏于“台北故宫博物院”。《祭侄文稿》使用的是长纤维的麻纸，纸张偏熟，书写快时有飞白，墨色并不那么黑亮，却非常灵动，反映出颜真卿跌宕悲愤的情绪。柳公权的纸本行书《蒙诏帖》，现藏于故宫博物院。怀素的草书真迹《苦笋帖》，绢本，现藏于上海博物馆。孙过庭撰并书的纸本真迹墨宝《书谱》（存上卷），“台北故宫博物院”藏。杜牧墨迹珍宝《张好好诗》麻纸本，行书，现藏于故

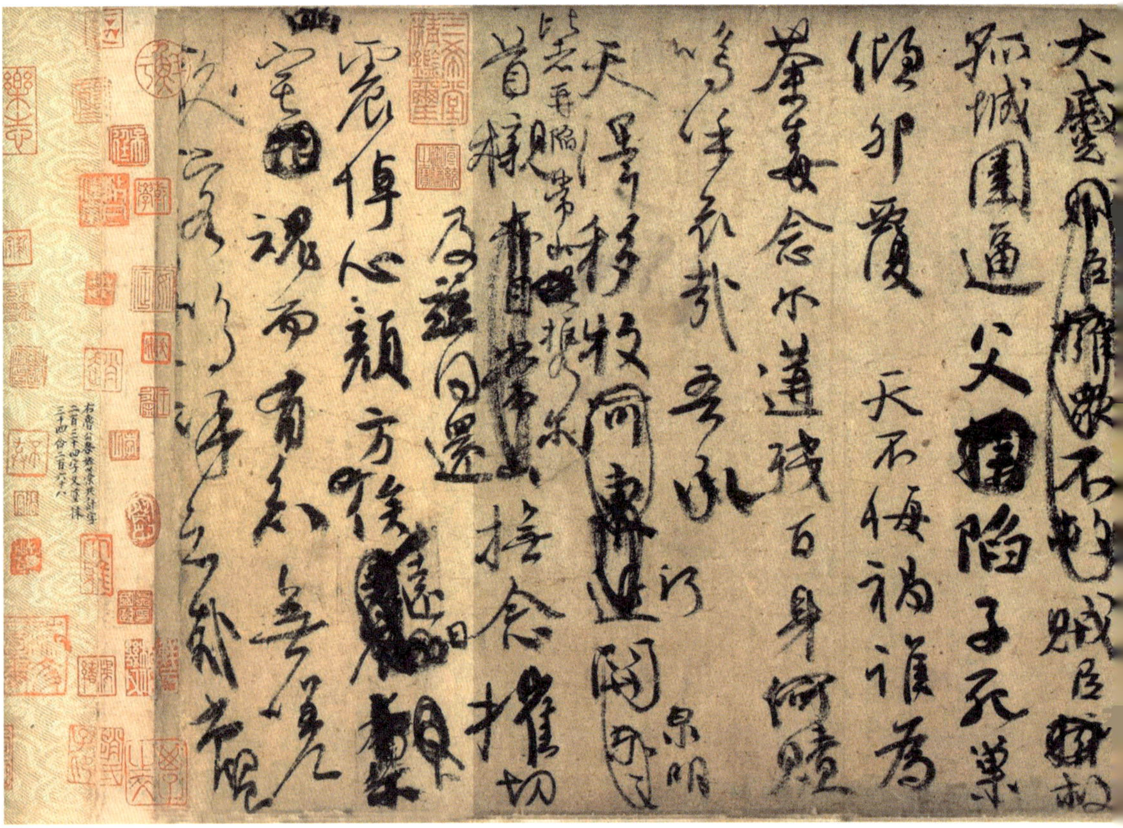

宫博物院。《张好好诗》麻纸纤维束明显，经过砑光，纸性较熟，纸面呈灰色，表面光滑，笔墨书写流畅，完整地呈现了字迹笔画的节奏。五代书法名家有杨凝式，其真迹墨宝《神仙起居法》（图8），纸本草书，现藏于故宫博物院，纸张为深灰色麻纸，有纤维素，制作不算精良。杨凝式被视为承唐启宋的重要人物，其书法初学欧阳询、颜真卿，后又学习王羲之、王献之，一变唐法，用笔奔放奇逸，对宋代书法影响深远。

宋代造纸、制墨、制笔等技术的发展，为纸质书画艺术的变革与发展提供了条件。蔡襄、苏轼、黄庭坚、米芾，被称为“北宋四大家”，南宋有赵构、赵孟坚、陆游、张即之等。蔡襄传世墨迹藏于故宫博物院的有《自书诗卷》《扈从帖》《蒙惠帖》等，藏于台北“故宫博物院”的有《虹县帖》《暑热帖》《安道帖》《离都帖》《脚气帖》《澄心堂纸帖》等。《澄心堂纸帖》（图9）是明确的用五代南唐澄心堂纸写成的传世作品。这幅作品可以算作澄心堂纸的标准样品，墨色流畅饱满，放大后能看到经过加工的皮纸质感，

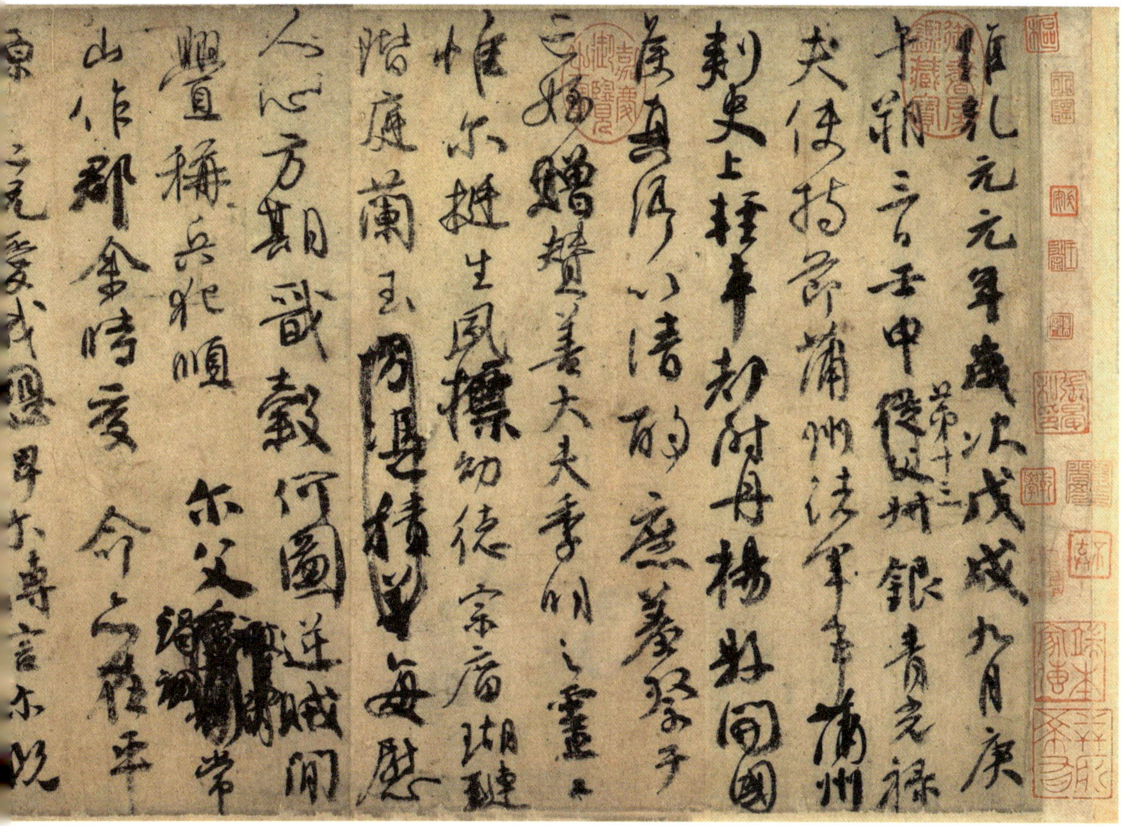

图 7 ［唐］颜真卿《祭侄文稿》 台北“故宫博物院”藏

表面细腻匀滑，字迹笔画之间棱角分明，说明当时的纸有天然拒墨的功能，可以很好地呈现笔画墨色的细节。苏轼存世书迹代表作有《治平帖》，藏于故宫博物院，《寒食诗帖》和《前赤壁赋》，藏于台北“故宫博物院”，《祭黄几道文》和《答谢民师论文帖》现藏于上海博物馆，《洞庭中山二赋》现藏于吉林省博物馆，其中《寒食帖》被誉为“天下第三行书”。苏轼的《三马图赞》（图 10）是苏轼为李公麟《三马图》所写的赞文，现存于故宫博物院，原纸为桑皮料，纸张疏水性较好，该书法纸面褶皱较多，但因纸张经过了施蜡、砑光、涂布等二次加工处理，光滑耐磨，未因纸面高低起伏的褶皱而磨损到墨迹笔画，纸面墨色仍莹润有光泽。黄庭坚代表作《诸上座帖》藏于北京故宫博物院，《松风阁诗》藏于台北“故宫博物院”。纸本行书《松风阁诗》（图 11）纵 32.8 厘米、横 219.2 厘米，全文计 29 行、153 字。纸张虽经熟化加工，但仍能看到清晰帘纹，行笔较快，枯笔处帘纹起伏更明显，墨色不洇化晕染，笔画边沿结构清晰。

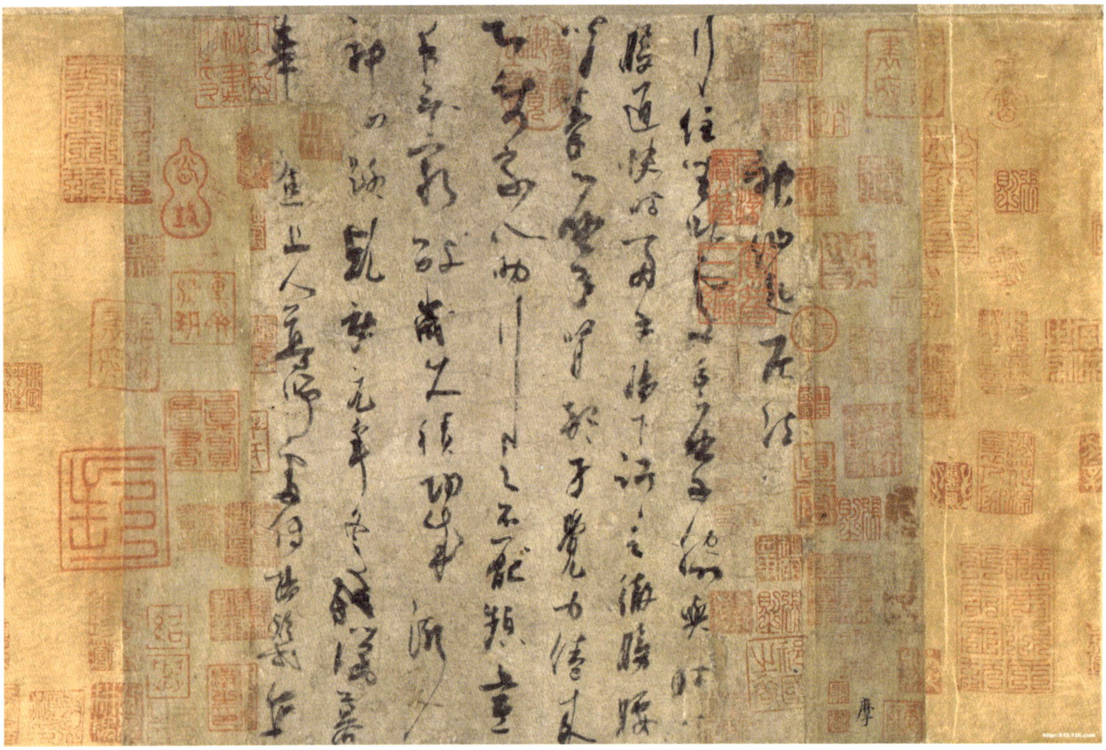

图 8　［五代］杨凝式《神仙起居法》（局部）　故宫博物院藏

图 9　［北宋］蔡襄《澄心堂帖》（局部）　台北“故宫博物院”藏

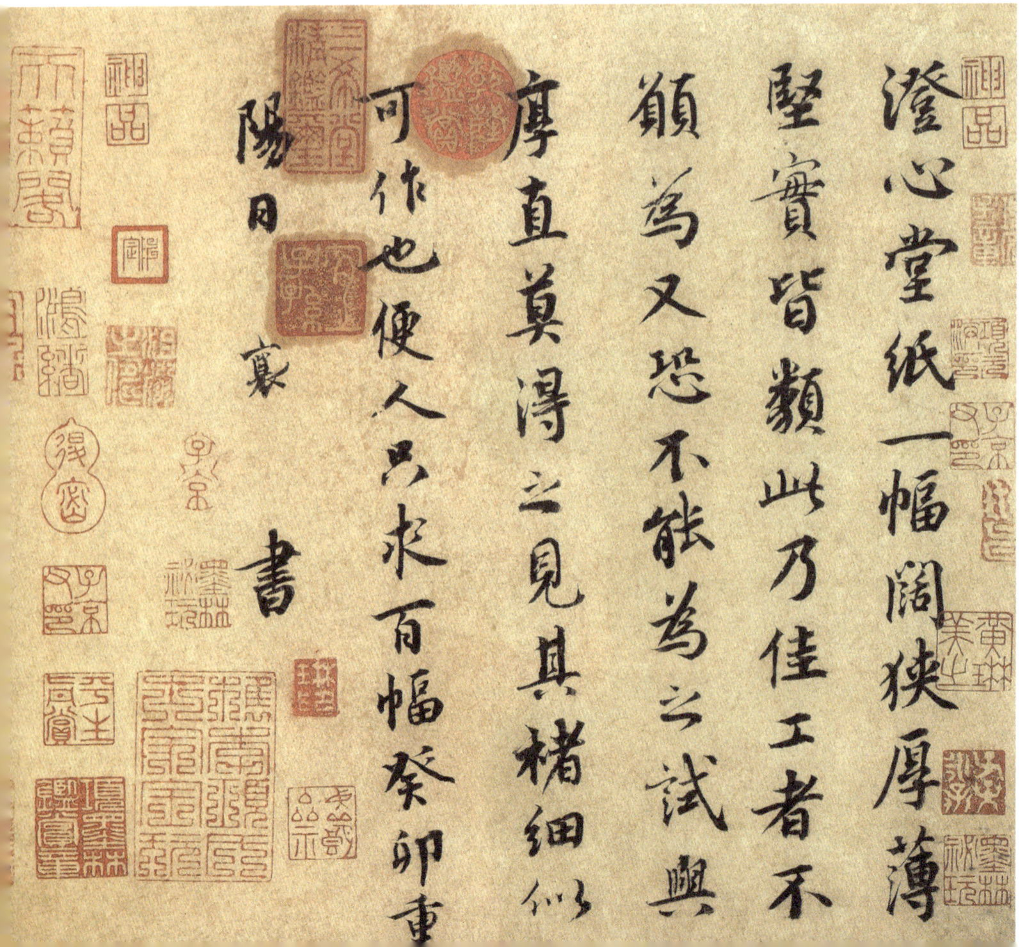

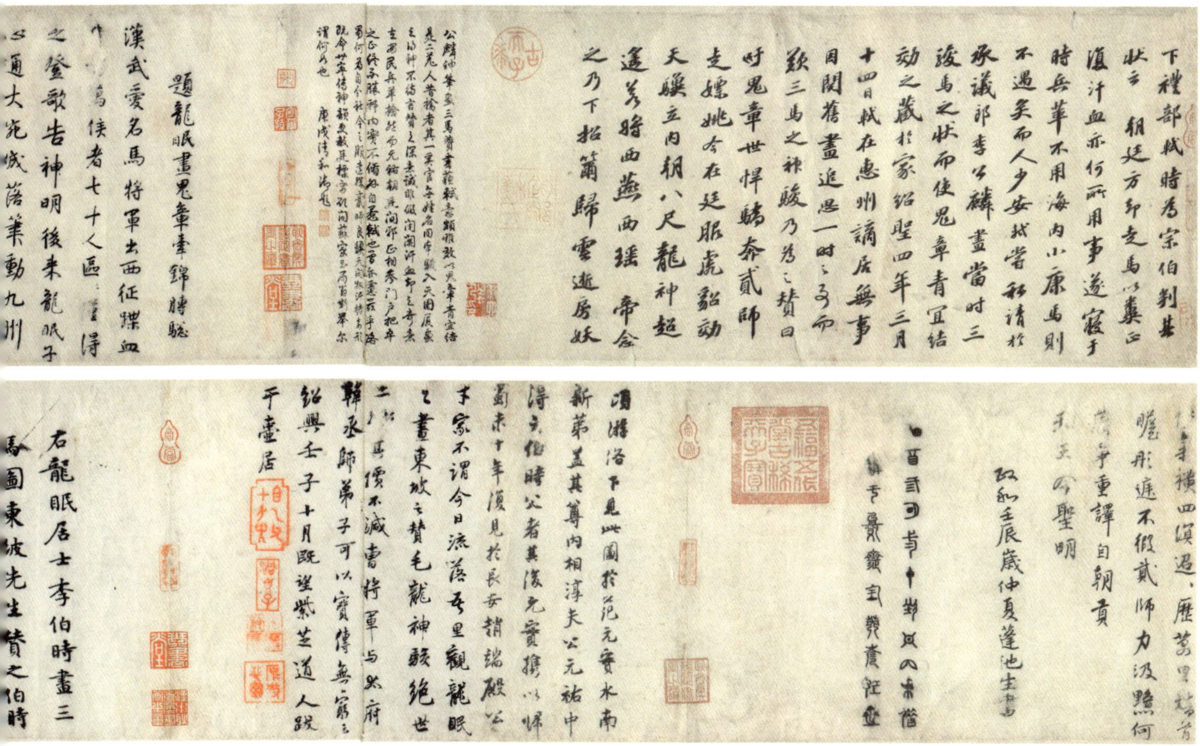

图 10　［北宋］苏轼《三马图赞》（局部）　故宫博物院藏

图 11　［北宋］黄庭坚《松风阁诗》（局部）　故宫博物院藏

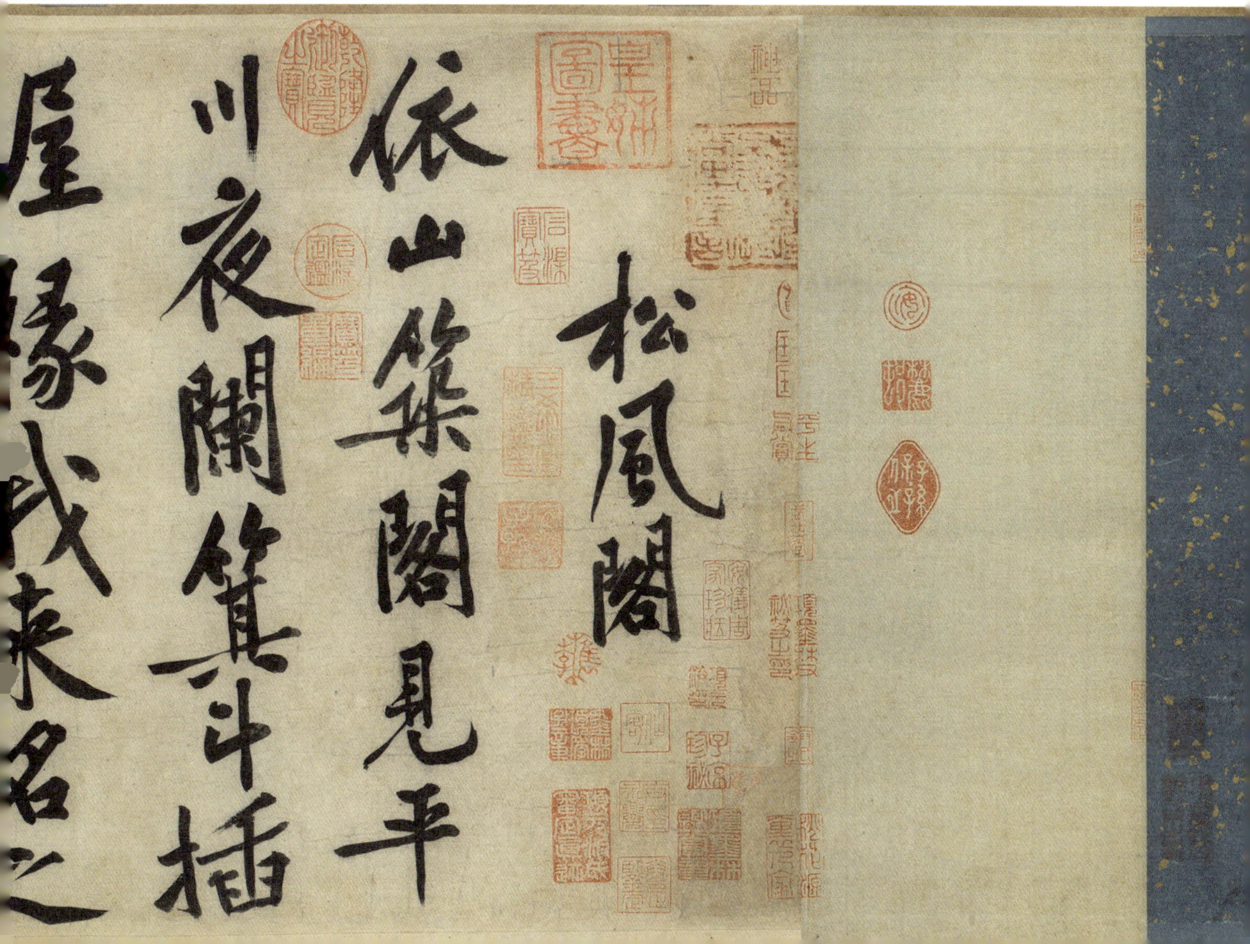

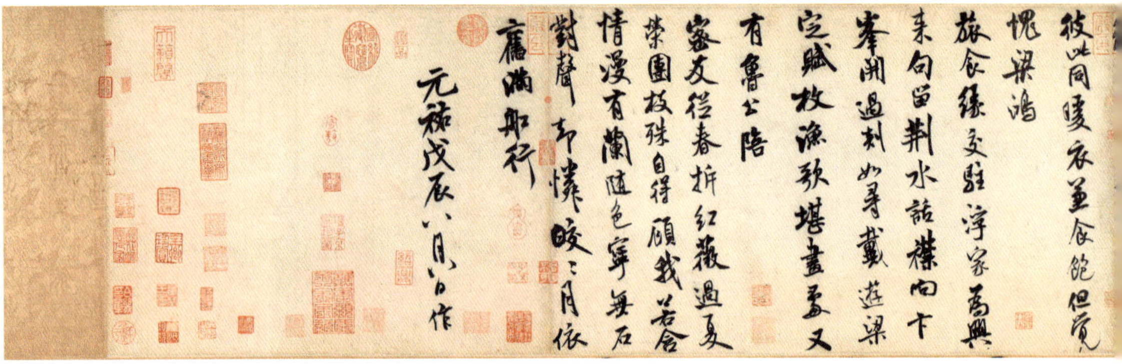

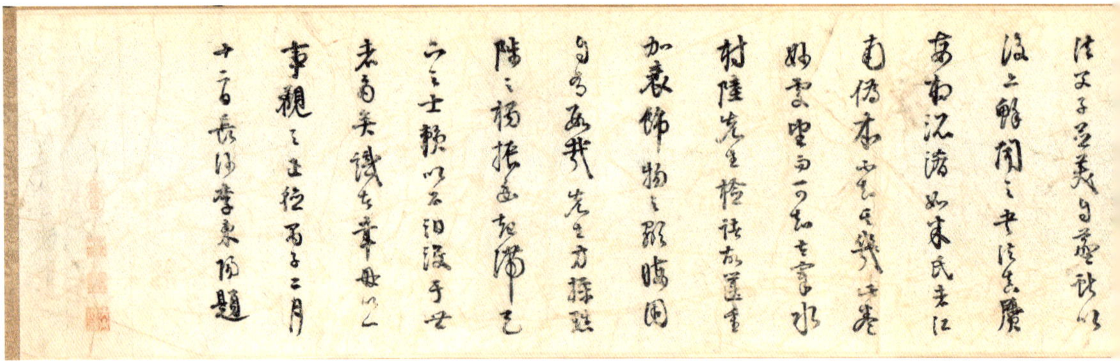

米芾《苕溪诗帖》（图 12）为澄心堂素笺纸本，墨迹长卷，现藏于北京故宫博物院，国家一级文物。《苕溪诗帖》是以楮皮涂布砑制而成，涂布和研光大大提高了纸面的光滑度，而这也促成此帖通篇行笔遒劲流畅，笔意连贯，笔锋郁勃，正如黄庭坚描述米芾运笔迅疾：“米元章书如快剑斫阵，强弩射千里，所当穿彻，书家笔势亦穷于此。”[1]《苕溪诗帖》流传有续，南宋时期归内府收藏，明代经杨士奇、陆水村、项元汴等收藏。陆水村对此帖重新装褫，引首有李东阳题篆书：“米南宫诗翰。”清代入内府收藏，后流出故宫，遭哄抢被撕扯成碎纸片。1963 年，故宫博物院购入时，该碎片中已缺失李东阳篆首和项元汴题记拖尾，后经拼合，还全缺“念养心功不厌”六字，半缺“载酒”两字，稍缺“岂觉冥”三字。残碎《苕溪诗帖》经故宫修复厂的杨文斌和郑竹友修复，杨文斌补缀重装，郑竹友钩摹补全损字。杨文斌将破碎的诗卷逐一辨别、拼合，并补配颜色质地最接近原件的旧纸，把碎裂的

1 ［宋］罗从彦：《豫章先生文集》，四部丛刊景宋乾道刊本（中国基本古籍库），第 255 页。

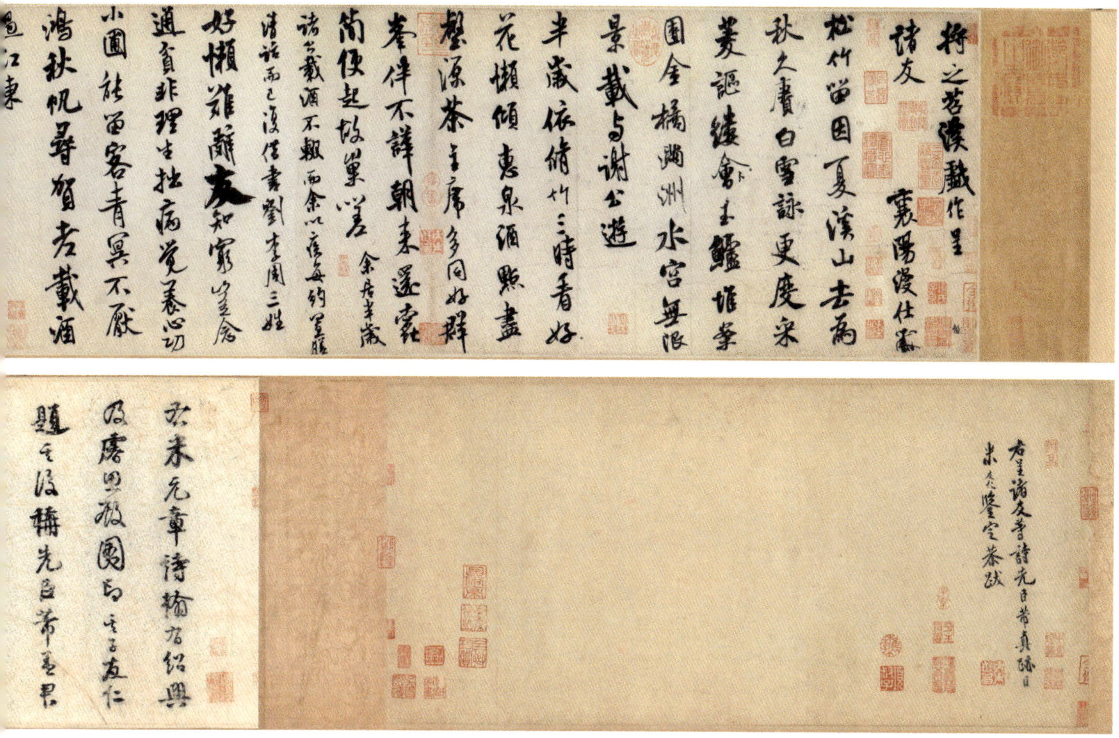

图 12 ［南宋］米芾《苕溪诗帖》 故宫博物院藏

部分无缝补接。对诗卷上已经缺失或损坏的笔迹，郑竹友依据诗卷未损前的延光室珂罗版影印本，按原笔势、笔锋勾摹补全。经过修复之后的《苕溪诗帖》，很难看出接补的痕迹，纸质文物保护与修复工作让这件珍贵文物劫后重生。米芾存世的书法代表作还有藏于日本有邻博物馆的《研山铭》、藏于台北“故宫博物院”的《蜀素帖》、藏于日本东京国立博物馆的《虹县诗卷帖》、藏于故宫博物院的《珊瑚帖》等，都是珍贵的存世文物。宋代著名的珍贵书法文物，还有李建中的《同年帖》、范仲淹的《道服帖》、赵佶的《草书千字文》、赵构的《洛神赋》、赵孟坚的《自书诗》、张即之的《杜诗》等。

元代书法崇尚复古，主张书画同法，注重结字体态。元代书法家代表人物有赵孟頫、鲜于枢、康里、柯九思、倪瓒等。赵孟頫是元代最著名的书法家，代表作有《汲黯传》《洛神赋》《兰亭帖十三跋》等。中国画有题跋款识亦开始于元代，这对后世书画艺术品影响深远。

明代盛行帖学，传刻法帖十分活跃。明代书法家的代表人物有董其昌、文征明、祝允明、王宠、张瑞图、宋克等。董其昌的代表作品有《白居易琵琶行》《临怀素自叙帖》等，祝允明的代表作有《太湖诗卷》《赤壁赋》等，文征明的代表作有《醉翁事记》《奉天殿早朝诗》等。明人书法基本上为元代书法的延续，在书法艺术史上没有显现出重大的突破和创新。

清代是中国书法史的一个重要转折期，“帖学”和“碑学”两大流派的出现，突破了宋、元、明以来帖学的桎梏，开创了碑学，出现了雄浑渊懿的碑学书风。清代书法代表人物，清初有王铎、傅山、郑簠、王时敏、朱彝尊，清中期有刘墉、王文治、翁方纲、郑燮、金农、汪士慎、邓石如、伊秉绶等，清晚期有林则徐、翁同龢、吴让之、张廷济、吴大澂、赵之琛、张裕钊、何绍基、赵之谦、杨守敬、康有为、吴昌硕等。清代书法家们为后人留下了众多珍贵佳作。

（2）绘画

中国绘画，指专用中国传统手工纸、绢、中国画颜料、墨、毛笔、砚等材料工具进行的绘画创作。在纸张发明之前，中国画多绘于绢帛之上。最早绘于绢帛上的古画始于战国。魏晋以后，绘画进入新的发展阶段，逐渐出现卷轴画的形式，题材范围也逐渐扩大，以人物画为主，山水画还显稚嫩。这一时期绘画作品还是以绢本为主，自晋以后，纸本绘画逐渐出现，但没有大尺幅作品，因为当时还造不出大幅纸张。迄今发现最早的纸本绘画是新疆出土的东晋《地主庄园图》，这张画由六张麻纸粘连而成。此时著名的画家有顾恺之、陆探微、张僧繇、曹不兴、戴奎、杨子华等。唐代张彦远的《历代名画记》卷五中记载：“顾公运思精微，襟灵莫测，虽寄迹翰墨，其神气飘然在烟霄之上，不可以图画间求。象人之美，张得其肉，陆得其骨，顾得其神，神妙亡方，以顾为最。喻之书则顾、陆比之钟、张，僧繇比之逸少，俱为古今之独绝，岂可以品第拘？”[1] 顾恺之，东晋无锡人，字长康，被称为“画绝、才绝、痴绝”三绝，传世著名画作有《女史箴图》《洛神赋图》（传）。《女史箴图》，绢本设色，是我国人物画史上存世最早的卷轴画，原作遗失，现存唐摹本，全卷原为十二段，在北宋政和年间已缺失前三段，现存“冯媛挡

1 ［唐］张彦远著，俞剑华注释：《历代名画记》，江苏凤凰美术出版社，2007 年，第 123 页。

熊”至“女史司箴敢告庶姬”后九段，每段之首都有题文。顾恺之的人物线条采用游丝描，绵长有力，形神兼备，设色典雅秀润，山石树木勾勒无皴法，画卷中的山水与人物关系是人大于山，为典型早期山水画风格。

隋唐绘画进入空前发展时期，对后世影响也极其深远。从隋至初唐的绘画是对南北朝的继承与变革，著名画家有展子虔、阎立本、阎立德等。山水画渐渐成为绘画的主角，从人物画中分离出来。现存于故宫博物院的展子虔《游春图》（图 13）是展子虔唯一流传下来的真迹，这幅画在中国绘画史上具有重要的意义，是中国山水画承上启下的代表作品，在此之前，中国早期山水画是“人大于山、水不容泛”，人物比山石大，水中亦无波光的形态。在《游春图》出现之后，中国山水画形成比例和谐的空间美，人物、山水、亭台楼阁、山间小路相得益彰，展现出自然与人文交替重叠的意境。《游春图》中山水以树石为主，辅以人物点缀；勾勒多无顿挫，亦无皴法，且设色古艳，色彩之间亦较少变化，具有装饰意蕴。整幅画作卷前有宋徽宗题写“展子虔游春图”六字题签，卷后有冯子振、赵严、张珪、董其昌、乾隆等题诗赋词。此作曾为宋贾似道、元鲁国大长公主、明严嵩、明韩世能、清梁清标、清安歧等人收藏。清灭后，流落民间，张伯驹出巨资收购，1956 年捐献国家，现存北京故宫博物院。该画卷重裱前伤痕累累，1977 年，故宫博物院请杨文彬、刘定芝等重修《游春图》。这件历经两千年的重彩绢本青绿山水，岁月久远，颜料脱胶，容易掉色。清洗前要上胶矾水固色，清洗之后揭去旧覆背，缺损处补全接笔，保留原绢托和原隔水，保留原签和原地杆轴头，保留宣和装钤印形式，撞边装裱成手卷。经过修复之后的《游春图》保存良好。关于《游春图》的年代考证，杨仁恺先生在《中国书画鉴定学稿》第九章“关于展子虔《游春图》的讨论”一节中有详细描述，文中列举傅熹年先生在 1978 年《文物》月刊发表《关于展子虔〈游春图〉年代的探讨》一文中对《游春图》年代的质疑，以及张伯驹先生随后发表文章《关于展子虔〈游春图〉年代的一点浅见》回应，傅、张两位前辈各执己见，杨仁恺先生指出：“关于《游春图》的创作时代与作者的争论，傅、张观点对立，目前学术界尚无统一之说。”[1]

1 杨仁恺：《中国书画鉴定学稿》，辽宁人民出版社，2015 年，第 439 页。

《历代名画记》中记载：“山水之变，始于吴（道子），成于二李（李思训、李昭道）。”[1] 盛唐著名画家代表有吴道子、李思训、李昭道、张萱、周昉、韩干、韩滉、韦偃等。盛唐至中晚唐，除人物画、山水画更加成熟精湛之外，花鸟、动物、界画等亦全面发展，韩滉的《五牛图》、周昉的《簪花仕女图》、张萱的《虢国夫人游春图》、韩干的《照夜白图》具有代表性。隋唐虽然有记载的著名画家众多，但传世的作品并不多见，能流传下来的，都是极其珍贵的文物。

1 ［唐］张彦远著，俞剑华注释：《历代名画记》，江苏凤凰美术出版社，2007 年，第 32 页。

图 13 ［隋］展子虔《游春图》 故宫博物院藏

五代宋辽金时期，画家辈出，山水画家有荆浩、关仝、巨然、李成、范宽、董源、燕文贵、米芾、米友仁、李唐、刘松年、马远、夏圭等，花鸟画家有徐熙、黄筌、黄居寀、崔白、林椿、吴炳、李迪等，人物画家有周文矩、顾闳中、李公麟、贯休等，文人画家有文同、苏轼、扬无咎、王庭筠、王曼庆、赵孟坚、郑思肖等。流传至今的珍贵古画文物远多于隋唐时期，代表性的作品如：关仝《关山行旅图》轴，绢本水墨，台北“故宫博物院”藏；黄筌《写生珍禽图》卷，绢本设色，故宫博物院藏；顾闳中《韩熙载夜宴图》卷，宋摹本，绢本设色，故宫博物院藏；范宽《溪山行旅图》轴，绢本墨笔，台北“故宫博物院”藏；赵佶《柳鸦芦雁图》卷，纸本设色，上海博物馆藏；董源《夏景山口待渡图》卷，绢本设色，辽宁省博物馆藏；郭熙《早春图》轴，绢本设色，台北“故宫博物院”藏；米友仁《潇湘奇观图》卷，纸本写意水墨，故宫博物院藏；文同《墨竹图》轴，绢本墨笔，台北“故宫博物院”藏；李唐《采薇图》卷，绢本水墨淡设色，故宫博物院藏；王希孟《千里江山图》卷，绢本设色，故宫博物院藏；张择端《清明上河图》卷，绢本设色，故宫博物院藏；梁楷《泼墨仙人图》轴，纸本水墨，台北“故宫博物院”藏；刘松年《四景山水图》卷，绢本设色，故宫博物院藏；夏圭《溪山清远图》卷，纸本水墨，故宫博物院藏；马远《踏歌图》轴，绢本设色，故宫博物院藏等。这个时期，精品画作不胜枚举。

《潇湘奇观图》（图 14）是米友仁的山水画代表之作，画心纵 19.8 厘米、横 289.5 厘米，整幅画以没骨法取代以往山水画盛行的双勾法，一改唐宋以来青绿山水画勾线填彩的重彩画法。全卷以淡墨为主，浓淡相间，皴、擦、点、染结合，运用洇化湿润的笔墨，描绘云气飘忽、起伏跌宕的山峦，形成山水云烟浑然一体的朦胧意境。《潇湘奇观图》卷尾有米友仁跋：“此纸渗墨，本不可运笔，仲谋劝请不容辞，故为戏作。”《潇湘奇观图》所用皮纸为渗墨生纸，该纸纤维均匀、纤维束少，在元性纸中，皮纸因为纤维交叉紧密，相比竹纸、生宣，纸性偏熟，却也不似生宣的洇墨晕染效果。皮纸与生宣在水墨画

图 14 ［南宋］米友仁《潇湘奇观图》 故宫博物院藏

上的墨色区别在于皮纸是靠墨色的浓淡分阶来区分墨色层次，墨色之间没有透叠关系；而宣纸渗墨强，有晕染，每罩一层墨色，都能透叠，这是皮纸与宣纸在水墨画中最大的区别。米友仁所在的南宋时期是中国山水画发展处于重大变革的时期，他的米派泼墨山水正是在此背景下出现的。米派山水借用疏水性能好的皮纸，以没骨法通过不同墨色分片泼墨，发展出新的山水画笔墨语言。

元代绘画以文人画为主，诗、书、画一体，形成了中国绘画又一鲜明特色。文人画气息渗入山水画、花鸟画，使得山水画更具文人灵气、花鸟画更加清润淡雅。这一时期著名画家有赵孟頫、钱选、黄公望、王蒙、吴镇、倪瓒、曹知白等。花鸟画家有李珩、王冕、柯九思、张逊等；人物画家有王绎、张渥、王振鹏、刘贯道等。元代著名绘画作品有：赵孟頫《秋郊饮马图》卷，绢本设色，故宫博物院藏；黄公望《富春山居图》卷分为剩山图和无用师卷，纸本墨笔，分别为浙江省博物馆和台北“故宫博物院”藏；王蒙《青卞隐居图》轴，纸本墨笔，上海博物馆藏；倪瓒《渔庄秋霁图》轴，纸本墨笔，上海博物馆藏；王振鹏《伯牙鼓琴图》卷，绢本墨笔，故宫博物院藏；王冕《墨梅图》轴，纸本墨笔，上海博物馆藏；钱选《山居图》卷，纸本设色，故宫博物院藏等。元代遗存珍贵绘画文物大多被保护与收藏在故宫博物院、台北“故宫博物院”、上海博物馆等国内外博物馆等机构，民间流传不多。

《富春山居图》是黄公望晚年代表作，国宝级文物，原画卷约七米长，画心由六张纸连接而成一长卷，黄公望前后用了近七年时间完成。《富春山居图》中枯湿笔混用，构图远近结合，整个画面林峦浑秀，草木华滋，散发出浓郁的文人气息，元代山水画静谧萧散的意境全见于此卷。《富春山居图》上承王维、董源、赵孟頫，下开王蒙、倪瓒、董其昌、王原祁、石涛、黄宾虹的笔墨道路，可谓承先启后，对后世影响深远。《富春山居图》传藏经历坎坷，也是几经修复装裱。先为黄公望师弟郑樗收藏，明代成化年间传至沈周，因卷后题跋与装裱有所损坏，沈周请苏州裱画师傅重新装裱修复，万历年间为董其昌所得；清朝顺治年间，传至吴洪裕手中，吴洪裕临终要“焚以为殉”，幸得吴静庵火中救下此画。但《富春山居图》也因焚烧断为一大一小两节，所幸吴家后代吴寄古擅长修复装裱，他细心修复与装裱这一长一短两段画，将

图 15 ［元］黄公望《富春山居图 · 剩山图》 浙江省博物馆藏

烧焦部分揭去，前半卷画心纵 31.8 厘米、横 51.4 厘米，尺寸虽小但画面正好是一山、一水、一丘、一壑之景，十分完整，修复装裱成立轴后，看不出是经过裁切的半截画，这一段画被后人称为《剩山图》（图 15），现收藏于浙江省博物馆。后半卷大段部分被称为《富春山居图·无用师卷》，纵 33 厘米、横 636.9 厘米，现藏台北“故宫博物院”。

明代绘画除继承元代文人画之外，亦推崇南宋院体画，题材丰富，技法不断创新，水墨山水和写意花鸟兴盛。明代绘画流派众多，画家辈出。著名山水画家有戴进、沈周、吴伟、王履、唐寅、周臣、文征明、仇英、董其昌、蓝瑛、项圣谟等，而这些山水画家也多兼画花鸟；著名花鸟画家还有林良、吕纪、陈淳、徐渭、周之冕等；著名人物画家有丁云鹏、吴彬、陈洪绶、崔子忠、曾鲸等，唐寅、仇英亦擅长人物。明代传世绘画作品较前代多得多，这里列举一二：戴进《关山行旅图》轴，纸本设色，故宫博物院藏；林良《灌木集禽图》卷，纸本设色，故宫博物院藏；王履《华山图》册，纸本设色，分藏于上海博物馆、故宫博物院；沈周《庐山高图》轴，纸本设色，台北“故宫博物院”藏；徐渭《墨葡萄图》轴，纸本水墨画，故宫博物院藏；唐寅《山路松声图》轴，绢本设色，台北“故宫博物院”藏；唐寅《秋风纨扇图》轴，纸本水墨，上海博物馆藏；文征明《兰竹图》卷，纸本墨笔，故宫博物院藏；董其昌《关山雪霁图》卷，笺本墨笔，故宫博物院藏；陈洪绶《杂画图册》册，绢本设色，故宫博物院藏。

清代绘画延续明代，仍以山水画最为兴盛，画派林立。清代初期的著名画家有“四僧”：朱耷、石涛、石溪（髡残）、弘仁，“四王”：王时敏、王鉴、王原祁、王翚，“四王”与吴历、恽寿平还并称“清初六大家”；清代中期有金农、郑燮、黄慎、李鱓、李方膺、汪士慎、罗聘、高翔，被称为扬州八怪；清代晚期有赵之谦、任熊、任颐、虚谷、吴昌硕等。清代流传下来的画作很多，各大博物馆收藏也非常丰富，这里略举一二：王时敏《杜甫诗意图》册，纸本设色，故宫博物院藏；恽寿平《山水花卉图册》册，纸本设色，故宫博物院藏；石涛《搜尽奇峰图》卷，纸本墨笔，故宫博物院藏；朱耷《水木清华图》轴，纸本墨笔设色，南京博物院藏；龚贤《溪山无尽图》卷，纸本水墨，故宫博物院藏；金农《人物山水册》册，纸本设色，故宫博物院藏等。

（3）碑帖拓片

碑帖指碑刻与法帖的合称，碑帖拓片指从碑帖刻石原物上传拓下来的墨本。碑帖所涉及的门类众多，包括摩崖、碑碣、造像、石阙、墓志、塔铭、经幢、刻帖、杂刻等。碑刻最早的功能是记录历史事件、历史人物，为流传千古之用，传世最早的碑刻是先秦的《石鼓文》。法帖最早的功能是为读书人提供学习书法的范本，传世最早的法帖是宋代的《淳化阁帖》。随着时代的推演，碑与帖的功用都从最初的实用价值转化为现代文物所具备的文物价值、艺术价值、史料价值。传拓技术的发明，使得碑帖能够以拓片的形式广为流传，这也促成了不可移动的石质文物化身纸质文物进入艺术界、收藏界。随着金石学的兴盛，传统拓片被分为囊括碑与帖的石类，囊括钟鼎彝器的青铜器、铜镜、金属杂件等的金类，还有甲骨类以及其他如砖瓦、封泥、木竹、玉、墨等的传拓，统称碑帖金石学。据考证，碑帖拓片约始于唐初，宋元盛行，至明清广受推崇，直至民国仍备受收藏界喜爱。

拓片又称拓本，形式分整拓本和剪裱本。拓本被传拓下来，因尺幅巨大，不便阅读，许多被剪割装裱成卷轴装、经折装、册页装、线装等形制。拓本的分类与定名繁多，依据版本分类有孤本、善本、初拓本、精拓本、重刻本、翻刻本、伪刻本等；依据拓制年代分类有唐拓、宋拓、元拓、明拓、清拓、清末拓、民国拓，或旧拓、新拓等；依据特殊经历分类有未剔本、剔后本、未洗本、剜碑本、火前本、火后本、水前本、水后本、镶壁前本、镶壁后本等。拓本还会依据残断前后来定名未断本、已断本，等等。版本不同，拓本的艺术价值、文物价值、史料价值也完全不同。拓本能直接反映碑帖原物的表面信息，不仅包括文字与纹饰信息，还能清晰呈现原物表面的损泐痕迹。因此，对于同一块碑刻不同时期的拓本，通过损泐痕迹能帮助判断拓本的年代和历史背景。

和绘画用纸一样，拓本对纸张的质量要求也非常高。从传世拓本来看，随着手工造纸术的发展，选用的纸张也日益进步。拓本用纸的种类丰富多样，如宋拓多采用楮皮纸、麻纸；明拓多采用白棉纸、竹纸；清代造纸术集历代大成，除上述纸张外，宣纸开始普遍使用，传拓青铜、甲骨多采用较薄的宣纸，而拓石碑所用多为普通的棉料宣纸。碑帖拓片用纸要求纸质紧密细薄，耐折耐拉，韧性强，北方拓碑帖大都使用皮纸。拓印碑文是印刷的起源，摩拓与拓印都必须建立在纸墨发展的基础上，摩拓指覆纸摹写，要用透明度高的薄纸，或用上过蜡的硬黄纸及刷过油的油纸。

唐代拓印碑文已具备较好的摩拓用纸条件和较完整的拓制方法。唐代拓碑一般用薄而坚韧的楮皮纸，因其在拓印过程中坚韧不易断裂，即使揭起一角，复位后纤维还能还原。唐以前无实物拓本，唐拓是至今可见的最早拓本。现藏大英图书馆和巴黎图书馆的欧阳询《化度寺邕禅师舍利塔铭》、唐太宗李世民书《温泉铭》、柳公权书《金刚经》，都出自敦煌藏经洞。另外还有现藏于北京图书馆的柳公权书《神策军碑》。现存这几件唐拓，均为割裱本，尤其出自藏经洞的三种，确定为唐拓唐装，未经后人改装，非常珍贵。

随着宋代史学的发展，金石学兴起并迅速发展，金石学主要研究古代钟鼎铭文以及石刻文字，因此需要从钟鼎石刻上墨拓文字进行考释，碑帖拓片从此兴起。宋代拓印较唐代更进一步，无论质量与数量都远超前朝。由于雕版技术的发展，宋代开始由碑向帖扩展，其中宋太祖命人用枣木刻，用澄心堂纸拓的《淳化阁帖》可以算作帖本的鼻祖。因为造纸技术的进步，宋代椎拓用纸品类非常多，主要有白麻纸、构皮纸、澄心堂纸、匮纸、竹纸、麻布纹纸、阔罗纹纸、阔帘纹纸、粉蜡纸等。宋拓多用白麻纸，比如北宋拓本《大唐三藏圣教序》、南宋拓本《汉孔庙碑》等均为白麻纸。此外，不同碑帖用纸也不同，依据椎拓需要，纸张厚薄也不同。淡墨拓一般用薄纸，重墨拓一般用厚纸；拓印木刻、玉刻一般用薄纸，拓印摩崖石碑一般用厚纸。明屠隆在《考槃余事》中记载："帖有南北拓，由于纸有南北纸之分。北纸用横帘造，其纹横，其质松而厚，谓之侧理纸；南纸用竖帘，其纹竖，晋二王真迹，即多会稽竖纹竹纸。北纸不甚受墨，北墨多用松烟，色青而浅，不和油蜡，故北拓色淡而纹皱，如薄云之过青天，谓之夹纱作蝉翼拓也。南纸薄，易受墨，墨用油烟，以蜡及乌金墨水敲刷碑文，故色纯黑有浮光，谓之乌金拓。"[1] 宋拓因为稀少，在文物级别上大多被列入一、二级文物。传世的宋拓以唐碑名品和宋刻法帖为主，如唐碑《九成宫醴泉铭》《集王圣教序》以及前面提到的宋帖《淳化阁帖》。宋拓中汉碑极少，只见《西岳华山庙碑》（图 16）传世。

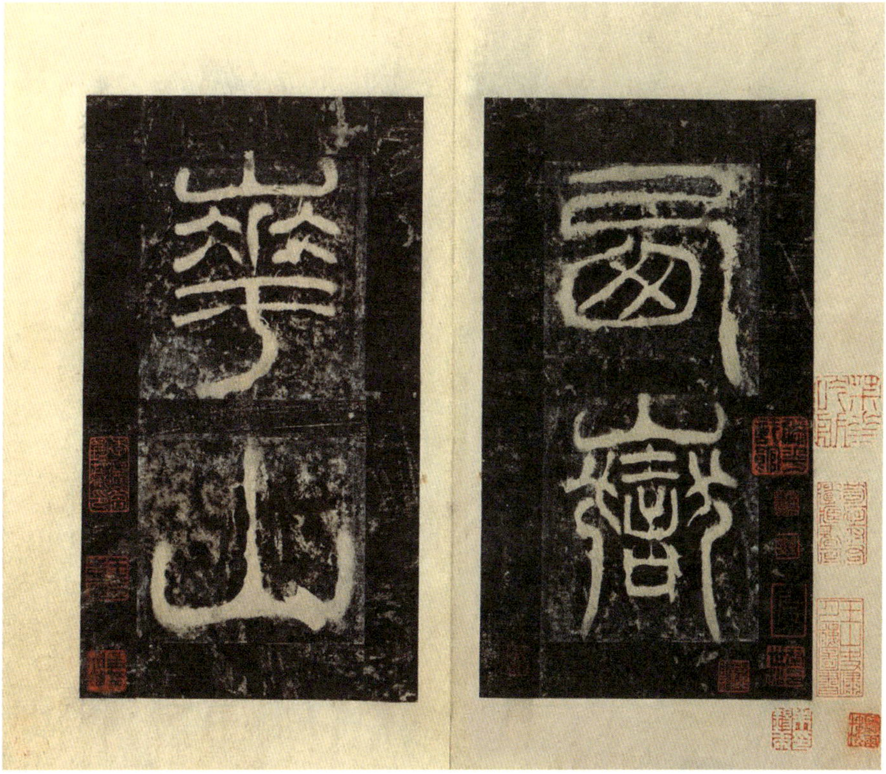

图 16　宋拓《西岳华山庙碑》局部

1 [明] 屠隆：《考槃余事》，《四库全书存目丛书》子部 118 册，齐鲁书社，1995 年。

明拓相较于宋拓，碑帖品种有所增加，数量也相对较多。明拓分明初拓本、明拓本、明末拓本等。在明代，除宋人喜爱的唐碑，对汉魏碑石的传拓是一个全新的开始，先秦石鼓和汉魏碑刻的明拓本成为重量级文物。汉魏名碑拓片如《礼器碑》《史晨碑》《张迁碑》《曹全碑》《孔庙碑》等都是极其珍贵的善本。明代法帖数量也不少，其中也有许多精品。拓碑所用手工纸，使用最多的是皮纸，皮纸到了明代，因其绵柔有光泽，被称为白棉纸，白棉纸薄厚均匀，颜色洁白，更适宜用作碑帖传拓。清代叶昌炽在其《语石》中记载："乌金拓用白宣纸，蘸浓墨拓之，再砑使光，其黑如漆，光可鉴人。"[1] 这里提到的白宣纸就是明代的白棉纸，并非唐代所指楮皮宣纸，更不是现代社会常用的混料宣纸。《语石》还提到明清时期常用作传拓的连史纸等。如"燕赵之间工亦不良，精者用连史纸，粗者用毛头纸"。由于明朝造纸业的发达，用于传拓的纸品也很多，如黄棉纸、白棉纸、太史纸、连史纸等，还有各种质量上乘的竹纸。这些纸品通常比宋纸稍薄一些，但纸质坚韧，纤维均匀，杂质少，由于纸品较好，无需二次加工即可用作传拓。明代传拓技术出现两极分化，纸墨精良，拓工技艺精湛的拓品常常被用来冒充宋代拓本。

清初拓片和明末拓片很难区分，如同宋元相交、元明相交时期的拓片很难区分一样，这些过渡时期的拓片，大抵珍贵程度也接近。清代拓本分清初拓本、乾嘉拓本、道咸拓本、同光拓本、清末拓本等。在明代还未出现传拓地域偏远摩崖碑刻的现象，进入清代伴随金石学的兴起而盛行，如《石门颂》《西峡颂》等早期拓本逐渐出现。清初拓本和乾嘉拓本是清代金石学盛行的凭证，乾嘉时期出土的汉魏碑刻几乎都被传拓，哪怕是缺字、少字、漫漶不清，以及碑额、碑阴、后人题字等，只要有文字，都被一一传拓下来。拓本内容的拓展是乾嘉拓本的主要特征，但乾嘉时期，拓本还是在上层官员士大夫阶层流传，传播范围有限。进入道咸时期，碑帖拓片逐步向平民阶层普及，金石学成为一门显学，寻碑、拓碑成为平民百姓也能参与的文化活动，因此，从这一时期开始，拓片数量剧增，拓片成为普通百姓的日常文化用品。清末时期连同民国拓本一并称为清末民国拓本，此时民间传拓风气盛行，尤其是

1 ［清］叶昌炽撰，姚文昌点校：《语石》，浙江大学出版社，2018 年，第 317 页。

名碑名帖被反复传拓，清末民国拓本存量占我国拓本遗存总量的95%以上。清代拓本中，乾嘉以前的拓本存世不多，均为善本，道咸拓本中不乏精品善本，同光以后，数量激增，其中大多为平民百姓日常习字所用。

对于拓本的保护，应尽量保持原貌。拓片从碑帖上传拓下来，有两种保存方式，一种是整幅保存，一种是裁割后保存。整幅又分不托纸、托纸以及装裱三种形式，整幅不托的大多会以折叠方式保存，折叠时有直接折叠，也有衬纸折叠，衬纸折叠则对拓片有保护作用；也有整幅托纸，再折叠保存的形式；还有整幅拓片制成卷轴装的形式，卷轴方式依据拓片的形状分立轴与横轴。整幅衬纸法，又叫镶衬法，镶衬纸张后再折叠最能保护拓片，具体方法是先用喷壶将拓片微微喷潮使其平整，如有裂痕破损，需先完成溜口、加固、修补等修复步骤，之后在拓片背面用少量的浆糊点状镶接四条局条，再取一张比拓片大的棉料宣纸，将拓片正面朝上放在宣纸上方正中间，在拓片正面四周局条上点浆，将衬纸四周向里折与拓片四边的局条粘接。由于衬纸只与局条相粘连，与拓片间未使用浆糊托裱，不会因托裱不慎引起拓片字口变形，能完全保存拓片上的字迹笔意，且如果外面的衬纸磨损，不用揭裱，仅需揭开衬纸与局条相粘接的部位，换一张新的衬纸就行，不会伤及拓片。关于整幅拓片的折叠，也有相应的方法，一般应自下而上、从左至右，先折长边。折叠后的拓片应放置在规格统一的无酸纸盒或布袋中。整幅拓片镶衬法的优势除了可保全拓片的原貌，防止拓片损伤，以及方便修复之外，还有用时短、不占空间、重量轻等优势。整幅拓片除采用折叠形式保存之外，还可以采用收卷的形式保存，收卷时一般中间可用卷画筒支撑，外面用无酸盒包装。托裱后折叠的整幅拓片，折叠处容易断裂，因为拓片经过托裱，纸张变硬、变厚，一经折叠，极易断裂，且不方便修复，有时必须揭掉托纸才能修补。因此，对于未经装裱的拓片，最好的保存方法就是镶衬法，尽量保持原样，不做托裱。

卷轴装的形制，唐代就已出现，是书画作品保存最常见的形式，拓片经过托芯、镶料、覆褙、上轴等装潢工序之后，神采奕奕，适合挂墙展示。经过装裱的整幅拓片，不仅能如实反映碑帖的全貌，甚至能超越原碑的艺术效果。但是整幅装裱只能挂在墙上，或者铺在案上观看，不便于逐字临摹细品，也不便于随身携带，于是便有了割裱成册页的形式。册页形式也在唐代就趋于成熟，历经宋、元、明、清而无衰竭。有关拓本册页的装裱，清末叶昌炽在《语石》中论及碑拓装池之法：“张彦远言装池书画之法甚详，《法书要录》《图画见闻志》惜不言褙帖。今人藏帖皆用翦裱，丰碑直行，分条合缝，联缀无痕，世谓之蓑衣裱。四围镶边多用白纸，或黑，或紫，或蓝，亦间用虎皮笺，或用五色槟榔笺，或用古藏经笺。背后衬纸，最上用东洋皮纸，其次用粉连史，劣者用粗黄纸，然浆性漓则易脱，且生虫蚁，不能经久。或仅垫薄纸一层，每一叶接缝处以纸黏合，循环舒卷，谓之巾折裱。书条横幅，或古碑之逐层横列者，即可整裱，不分条，不割字，接缝处亦不用镶边，此较能耐久，且不损字。小造象及彝器拓本宜用挖嵌裱，大者一叶一通，小者多至三四通，空地可写释文，或随意题识。字之极大者，用推篷式，或一叶一字，或一叶二字。擘窠书及石刻图画，不能剪裱者，可用方胜折迭之法。诸山题名及唐墓志，或以数十通合装一册，亦可随其大小、长短而折迭之。又有用装订书籍之法，线穿成册，工值既省，且便临池。然中间褙字之处必隆然凸起，亦需用挖嵌法，背后再垫纸一层，庶几妥帖平不皱。古人得佳碑，喜整装，既免脱落，且不失原碑尺寸，诚为善法。然非铺案挂壁无从展阅。余谓收藏碑版须有两本，以正本整装，留原石制度，以副本剪裱，明窗静几，取便摩挲。整装之法亦有二。金题玉躞，所费不赀，或仅用皮纸一层托之，不加杆轴，折迭平匀，外贴藏经纸签，写碑目及年月，书撰人姓氏，以一二十通为一集，或加夹板，或青布函，凡收藏稍富者，此法最宜。拓手之精者固不易，装池更不易。凡碑文左行者，粗工不省，往往仍从右起，行字颠倒，不复成文。《醴泉》《皇甫》诸碑，尚有旧本可为依据，稀见之碑，分条割字，偶失原序，前后即致舛午。剥泐之处，或仅存半字，或微露残笔，辄割弃如敝屣。分书、行草，波磔飞动，或致跳行，或越方格之外，亦多割损，如伐远扬。故余每装一碑，虽丰碑仅存数十字，其无字处，亦谆谆戒其留空、提行、空格，必依原式。凡字口陷内皱痕，不可过求熨贴，若舒之使太平，曳之使太直，古人笔意必尽失，如墨猪矣。此皆非俗工所能知者也。”[1] 叶昌炽在此将碑帖册页装褫之法介绍得非常详细。

1 ［清］叶昌炽撰，姚文昌点校：《语石》，浙江大学出版社，2018 年，第 318—319 页。

拓片除整幅卷轴装、割裱册页装之外，还有裁割之后装订成古籍的包背装、线装的形式。册页装装潢工艺复杂，装裱之后因浆糊容易失效脱开，且折缝处也易断裂，为简便工序，方便阅览，易于保存，便出现了普通的包背装或线装形式。拓片不仅有装裱，还有题跋、题端、题签、边题、题画、钤印等，这些都增加了拓片的赏玩性，更增加了拓片的艺术性，一本好的拓本辗转于数代文人、藏家之手，其文物价值、艺术价值、文献价值往往会倍数递增。

2. 古籍

古籍是古代书籍的简称。古籍是纸质文物中文献价值最高，留存数量最多的一类文物。古籍主要藏于国家与各级图书馆、文献档案单位，保护工作也主要在这些单位的古籍部门展开。中国古籍可上溯至木牍、简册、帛书，最早起于竹木简，这是古人真正用来书写的材料。至于此前的甲骨卜辞、青铜器铭文、玉器铭文、石鼓文等，严格意义上不能称为书籍。我国古籍所涵盖的范围主要指成书在辛亥革命以前，又具有古典装帧形式的书刊资料。历代流传下来的古籍分为抄写本、刻印本两类。但具体分类，又有不同版本名称，可分为祖本、写本、影写本、底本、抄本、精抄本、稿本、彩绘本、原刻本、重刻本、精刻本、修补本、递修本、配本、百衲本、邋遢本、活字本、套印本、巾箱本、袖珍本、两截本、石印本、铅印本等；依据刊刻年代划分，有五代刻本、宋刻本、辽刻本、西夏刻本、金刻本、蒙古刻本、元刻本、明刻本、清刻本、民国刻本等；依据刻书的部门不同，又分为官刻本、家刻本和坊刻本；依据地域分，则有浙本、建本、蜀本、平阳本、和刻本、高丽本等；依据保存状况和珍贵程度，又分为足本、节本、残本、通行本、稀见本、普本、珍本、善本、孤本等。古籍善本最具历史文物价值、文献资料价值、文化艺术价值，具备其中任何一项价值都可以称其为善本。历史文物价值一般是年代久远的早期版本，文献资料价值推崇版本内容的精良，越是校勘精准的书籍越是文献价值高。艺术价值指各方面精美的书籍，古籍的书写、印版、版画、墨色、装帧等，都体现书籍的艺术价值。此外，古籍的装帧形制随着朝代的变迁，经历了多种形制的演变，有卷轴装、梵夹装、龙鳞装、旋风装、经折装、册页装、蝴蝶装、包背装、线装、毛装以及金镶玉等。

魏晋南北朝时期的书籍多以麻纸、皮纸等写成，卷子装形制，称为书卷，且以写本为主。因为麻、皮纤维韧性强，加工后紧致坚滑，因此无需装裱，用浆糊粘接即可做成长长的书卷，书卷在书写前用墨或朱砂画出栏线，方便书写。魏晋南北朝时期除大量抄写经史子集、公私文书，还有诸多佛经、道经的卷子，这在敦煌遗书中能大量看到。这些古籍文献在敦煌石室内常年封闭保存，避免了自然灾害、人为干预等的不利影响，未经病虫灾害破坏以及后人拆解装裱，基本保持原样。敦煌遗书历经千余年岁月沧桑依然纸墨如新，为我们研究古人文献书籍提供了条件。西晋僧人竺法护译《正法华经》采用了上乘麻纸，米芾《书史》中形容其："纸薄如金叶，索索有声。"这种纸从晋延续到南北朝，代代相承，麻纤维均匀细腻、两面都经过数次研光，帘纹完全研去，平滑呈透明状，且耐折度好。

在中国书籍史上，魏晋南北朝和隋唐五代被称作"写本时代"，此时造纸术已经发展成熟，雕版印刷尚未全面兴起，书写用纸是这一时期的主流，纸张的功能大都围绕书写性能来做文章。麻纸、皮纸是这一时期的主要文化用纸。隋唐时期图书数量不可小觑，《新唐书》卷五十七《艺文志·序》中记载："而藏书之盛，莫盛于开元。其著录者，五万三千九百一十五卷，而唐之学者自为之者，又二万八千四百六十九卷。呜呼，可谓盛矣。"[1] 这是对唐开元时期藏书的描述，盛唐至五代，著书立说，耗费的纸张绝不会少。我们从敦煌遗书中便能一瞥细节，敦煌藏经洞中的各种藏书大多写于隋唐时期，另外还有佛经、道经等写经，数量达三四万卷之多。

隋唐五代时期古籍文献虽以写本为主，但此一时期，雕版印刷已经出现。据考证，最迟在隋末唐初印刷术已在中国普遍使用。926 年冯贽在《云仙散录》卷五记载："玄奘以回锋纸印普贤菩萨像，施于四众，每岁五驮五余。"从这句话中可见唐初即有印刷单页菩萨像的印刷活动。潘吉星在《中国造纸史》第四章"隋唐五代时期的造纸技术"中写道："1906 年新疆吐鲁番高昌遗址出土唐初印本卷轴装佛经《妙法莲花经》卷五《如来寿佛品》和《分别功德品》，经文中有武则天（624—705）称帝时颁用的武周制字，现藏于东京书道博物

1《新唐书》卷五十七《艺文志·序》（廿五史本第六册），上海古籍出版社，1986 年，第 2—3 页。

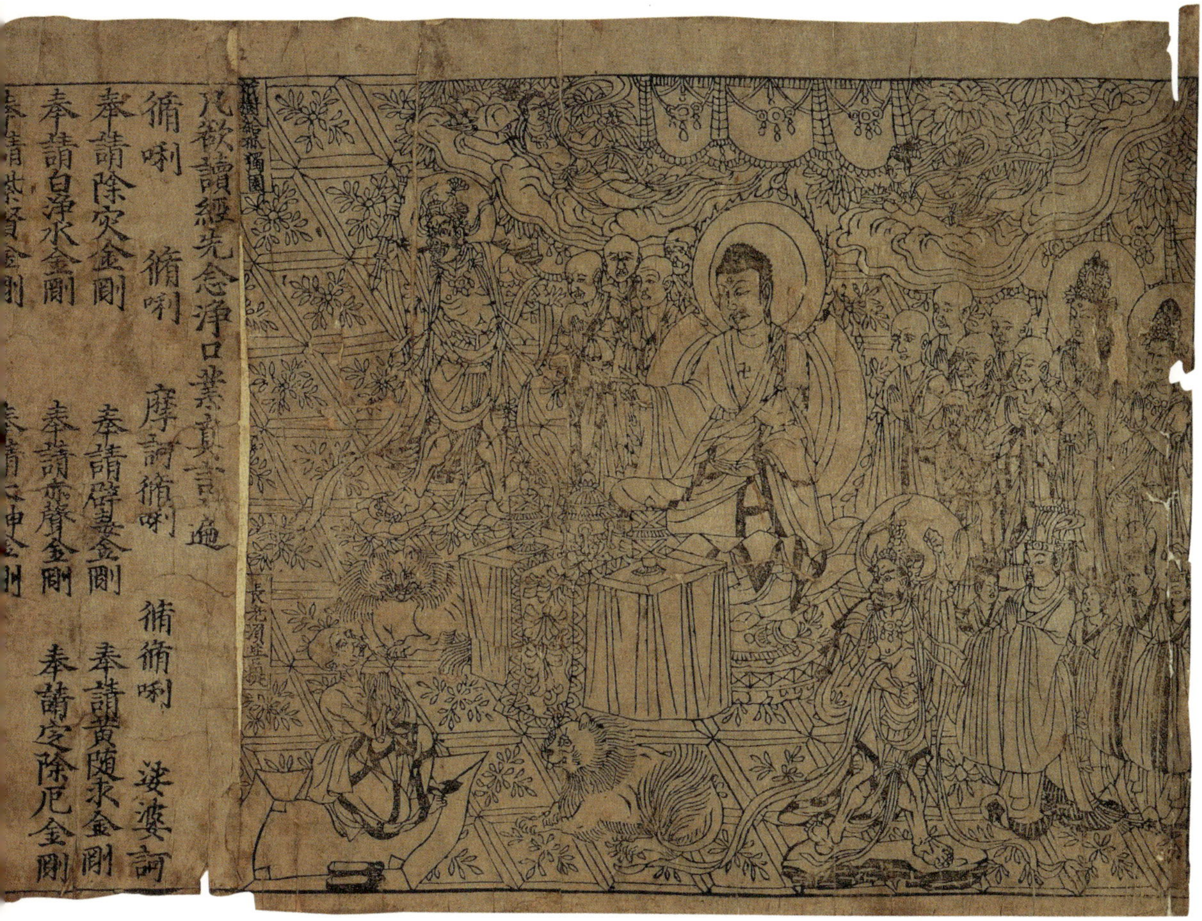

图 17 《金刚经》

馆。经版本目录学家长泽规矩也（1902—1980）博士研究，定为武周（690—704）刊本。”[1] 1907 年敦煌出土的唐咸通九年（868）刊印的卷子本《金刚经》是至今发现最早的印有确切纪年的印刷品，由六张纸粘接而成，长达十六尺，卷子前有一幅题为《祇树给孤独园》的刻画精美的版画，经卷首尾完整，图文印刷清晰，文字古拙，刀法纯熟，表明这一时期印刷技术已臻成熟。唐代印本在官方书籍、文书、佛经以及民间历书、算命书、启蒙课本等各领域都有流通。印刷技术的推广，推动了造纸技术的发展，两种技术的相互推动以及民间与官方的相互影响，促进了雕版印刷古籍的发展，至五代，国子监官刻《九经》，成为雕版印刷史上划时代的事件，这也促成了宋代雕版印刷的繁荣。

宋元时期，因为文化艺术的繁荣，雕版印刷的兴盛，以及手工造纸技术

1 潘吉星：《中国造纸史》，上海人民出版社，2009 年，第 216 页。

的成熟等原因，宋版古籍成为中国古籍中的瑰宝。宋版古籍之精良不仅在于字体、版式、印刷以及校勘，还有其精美的纸张和墨色。宋版古籍一直受到学者、藏书家的重视，早在明朝，宋刻本已有“寸纸寸金”的美誉。目前，国内宋版古籍总数不超过1200部，大多是国家一级文物，且多数被国内大型图书馆收藏，仅国家图书馆就收藏了500余部。宋版古籍多采用雕版印刷，雕版格式独具特色，无论字体、版式、纸张、墨色、装帧，都非后世所能企及。从目前留存的宋版古籍字体来观察，几乎都出自擅长书法的名家，且书体风格不一，富于变化。北宋刻本字体端庄方正，笔画遒劲，南宋刻本因地域不同，字体风格多样。以浙江杭州为中心的浙本多为秀丽的欧体字；以福建建阳为中心的建本则有颜柳的风格，字体多横轻竖重；以四川眉山为中心的蜀本多用雄健古拙的颜体字。宋元刻本印书用墨讲究，多用松烟墨，墨色匀净，光泽黝黑透亮，流传至今不褪色，不掉墨。宋版蝴蝶装版心向里，天头地脚多阔大，版心居中，整个版面疏朗大气，板框大小与行格多少，都依据字体大小及字数的多少精心设计。大字本每半页七行至八行，每行约十五至十六字；中字本每半页九行至十二行，每行十八字至二十二字；小字本每半页十三行至十四行，每行二十三字至二十四字，版心下方大多有刻工姓名和每版字数。蝴蝶装宋版多白口或细黑口，元版书多粗黑口。北宋蝴蝶装版框多为双边，象鼻较细或不印黑线，为白口，字里行间较宽阔，字体较大。南宋蝴蝶装书口象鼻由细变粗，较流行黑口。版框多为单边，或上下单边、左右双边。蝴蝶装的版框右上角多带有书耳，又叫耳子、耳格，用以记载书籍题名，便于检索书籍之用。宋元时期各地刻书用纸有所不同，南方如浙江、四川、江西等地常用桑皮纸、构皮纸，山西平水地区则保留着前代特征，使用麻纸印书。宋代用于印刷的纸张一般比较松软，不像隋唐时代纸张重加工，一般只做简单施胶，或不做任何加工，直接用生纸印刷。细看北宋刻本《妙法莲华经》的纸张，有洁白松软的感觉，絮化的皮纸纤维也非常清晰，这种纸张的印刷墨色比前代好得多。宋元时期采用麻纸印刷的书籍多在北方，金代刻本《赵城金藏》采用的就是苎麻纸，麻料因为纤维长而结实，很难做到纸面精细，尤其较少的二次加工，通过观察《赵城金藏》的书页纸质，可见宋元时期造纸技术的成熟。宋元时期，竹纸开始登上文化用纸舞台，福建建阳刻本便多用竹纸，虽然和明清竹纸相比还略显粗糙，但良好的适印性和低廉的成本使得建阳竹纸刻本在民间有很大的市场。宋刻建本《监本撰图重言重意互注点较毛诗》由黄色竹纸刻印而成，仔细观察，能清楚地看到纸面粗糙的竹筋，版本学书籍中提到的建阳麻纱本所使用的“麻纱纸”并不是麻纸，只是因为宋代竹纸制造较粗糙，故称其麻纱纸。元刻本《颜氏家训》由竹纸刻印，纸张保存至今已出现局部脆化现象，可见当时的竹纸生产工艺还不够成熟，杂质未去除干净，致使纸张耐久性欠佳，纤维打散也不够细，纸质看起来也较粗糙。

明代是中国古籍出版业和印刷技术发展的黄金时代。包背装是这个时期的主要装帧形式。明代包背装在版刻特点上既有继承宋元的一面，又有创新的一面。明版古籍在刻书区域、刻书数量、书坊数量上都超过前代。明版古籍在印刷技术上得到长足发展，除雕版印刷之外，活字印刷也被推广应用，木活字本、铜活字本成为明刻本的一个特色，而套色印刷也被广泛应用。明代刻书字体大致分三个阶段：明初以赵体字为主；明中期仿南宋浙本欧体；明晚期字形变长，完全脱离了宋浙本的风貌，称为长宋体。明代古籍印刷字体有其自身的特点，简化、整齐，便于印刷，现在印刷用的宋体字在明万历时已基本定型。清代古籍印刷字体已经没有那么明显的时代或地域特征，各时期、各地域都会有不同字体同时出现。大致来说，清早期仍沿袭晚明特色，使用长方体字以及汲古阁的扁方体字，清中期以后方体字得到进一步发展，方体字是清代主要的印刷字体。另一种字体是康熙年间出现的用于写刻本中的馆阁体，这种字体非颜非柳非赵，端正秀园，俗称软体字，是清代善本中常用的字体。

明代套版印刷技术发达，出现许多套印彩色版画的善本古籍，如胡正言刻《十竹斋画谱》、吴发祥刻《萝轩变古笺谱》。雕版彩色套印技术中的饾版和拱花是明代雕版套色印刷的重大突破，它将中国画中的水墨晕染、笔触皴擦等精细入微的笔墨效果表现至雕版印刷中，使其成为“下真迹一等”的艺术品。明代著名画家如唐寅、仇英、钱谷、丁云鹏、陈洪绶等，都为书籍绘制过画稿，加之高手繁多的专业插图刻工，促成大量明代插图类古籍成为珍贵的善本文物。清代插画类古籍虽然不如明代推陈出新，但仍有许多精美之作，如《扬州梦》《秦楼月》等戏曲剧本古籍，而《隋唐演义》《封神演义》等小说题材的插图古籍也可圈可点。清武英殿刻印的殿版画古籍中，《御制耕织图诗》《圆明园诗图》《避暑山庄三十六景诗图》等都是殿版画的代表作品。

明清古籍中，白棉纸为上等印刷纸张，明早期古籍多采用白棉纸，不过由于成本和产量方面的原因，白棉纸逐渐被竹纸替代，而后者也成为明清古籍的主要用纸。今天可见的明清古籍中，竹纸是绝对的主流。有学者统计，现存明清古籍中竹纸所占比重有八九成之多，而且越往后比例越高，其次是以精细皮纸以及少量的混料纸作为古籍印刷用纸。《永乐大典》作为明代古籍中的经典之作，是中国最大的一部包背装类书，全书采用上层白绵纸，手写楷书台阁体，手绘朱丝栏，四周双边，版心上下红口，红鱼尾。书中各类插图，包括人物故事、博古器物、宫室建筑、园艺花木、山川地图等，都是采用传统白描笔法精心绘制。《永乐大典》（图 18）黄绫书皮，书皮左上方贴长条黄绢镶蓝边书签，题黑字，右上方贴方块黄绢边签。明代徽州府印书有一部分采用纯青檀皮纸，如《程氏墨苑》，虽然不及清代纯青檀皮纸的洁白莹润，但其纸面细腻匀滑的质感是一般白棉纸所不具备的。纯青檀皮纸的巅峰大概在康熙、雍正时期，以内府刻书最为经典。后世学者把这一时期的青檀皮纸称之为“开化纸”，认为其是最精美的刻书用纸。

中国是古典文献大国，现存古籍近二十万种，如此浩如烟海的典籍，如何保护与修复，如何传承与利用，是纸质文物保护工作者们需要重点关注的。

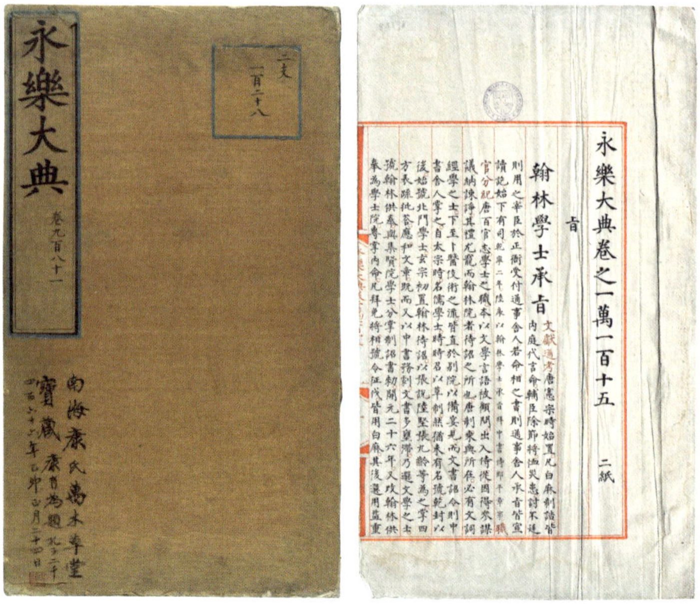

图 18 《永乐大典》

3. 档案

档案是人类在各种社会活动中直接形成的具有保存价值的原始记录信息，指过去和现在的机关、团体、企业事业单位和其他组织以及个人从事经济、政治、文化、社会、生态文明、军事、科技等方面活动直接形成的对国家和社会具有保存价值的各种文字、图表、声音、等不同形式的历史记录。[1] 因为数量多、种类杂，档案常常不受重视，易受损坏。随着时代的进步，对档案的保护逐渐被世界各国重视。档案对国家和社会具有保存价值，这种保存价值既包括现实查考的实证价值，也包括对历史、文化、政治、经济、艺术、宗教等方面的研究价值。档案是历史记录，也是真实记录，是历史与现实的见证物。档案作为文明传承、历史延续的重要载体，具有不可替代性、不可再生性等特征。档案既包括过去的信息资料，也包括当下的信息资料，档案最重要的属性是再现真实性。档案信息记录形式具有多样性，除文字外，还有图像、图表、声音、影像等，与之对应，档案的载体也呈现多样性，文字类档案记录载体从古至今有石质、金属、竹木、缣帛、皮革、纸质、照片、唱片、磁带、胶片、数字媒体等。随着历史的更迭，档案记录信息的载体一直在演化，中国有竹简、木牍、帛书，西方有纸莎草、棕榈叶、羊羔皮等，最后，纸张替代了大部分材料。纸质档案构成材料主要是纸张材料和字迹材料。档案从传递信息出发，所有的书画、古籍、文献、情报等都具备视觉符号与文字信息，从某种意义上说，书画与古籍等也可归属于档案。档案并非从材质属性上分类，因此非纸质类档案，只要是档案信息，都属于档案的范畴，如胶片影像类档案、数字信息类档案。本书针对纸质类载体的档案展开保护与修复研究。

中国最早的档案有甲骨档案、金文档案、缣帛档案、简牍档案、石刻档案等，随着造纸技术的进步，从两晋开始，中国档案进入纸质时期。纸张应用进入社会许多领域，档案的形式从简牍和缣帛转为纸质，比如官方文书、民间契约等。晋代是以纸代简的过渡时期。西晋宫廷采用青纸写诏书，到东晋改用黄纸。20 世纪，考古工作者在新疆、甘肃等地发掘出大批纸质档案，多为

1 《中华人民共和国档案法》（2020 年修订），第一章第二条。

官府文书，如敕令、讼书、文簿等。此时在民间也出现了字据、借贷、雇佣等文书契约档案。还有用于通信的纸本信件档案，东晋、西晋的信件在敦煌遗书和从甘肃出土的纸质档案中都有发现。从魏晋南北朝进入隋唐时期，纸张在社会文化等各领域得到广泛运用，纸质档案品种也逐渐增加，出现了最早的报纸—— 开元年间发布的《邸报》。现存最早的报纸实物是敦煌遗书中写于唐僖宗光启三年的《进奏院状》，纸质为唐代楮皮宣纸。官方文书档案用纸自东晋开始使用黄纸，至唐代开始变为黄麻纸、白麻纸。黄麻纸、白麻纸在官方和民间文书普遍使用，从白居易的诗句“白麻纸上书德音，京畿尽放今年税”，便可得知减免税收的诏书写在白麻纸上。唐代的官方文书档案大多写在卷子本上，由于卷子本文书都是经过装裱传阅，因此纸张都是单面的，且比较厚，也常被再利用，这些被再利用的文书档案，因为大多有明确纪年，具有很高的史料价值。唐代因地域广阔，经济繁荣，有大量关于田赋、徭役、税收、户籍、账簿、租契等文书档案流传下来。20 世纪发现于敦煌藏经洞内写于唐朝开元二年（714）的六件纸本档案，是世界上现存最早的纸质公文档案，现收藏于辽宁省档案馆。该档案采用墨笔书写，字迹清晰，纸张呈暗黄色；每件均有残缺，是极为珍贵的纸本文物。唐代开始还有一种纸名帖在文人与上流社会流行，相当于现在的名片，纸名帖除具有史料价值，还因其常采用非常精美的笺纸制成而具有较强的艺术价值。

宋代纸质档案除公文、诏书、契约、舆图、敕令、诉讼书等之外，还有纸钞、纸牒、纸包装、印刷报纸等。从唐代至宋代初期所用文书册账档案用纸大多为厚纸，如《疑耀》中这样记载：“每见宋版书多以官府文牒翻其背印以行……其纸极坚厚，背面光泽如一，故可两用，若今之纸不能尔也。”[1] 可见宋代档案纸张十分坚固耐用。报纸始于唐代，以写抄形式传阅，发展至北宋，印刷报纸出现。另外，纸钞最早也出现在北宋，当时称为交子，随后南宋、金、元、明、清都有大量的纸币发行流通。用于制造纸币的纸要求比较高，不仅要结实耐用，还需优先考虑防伪。最初出现的交子，防伪性尚不理想。作为最初的纸币，交子从一开始就具备优选纸张、隐藏暗号、套色印刷等后世纸币通行的

1 ［宋］张萱：《疑耀》，台湾商务印书馆四库全书影印本，总 857 卷（子部 162 卷），第 159—298 页。

特征。宋代纸名帖也得到进一步发展，作为社交礼仪用纸，历代纸名帖用的纸张都很讲究，包括装饰、印刷或手写，都随当时社会审美而各有追求。

明清档案和甲骨文、敦煌藏经洞遗书、居延汉简并称为中国近代古文献的四大发现。明清档案收录了明清时期的各个部门如内阁大库、军机处、内务府、宗人府、国史馆、清宫中各处和清各部院衙门档案等。作为我国古代遗存最大的纸本档案，明清档案大都标注了时间，是十分可靠的一手历史信息。明代档案在明末清初大部分因战乱而损毁，清代档案在清末民国年间也经历了各种磨难，其中有约 40 万件在 20 世纪 40 年代末被运到台湾。20 世纪 50 年代，国家将流散于各地的明清档案全部转入故宫博物院档案馆保存。我国现存明清档案总藏量有九百多万件（册），内容十分丰富。明朝档案数量虽然没有清朝档案数量那么庞大，但内容也十分丰富，有敕谕、诰命、奏本、揭帖、呈文、禀文、启本、手本、塘报、咨文、札付，还有舆图、契约、税票、户口单、状纸以及各种簿册等。清朝档案可谓浩如烟海，无论政治、经济、军事、文化、外交等，清朝三百多年间所形成的上百种类型档案文献，无不俱全。另外，溥仪退位后 10 年间所形成的档案，也被纳入其中。

明清档案中除官方纸质档案，民间纸质档案种类也十分丰富，纸质档案所用纸品也很多样。明清延续宋元惯例，发行纸币，皮纸因为柔软有韧性，耐折度好，拉力强，常用作纸钞用纸。明清时期也是自唐代以来纸制品最丰盛的时期。纸屏风在唐代流行开来，是作为书画文化用纸的延伸，而作为生活实用的纸制品，隋唐南北朝时期就有了纸窗、冥纸、纸衣、纸灯、纸包装等，进入宋元时期，又出现纸扇、纸伞、纸甲、剪纸等，至明清则更丰富，除上述纸品，还有纸帐、纸被、壁纸、纸牌、纸面具等生活类纸质文物。这些生活类纸质文物，有的因其独有的历史价值、艺术价值、文献价值而成为珍贵的纸本档案文物。

清末民国之前的档案大部分以手工纸为载体，清末民国以后的档案使用的材料逐渐被机制纸替代，中华人民共和国成立之后，档案材料绝大多数采用机制纸。机制纸是指以机械化生产方式大批量生产的，在各种类型的造纸机上抄造出来的纸或纸板，适用于书写、打印、复印、印刷、包装等。机制纸出现以后，手工纸档案迅速减少，只在少量民间地契、借据和祭祀用纸上才有使用。机制纸具有定量稳定、匀度好、产量大的特征。机制纸档案用纸种类繁多，包括普通书写纸、印刷纸、打字纸、有光纸、信笺纸、公文纸、票据纸、静电复印纸、制图纸、晒图纸等，档案用纸选择上遵循纸张耐久性和耐用性原则。但是，民国时期一部分机制纸生产工艺不达标，造成当时一大批机制纸档案保存状况堪忧，酸化现象严重。今天的大部分机制纸生产工艺已经完全解决了纸张酸化问题，机制纸基本能达到500年的寿命，满足了纸本档案的耐久性需求。

三、纸质文物的载体

纸质文物的主要载体是纸，相较于金属、石质、陶瓷等其他质地的文物，纸质文物因为纸张有易酸、易污、易损、难保存的特点，在保存与修复等方面具有技术难度高的特殊性。纸张与附着其上的墨迹、颜料、印泥、粘接剂以及同纸载体共同构成纸质文物的其他媒介如纺织品、皮革、金属、木材、合成材料等，共同构成了纸质文物。

从纸代简册开始，历朝历代都有良工造纸。相应的，好纸配好笔与好墨，古人追求笔精墨妙，材料与书画的关系，历来备受文人画家关注。王羲之以“纸者，阵也”强调了纸的重要性。赵孟頫曾说：“书贵纸笔调和，若纸笔不称，虽能书亦不能善也。譬之快马行泥泽中，其能善乎？”[1] 明代张丑在《清河书画舫》记载蔡襄用澄心堂纸和李庭珪墨的心得：“予撰《宝月塔铭》，使澄心堂纸，鼠须笔，李庭珪墨，皆一代之选也。舟师不远万里，来求予铭，亦孤其意。”[2] 吴湖帆在其画论中说：“羊毫盛行而书学亡，画则随之；生宣盛行则画亡，书亦随之。试观乾隆以前书家如宋之苏、黄、米、蔡，元之赵、鲜，明之祝、王、董，皆用极硬笔，画则唐宋尚绢，元之六家，明四家及明末董、项二王（烟客、湘碧），皆用熟纸，决无一用羊毫生宣者。笔

1 华东师范大学古籍整理研究室编：《历代书法论文选续编》，上海书画出版社，2007 年，第 180 页。
2 ［明］张丑著：《清河书画舫・卷八》，清文渊阁四库全书本（中国基本古籍库），第 282 页。

用羊毫倡于梁山舟，画用生宣盛于石涛、八大，自后学者风靡从之，坠入魔道，不可问矣。然石涛、八大有时亦用极佳侧理，非尽取生涩纸也。”[1] 从这段话中，可以深刻感受到纸、笔、墨等材料载体对中国传统书画艺术的影响。

1. 纸

纸是文房四宝之一，历代论述纸张的著述非常多，如苏易简的《文房四谱·纸谱》、米芾的《十纸说》，以及赵希鹄的《洞天清录》。其中《文房四谱·纸谱》叙述了纸张与书画的关系、纸品工艺及纸张书画保护等相关内容。《十纸说》主要讲述十种纸张的特征，都是米芾的亲身体会，有些还是他亲自加工的纸品。《洞天清录》在古书画品鉴中论及手工纸制造及加工工艺等。此外，贾思勰的《齐民要术》、张彦远的《历代名画记》、赵构的《翰墨志》、米芾的《书史》《画史》、苏轼的《东坡志林》、屠隆的《考槃余事》、方以智的《物理小识》、高濂的《遵生八笺》、方薰的《山静居画论》、莫是龙的《画说》、松年的《颐园论画》、钱泳的《履园丛话》、叶德辉的《书林清话》、邹一桂的《小山画谱》等文献中都有谈及纸张材料、工艺以及纸与笔墨等材料之间的关系。关于纸，各代呈现出不同的发展特征。从两汉至今，手工纸的生产从未停止过。

两汉时期的纸主要是麻纸。1957 年在西安东郊灞桥砖瓦厂出土的西汉灞桥纸，经过显微镜分析，确认为麻料纸，这可以算作迄今所见世界上最早的纸。灞桥纸表面有较多纤维束，纤维之间交织不够紧密，分布不均匀，白度不高，纤维帚化程度低，属于造纸雏形阶段的产品。1977 年，在甘肃居延肩水金关遗址出土的金关纸呈现较好的纤维特征，表面纤维束较少，纤维交织比较紧密，分布还算均匀，白度较灞桥纸更白，纤维帚化程度比灞桥纸高出许多，金关纸的纤维特征已经完全符合纸张的要求了。1986 年在甘肃天水放马滩出土的放马滩纸，纸面平整光滑、结构紧密，表面有明显纤维束，纸上用墨线绘有山、川、崖等，是世界最早的纸绘地图。通过对以上出土文物的纤维检测分析，可以确认纸张在西汉已有雏形。东汉时期，

1 吴湖帆：《吴湖帆文献》，上海书画出版社，2018 年，第 266 页。

蔡伦改良造纸技术，最重大的突破就是以楮皮纤维造出皮纸，在此之前，造纸都是采用破布、绳头等废旧原料。蔡伦从树皮中提取韧皮纤维造纸，这比从破布中提取植物纤维造纸更有难度，是造纸技术上的一次重大突破。蔡伦在造纸技术革新中的第二个贡献是从渔网中提取麻纤维造出麻纸，并总结西汉、东汉以来的麻纸制造技术，改进和提升了麻纸的制造工艺。此外，蔡伦提出推广造纸和用纸的建议，得到朝廷的采纳，从此纸在社会上得到推广。

造纸技术在魏晋南北朝时期除使用麻、构皮之外，还开发了藤皮、桑皮、瑞香皮等原料，在品种、产量、质量和二次加工等方面，都有较大的提高。这一时期，还出现了用竹子造纸的记载。相对两汉时期，造纸技术有了很大进步，纤维分散度提高，纸浆均匀，帘纹清晰，纸张白度增加，纤维束明显减少，纸张厚度比汉纸薄。在书写领域，帛、竹、简并存的局面到了东晋以后，因为光滑、平整、耐折的纸张大量出现，使用了近千年的缣帛、简牍逐渐被取代。纸张运用逐渐传播大江南北，形成“天下莫不从用焉”的态势，而“以纸代简令”也促进了纸张的全面推广。

魏晋时期手工造纸技术上还处在起步阶段，造纸的纤维以粗长的韧皮纤维为主，造出来的纸有粗、松、厚的特征，纸张需要二次加工处理，还需要经过涂布、染色、研光、施胶等手段，使纸张变得紧致平滑，便于书写。纸张表面涂布技术是将白色矿物质细粉用粘接剂刷涂在纸张两面，再用光滑的石头研光，经过涂布和研光之后，粘接剂和矿物粉被填补到纸张纤维的缝隙中，使原本凹凸不平的表面被涂布剂覆盖，且粘接剂也使纸张纤维交织得更加紧密，因此经过涂布与研光的纸张更加洁白、光滑、结实，受墨也更好。纸张染色自汉代即有，到魏晋南北朝时期成为一种流行，此时的染色主要指染黄。将纸染黄，粘接成卷子装，即为装潢。贾思勰《齐民要术·杂说第三十》记载：“凡打纸欲生，生则坚厚，特宜入黄。凡潢纸灭白便是，不宜太深，深则年旧色暗也。”[1]贾思勰主张以黄檗染色，将纸张的白色去除即可，不宜过深，因为染过色的潢纸时间存放越久，颜色越深。事实证明，今天我们看到的许多古代文献都是暗黄色。

1 ［北魏］贾思勰著，石声汉释：《齐民要术选读本》，农业出版社，1961年，第196页。

隋唐五代时期，造纸术传遍各地，纸张用途从书写扩大到绘画、摩拓、拓印、装裱、印刷等。规模化的纸本画出现，绢本绘画创作前的粉本也多用纸张起草。民间开始出现用雕版印刷佛经，对纸张的需求急速增加，这也促进了造纸技术的进步。用纸需求的增加使得更多植物纤维原料被引入造纸，除传统的桑、构、麻之外，藤类、瑞香科、木芙蓉、锦葵科的韧皮原料在隋唐时期的古纸中也偶有发现，此外，还有以竹纤维为原料的竹纸。这一时期文化用纸涉及书写、绘画及早期印刷，书写功能依然是纸张性能的主要追求。保存至今的隋唐五代时期的纸质文物以西北地区的写经和文书居多，纸张大多经过加工处理，常见的有硬黄纸、硬白纸，还有部分染色笺纸，并出现许多笺纸的加工方法。原料上皮纸的比例较魏晋时有明显增加，麻纸逐渐居次。造纸工艺此时已经达到相当高度，尤其是原料的处理非常精细。从存世的纸质文物来看，许多长纤维的皮麻纸也极细腻匀净。同时，不仅制浆水平提高，制作抄造纸张的纸帘技术也得到提升，制造的纸帘帘条更细，纸帘幅面扩大，这也使唐代后期能生产出大幅纸张。这一时期出现用植物黏液作为纸药加入纸浆，这使得纸浆中的纤维能均匀悬浮在纸浆槽内，大大改善了纸浆絮聚现象，便于抄造出优质纸品。植物纸药的加入还增加了湿纸之间的润滑性，改善了揭纸时揭破纸张的问题。生纸作为主要书写材料，仍然需要二次加工，各种加工技术蓬勃发展，施胶、涂蜡、涂布、染色、染花纹、洒缀、捶砑在这一时期都已出现。造纸坊生产出的纸张，要送到熟纸坊进行二次加工，使粗松的生纸变得紧致匀滑，美观多样。加工方法主要有：染黄涂布、上矾施胶、浆硾涂蜡。著名的加工纸则有锤纸、硬黄纸、白蜡笺、粉蜡笺、流沙笺、金花笺、乌金纸、云蓝纸、薛涛笺、砑花纸、澄心堂纸等。唐人在书写用纸上有非熟纸不用的特点，每一种加工过的熟纸都有各自的功能，比如硬黄纸有薄款与厚款之分，北宋米芾《书史》中的“唐摹右军帖，双钩蜡纸”，南宋陆游诗中的“名帖双钩拓硬黄”都是指薄款硬黄纸，这种纸薄、透、硬，便于摹拓。而厚款硬黄纸用于书写文章与抄经等，由于不追求透光的功能，所以纸张硬挺厚实，如同宋代金粟山藏经纸以“单抄双晒”方法制成的厚款硬黄纸。唐代浙江还出现过藤纸，但由于藤皮原料的消失，藤纸也只辉煌了很短的一段时间。

澄心堂纸是以南唐后主李煜先祖李昪的起居场所“澄心堂”命名，是由李煜派人监造仅供皇帝御用及颁赐群臣的皇家御用纸，民间少有流传。至北宋时期，因文人士大夫的妙笔诗句，使澄心堂纸名满天下。刘敞、欧阳修、梅尧臣、宋敏求等都曾咏诗赞美此纸。梅尧臣在《宛陵集·答宋学士次道寄澄心堂纸百幅》中这样描写：“寒溪浸楮春夜月，敲冰举帘匀割脂。焙干坚滑若铺玉，一幅百金曾不疑。”这首诗不仅赞誉了澄心堂纸，还介绍了其生产工艺。澄心堂纸产于安徽歙州，原料为楮皮，制造时间在冬季，以腊月敲冰水配制纸浆，因冰水下微生物少，且经融化的冰水有如经过一遍提纯，造出来的纸张纯净，另外冰水下纸浆纤维分散状态均匀，植物纸药稠度不会下降。澄心堂纸作为皇家御用纸，制作工艺精良，纸张洁白，纸面光滑，纸质坚厚，引得后世不断效仿。

宋元时期是我国造纸术的第二个辉煌期，由于文化的繁荣和雕版印刷术的成熟，纸张的需求量迅速增加。书画及印刷用纸的大量需求促进了本时期造纸技术的进步，具体表现在动力上水碓的广泛运用；长纤维皮纸质量进一步提高；竹纸制造技术成熟并用于文化用纸，标志着造纸史上一个新时代的到来。宋代这个特殊的崇文时代，促成文化艺术的大发展，也使得这一时期名纸辈出，并出现许多关于造纸的论著。

宋元时期造纸原料以构皮、桑皮、竹为主。麻纸以苎麻为主要原料，因为原材料收集不易，逐渐减少，只在北方地区还有使用。皮纸以构皮、桑皮为主，产地多在江南一带，四川也有质量上乘的皮纸。在宋代，对皮纸的精加工表现在三个方面：一是不断提高的精工细作，水碓技术的引入使舂捣纸料能做得更细，使纤维束能够被完全切断，使纸浆被打得更加细腻均匀；二是纸药在制浆中的广泛应用，提高了纸浆中纤维的均匀悬浮度，并使湿纸便于揭纸烘干，纸药的添加，使中国传统手工造纸技术得到大大提升；三是在皮料纸浆中掺入一些短细纤维的竹料或草料，制成混料纸。混料纸取长短纤维的长项，既有长纤维的结实韧性，又有短纤维的平滑光洁。另外，在宋代得到大力发展的竹纸，因为精细的生产过程，反复舂捣与多级蒸煮，竹茎和杂质大大减少，此时的竹纸已经大量用于文化用纸。宋元时期，竹纸多产于浙江、福建、江西等地，因其成本低、吸墨好，非常适合印刷书籍，在民间得到广泛应用，尤其是福建地区，大多数建本都是采用竹纸印刷。但宋代竹纸相较明清竹纸，在制作工艺上还处在初级阶段，相较当时的皮纸，竹纸还属于低端纸，纸张整体比较粗黄，部分竹纸竹筋还比较明显，拉力、强度以及耐蛀性能方面远不及皮纸、麻纸，所以宋元时期的主要用纸还是皮纸。

宋代因为造纸技术进步，生纸质量大大提高，许多生纸不经过加工便能满足书写绘画的需求，因此，当时对二次加工熟纸的要求逐渐降低，轻加工或不加工成为流行趋势。虽然熟纸的加工需求减少，但纸的加工品种却超出以往。明人屠隆《纸墨笔砚笺·纸笺》中这样记载宋纸："有碧云（笺）、春树笺、龙凤笺、团花笺、金花笺。……有藤白纸、观音帘纸、鹄白纸、蚕茧纸、竹纸、大笺纸。有彩色粉笺，其色光滑，东坡、山谷多用之作画、写字。"[1] 这里提到的碧云笺、彩色粉笺等都是宋代的加工纸，大多经染色、施蜡、添粉、泥金、描龙等加工处理。在纸的加工技术方面，宋元不仅继承了隋唐五代的技法，还有更多新的发展。宋人喜用典雅内敛的花笺纸，其中最著名的笺纸有砑花笺和水纹纸。砑花笺是指将染色后的皮纸砑以人物、花鸟、虫草、山林等图画，实际是在过去涂蜡砑光的基础上再压印暗花纹，以达到"精妙如画"的效果。水纹纸是在加工纸上画有波浪纹的笺纸。另外，宋元时期著名的艺术加工纸还有销金花绫纸、端木堂纸、瓷青纸、云母笺等，都是在唐代加工纸基础上的进一步发展。

据明代胡震亨《海盐县图经》记载，"金粟寺有藏经千轴，用硬黄茧纸，内外皆蜡摩光莹。……墨光黝泽如髹漆可鉴。纸背每幅有小红印，文曰'金粟山藏经纸。后好事者剥取为装潢之用，称宋笺'。"[2] 清代张燕昌《金粟笺说》记载金粟山寺的藏经纸有黄、白两色，但由于白笺特别少见，所以我们通常说的金粟山藏经纸特指黄色笺，表面有蜡质，是唐代硬黄纸的延续。明清文人喜爱将其分层揭开用以书画，诸如董其昌、文征明、陈淳等人都有使用金粟山藏经纸书写的墨迹存世。元代王蒙《青卞隐居图》诗堂为董

1 ［明］屠隆：《纸墨笔砚笺·纸笺》，《美术丛刊》二集九辑，上海神州国光社排印本，1936 年，第 136 页。
2 ［明］胡震亨：《海盐县图经》，浙江古籍出版社，2009 年，第 94 页。

其昌题跋，使用的就是金粟山藏经纸。宋人倾向于使用麻纸与皮纸，现存的宋代传世纸本书画中，以皮纸居多，麻纸次之，竹纸最少。麻纸的使用以蜀地居多，“古细捣者，不在唐澄心之下”，可见宋蜀地造纸工艺能媲美澄心堂纸。

南宋时期，竹纸的品质迅速提高，施宿在《会稽志》中指出：“今独竹纸名天下，他方效之，莫能仿佛，遂淹藤纸矣。”“惟工书者独喜之。滑，一也。发墨色，二也。宜笔锋，三也。卷舒虽久，墨终不渝，四也。惟不蠹，五也。”[1] 施宿对竹纸的赞誉亦被后人诟病，尤其是“惟不蠹”备受争议。明代谢肇淛在《五杂俎》中提出：“毛边之用，……遍于天下，稍湿即腐，稍藏即蠹，纸中第一劣品，而世用之不改者，光滑便于书也。”谢肇淛肯定了竹纸表面光滑的优点，但不耐撕、不耐久是其最大的缺点。竹纸在宋代亦有混合皮料、麻料生产，短纤维的竹料混入长纤维的皮料麻料之后，使竹料纸韧性不足的缺点得到改善。米芾用纸十分讲究，他自述五十岁以后才开始用竹纸，“余尝硾越竹，光滑如金版”。[2] 他所使用的“浆硾”方法，不仅增加竹纸的韧性，还令纸面紧致光滑，而《珊瑚帖》《公议帖》《新恩帖》也都是书写在经过捶打的竹纸或竹麻混料纸上。南宋吴越地区产竹料纸，从原料上看不如蜀地麻纸，但是经过捶打后，纸张光洁有筋骨，书写性能不下于蜀地麻纸。

明、清是我国传统手工造纸的鼎盛时期，造纸业繁荣，尤其南方一些造纸集中的地区，涌现出了许多著名的纸行、纸号。明清时期的造纸原料以竹、皮、麻、稻草为主，南方盛产竹，因此竹纸产量居首位，主要用于印刷与书写。皮纸生产南方北方均有，多用于书画、印刷等。麻纸生产主要在北方，产量较少。明清时期的纸张主要有白棉纸、竹纸、泾县纸以及各种加工纸。《天工开物》中这样记载白棉纸：“纵纹扯断如棉丝，故曰棉纸。”这里的棉纸指的就是精细皮纸，包括桑皮纸、楮（构）皮纸、青檀皮纸、结香皮纸等。明清时期，棉纸中混料的现象普遍，除了常见的构皮与竹混料，青檀皮与稻

1 ［宋］施宿：《嘉泰会稽志·卷十七》，清文渊阁四库全书本（中国基本古籍库），第 320 页。
2 ［宋］米芾：《书史》，明刻百川学海本（中国基本古籍库），第 18 页

草混料，还有构皮与稻草、青檀皮与结香皮等混料，可见当时制作混料纸的工艺已经完全成熟，这也是明清造纸技术高度发展的一个特征。

明代初期，官方在江西南昌创办西山官纸局，以生产高级楮皮纸为主，供内府御用。这里产的楮皮纸或为明《永乐大典》的抄写纸，此纸洁白、细匀、结实，可从保存至今的《永乐大典》中得到证实。西山官纸局生产西山供纸至宣德年，名称演变为宣德纸。大约在隆庆万历年间，西山官纸局迁移至江西广信府铅山县，仍以制造楮皮纸为主。《江西省大志》卷八《楮书》对江西宣德纸的制作工艺做了详细的介绍："槽户雇请人工，将前物料（楮皮）浸放清流激水，经几昼夜，足踏去壳，打把捞起，甑火蒸烂，剥去其骨，扯碎成丝，用刀挫断。搅以石灰存性月余，仍入甑蒸。盛以布囊，放于急水，经数昼夜，踏去灰水。见清，摊放洲上日晒雨淋，无论月日，以白为度。木杵舂细，成片揭开。复用桐子壳灰及柴灰和匀，滚水淋泡。阴干半月，涧水洒透，仍用甑蒸、水漂，暴晒不计遍数。多手择去小疵，绝无瑕玷。刀斫如炙，揉碎为末，布袱包裹，又放急流，洗去浊水。然后安放青石板合槽，任其自来自去。药和融化，澄清如水。照纸式大小、高阔、置买绝细竹丝，以黄丝线织成帘床，四面用筐绷紧。大纸六人，小纸二人，扛帘入槽。水中搅转，浪动搅起，帘上成纸一张。揭下，垒榨去水，方始成纸。"[1]这段文字详细记录了皮纸（白棉纸）的七十二道造纸程序。

自明初开始，皖南地区出现"泾县纸"，该纸以优良的印刷和书画性能，发展至明末，已经成为纸中翘楚。泾县造纸工艺最早可以追溯到南朝，经历隋、唐、宋、元，至明代，泾县地区大岭、小岭、曹溪等山区青檀皮纸的造纸技术得到进一步发展。明末书画家文震亨《长物志》卷七中这样评价："泾县连四最佳。"泾县纸最初的造纸原料均采用青檀皮皮料，但因皮纸产量逐年增加，造成青檀树锐减，原料供应不足，工匠们便往造纸原料中添加楮皮或沙田稻草，以填充青檀皮料的不足，发展至清代中后期，纯皮料的泾县纸逐渐变为青檀皮与沙田稻草混合的宣纸。泾县纸早期以泾县连四纸、泾县榜纸最有名，到了清中期以后逐渐被称为宣纸。

1 ［明］陆万垓：《楮书》，《江西省大志》卷八，国家图书馆藏万历廿五年（1597）刊本。

竹纸制造技术在明清时期发展成熟，熟料竹纸和生料竹纸的生产技术更为完善，多级蒸煮，加上天然漂白技术，竹纸质量大有改善，形成了多样化的品类体系，使竹纸成为写、印用纸的主流。这一时期，我国南方各个产竹地区几乎都有竹纸生产，浙江、福建、江西、广东、四川最多，湖南、湖北、广西、陕西等地也有生产。不同地区、不同需求使得竹纸生产工艺有所不同，竹纸品种也非常丰富，一个地方出产几十种上百种都很常见，大的产区甚至有几百种之多。竹纸根据工艺和产区可分为四类：第一类为熟料竹纸，是经过天然漂白的连史纸类，也叫连四纸；第二类是经过多级蒸煮，以贡川纸、玉扣纸等为代表；第三类为生料纸，没有经过蒸煮，是通过长时间石灰浸沤生产出来的，以毛边纸、官堆纸、毛太纸等为代表，多用于书写和印刷；第四类也是熟纸，但只做一次蒸煮，纸张比较绵软，适合书写，如富阳元书纸。介绍竹纸在明清时期生产工艺的书籍也很多，其中《天工开物》便详细记录了竹纸的生产工艺。除此之外，还有《三省边防备览》介绍陕南竹纸生产技术，《造纸说》介绍浙江竹纸生产技术。明清时期，竹纸价格低廉，又方便写、印，广受青睐，不仅民间写、印大量使用竹纸，官方亦是如此。

明清时期的加工纸也是集历代之大成，此时的加工技术已达到很高水平，以往各朝的著名加工纸在这一时期都有仿制，还新出了许多著名的加工纸品。明方以智《物理小识》中记载：“宣德五年造素馨纸印，有洒金笺、五色、金粉、磁青、蜡笺……宣德陈清款，白楮皮，厚可揭三四张，声和而有穰。其桑皮者砑色，砑光者可书。”[1] 据此可以了解，用宣德纸加工的这类加工纸被统称为“宣德宫笺”，作为贡纸，宣德纸的品种很多，有厚纸、薄纸，有白纸、五色纸，还有粉笺、蜡笺、五色粉笺、洒金笺、金花五色笺、洒金五色粉笺、瓷青纸、羊脑笺等十几个品种。宣德纸是宣德年间由江西西山官纸局生产的白棉纸，还包括经加工而成的各类“宣德宫笺”。宣德纸作为明代著名的纸品，至今在故宫博物院等地均有收藏。宣德纸是继南唐澄心堂纸、唐代蜀笺之后，深受宫廷及民间喜爱的名纸。明清时期还仿制

1 ［明］方以智：《物理小识》卷八，丛书集成本第543册，商务印书馆，1936年，第189页。

了南唐澄心堂纸、唐代薛涛笺、宋代金粟山藏经纸、元代明仁殿纸等著名古纸。

清末民国时期，随着西方机制造纸技术的引进与发展，传统手工纸在书写与印刷等领域逐渐被机制纸取代，传统手工造纸行业急剧衰退。传统手工纸在应用领域退缩到只有书画纸这一块，还有部分低端传统手工纸退缩到宗教用纸、生活用纸等领域。大量手工纸品种消失，加工纸品种消失得更快。麻纸、皮纸、竹纸的生产，无论在质量、品种、产量上都日渐式微，而宣纸却一家独大，甚至成为传统手工纸的代名词。发展到现代，以龙须草为代表的工业纸浆渗透到传统手工造纸中，书画纸占领大量绘画用纸市场，加上漂白工艺及化学原料等的介入，纸浆舂捣工艺的机械化等使手工纸质量下降，一直到20世纪末，传统手工纸的生产环境不容乐观。近年来，随着我国对传统文化的重视，传统手工纸的生产环境逐步改善，为了有纸可用、有好纸用，各地都在挖掘复原传统造纸工艺。

竹纸是最后一批出现的传统手工造纸品类，工艺保存最完整。至今，大部分竹纸的生产工艺都完整地保留了下来。具体如砍竹、断青、出柳、削竹、拷白、砍料、落塘、沤灰、入镬、蒸煮、出镬、翻滩、缚料、捞料、榨料、拣料、打浆、抄纸、晒纸等近二十道工序，每一道工序都参照从前，严谨保存至今。以浙江富阳竹纸生产为例，砍竹必须在每年小满前后，俗称“忙工”，全年的原料都要在这半个月内砍好；断青要把整根的竹子去掉竹梢，砍成每段1.5米左右；出柳要把断好的竹子两边的竹节削掉；削竹还是将竹子架在传统的“竹马”上，用特制的刀具去皮；拷白要将竹节、竹肉敲掉，以便石灰充分沤进竹纤维中；砍料要将拷白的竹子砍断成40厘米左右长短，并一捆（页）捆扎好；把捆好的竹料放在料塘里落塘，浸泡15天左右，使其自然发酵，浸出果胶等杂质，发酵是利用微生物去除果胶等杂质，至竹料微微发软；落塘之后是沤灰，俗称“腌料”；再之后是入锅蒸煮，更多地去除竹浆中的杂质并软化纤维，一般大火烧1—2天，水开后闷4—5天，现在有些高品质的纸则需要多次蒸煮；出锅之后要将石灰洗净；沾满石灰的料页，要不停摔打、冲洗，叫翻滩，洗一遍，再用清水浸一天，如此循环六七次，直到水清为止；洗净石灰的竹料，需要重新捆缚，叫缚料，缚料前要挑出没有软化或者带青皮的竹料；之后是捞料，材料经过几个月的发酵，成为可以做纸的竹浆，把竹料一页页从水里捞出来，并在水塘里进行初步清洗。传统的捞料是在溪里进行，越干净的水，越能够漂洗掉纸料中的杂质，所以造纸对水质十分讲究。捞料之后是榨料，从塘里捞出来的竹料满含水分，不能直接打浆，需要榨干水分才能进行打浆，料榨得越干，白度越高；料榨之后是拣料，把粗纤维和杂质拣选掉，就可以进行打浆了；传统的打浆是碓打，现代有用荷兰式打浆机、镰刀式打浆机等机械打浆替代传统碓打，打浆机容易将纤维切断，传统碓打可以打出高浓度浆料；打浆之后进入抄纸步骤，富阳的抄纸方法采用吊帘工艺，“荡料入帘，缓慢出水，一次成型，覆帘纸上”；抄纸后还要进行压榨，压出纸垛里的水分，使其呈半干状态；最后进入晒纸阶段，压干水分的纸块需要搬到墙塥弄里进行分张、烘干，湿纸一张张牵下来，刷在塥（焙墙）上烘干，最后完成揭纸。这样，一张传统手工竹纸才算完成。

传统竹纸生产工艺被完整保留下来，其他皮纸、麻纸等传统生产工艺也在逐步恢复。同时，为了适应现代环境，传统造纸工艺也在逐步改良。纸作为纸质文物的主要载体，越来越被重视，保护纸质文物，首先要从做好文物修复用纸开始。

2. 墨

墨作为纸质文物最重要的字迹材料，亦是纸质文物最早使用的字迹材料之一。中国许多珍贵古书画，流传千载，墨色至今如漆。古人精于制墨，作为纸质文物的重要组成部分，本身亦具备极高的文化价值，并形成独具中国特色的墨文化，传统的制墨工艺亦是我国宝贵的非物质文化遗产。墨历经漫长的发展历程，最早在陕西半坡出土的彩陶上用红色和黑色颜料绘制有花纹和符号，如果将这种黑色颜料算作墨的早期形态，那么墨的使用可追溯至新石器时代。在商代后期甲骨上残留的红色和黑色颜料中，红色颜料为朱砂，黑色颜料是墨。在商代石器、玉器、陶器上也有黑色墨的字迹，发现了以黑色汁液所写的文字。在西周青铜器上已有“墨”字的铭文，现代考古发掘的春秋战国至秦代的各种玉石及简牍上，也有大量以墨书写的文献。各种考古发掘和文献上的记载，都说明墨的使用远远早于公元 3 世纪初东汉书法家韦诞发明墨这一传统说法。与墨相关的最早文献有西周时期的“邢夷造墨”之说，春秋战国《庄子外篇》有“宋元君将画图，众使皆至，受揖而立，舔笔和墨。”[1]汉代《后汉书》的《百官志》中有“主御纸笔墨及尚书财用诸物及封泥”，《汉官仪》中有“尚书令、仆承郎，月赐喻糜大墨一枚、小墨一枚”等文字记录。南北朝时期北魏贾思勰《齐民要术》记载了固体墨的制作工艺与配方，宋代何薳的《春渚纪闻·记墨》、苏易简的《文房四谱》、李孝美的《墨谱》、晁贯之的《墨经》，元代陆友的《墨史》，明代沈继孙的《墨法集要》，清代谢裕岱的《南学制墨札记》、吴昌绶所编的《十六家墨说》等对墨都有或简或详的介绍。墨是从天然颜料逐渐转向人工制墨的，最初的黑色墨迹是漆，其后可能为天然矿物，这两种都不是人工制墨，松烟墨和油烟墨才是人工制墨。陶宗仪在《辍耕录》中记载：“上古无墨，竹挺点漆而书。中古方以石磨汁，或云是延安石液。至魏晋时始有墨丸，乃漆烟、松煤夹和为之，所以晋人多用凹心砚者，欲磨墨贮渖耳。”[2]漆被认为是在坚硬的、不吸墨的甲骨、竹简、金属等表面书写简短文字的颜料，但未广泛用于一般书写。文献记载为石墨，这些黑色矿物具有墨的功能，被称为天然矿物墨，与后世的人工制墨有所区别。经化验证明，这种矿物颜料是三氧化二铁，也就是古书中所记载的“石墨”。石墨使用范围有限，大多就其原本天然形态使用，也有的加工磨碎之后使用。

人工制墨的历史，应从先秦两汉时期开始，1975 年在湖北云梦县睡虎地古墓群 4 号墓出土一块 2 厘米左右的纯黑墨丸，同时出土的还有一块石砚，上有研磨的痕迹，这是战国后期或秦代使用人工固体墨最有力的证据。到西汉，因为纸的出现，工制墨日渐成熟，如前所述甘肃天水放马滩出土的西汉纸质地图，地图上的山川墨迹便是佐证。西汉时期固体墨出土的数量较前代明显增多，如 1983 年在广州象岗山西汉墓出土的圆饼形固体墨数量多达 4385 枚。[3]还有在 1953 年河北望都发掘的西汉墓中的墓室壁画《望都汉墓

1 《庄子》，四部丛刊本，卷 7，第 36 页。

2 [元]陶宗仪：《辍耕录》卷 29，中华书局，1958 年，第 14 页。

3 麦英豪、黄展岳：《西汉南越王墓》（上册），文物出版社，1991 年，第 142 页。

壁画》，其中心位置有主计史坐于矮榻上，座前放置三足砚，砚上有圆锥形墨锭，旁有水盂。东汉时期出土的墨块也比较多，如1966年在河南陕县刘家渠东汉墓中发掘的五锭汉代松烟残墨，其中两锭呈圆柱形，高度达3厘米，墨质坚实，墨的一端或两端有研磨过的痕迹。东汉已出现大块的墨块，说明制墨工艺中的干燥、防腐、防裂都达到相当的水平。松烟墨的制作工艺自东汉韦诞时代已经成熟，曹植的《长歌行》中有“墨出青松烟，笔出狡兔干”[1]，此诗句证明了松烟墨的成熟。魏晋南北朝时期制墨技术进一步发展，现存中国的最早制墨配方，记载于北魏贾思勰所撰《齐民要术》卷九《合墨法》中：“好醇烟，捣讫，以细绢筛于缸内，筛去草莽，若细沙尘埃。此物至轻微，不宜露筛，喜失飞去，不可不慎。墨一斤，以好胶五两，浸梣皮汁中。梣，江南樊鸡木皮也。其皮入水绿色，解胶，又益墨色。可下鸡子白，去黄，五颗。亦以真朱砂一两，麝香一两，别治、细筛，都合调。下铁臼中，宁刚不宜泽，捣三万杵，杵多益善。合墨不得过二月、九月，温时败臭，寒则难干，潼溶，见风日解碎。重不得过二三两。墨之大诀如此，宁小不大。”[2]从上文所记载的炼烟、绢筛、制胶、和料、杵捣、晾墨等重要制墨工艺和步骤。汉代至魏晋时期是中国传统制墨体系的初成时期，制墨的成形、模制、加药三大重要步骤均已形成，并初步形成系统的工艺理论，出现了史上第一份制墨配方。这些都说明我国传统的制墨工艺体系已经形成。

唐代是中国制墨技术发展的重要时期。唐以前，笔墨多为文人自制，如魏晋时的韦诞、张永等都是书法大家，但他们不是专门的墨工，直至祖敏开始，才有墨工的记载。晁季一《墨经》中记载：“凡古人用墨多自制造，故匠氏不显。唐之匠氏惟闻祖敏。”墨锭上出现图案最早始于唐代，在墨模上雕刻图案，早期常用的纹饰多为祥瑞动物以及书法铭文等。制墨技术在唐代中期由汉地向少数民族地区扩展，在唐晚期由北向南转移。汉代中国产墨区多集中在陕西扶风、隃麋、延州等地，唐代移至河北易水和潞州，至唐末，因北方战乱，大量人口向南迁移，易水著名墨工奚超偕其子奚廷珪迁移至江南歙县，

1 钱存训：《中国古代书史》，香港大学出版社，1975年，第159页。
2 ［北魏］贾思勰：《齐民要术》卷九，《四库全书》本。

利用当地古松炼烟制墨，载诸史册，促成徽墨的辉煌。奚超父子所造之墨质地坚致，苏易简赞誉“其坚如玉，其纹如犀，写逾数十幅不耗一二分也”[1]，深受南唐后主李煜赏识，而获赐国姓。李廷珪的制墨配方被详细记载于李孝美的《墨谱法式》卷下《廷珪墨》中：“牛角胎三两，洗净、细锉，以水一斗，浸七日；皂角三挺煮一日，澄取清汁三斤，入栀子仁、黄檗、秦皮、苏木各一两，白檀半两、酸榴皮一枚，再浸三日。入锅煮三、五沸，取汁一斤，入鱼胶二两半，浸一宿。重汤熬熟，入碌矾末半钱，同滤过，和煤一斤。”到北宋宣和年间，廷珪墨已经是“黄金可得，李氏之墨不可得”，而这时距离李廷珪生活的年代亦不过百年。

紧随唐代的制墨繁荣，文风鼎盛的宋代进入中国制墨史上第一个工艺发展高峰，这一时期，制墨名工辈出，有姓名可考的墨工多达180人，如歙州耿仁、耿遂、耿文正等耿氏一族，宣州盛匡道、盛通、盛真等盛氏一族，黟州张遇、张谷、张处厚等张氏一族，还有戴彦衡、吴滋、潘谷等。张遇以油烟、麝香、樟脑、金箔制墨而闻名；戴彦衡专注墨模图案样式，传说双角龙等墨面图案为米芾所画，开墨工与画家合作制墨的先例；潘谷以制墨用胶少而闻名，苏轼对其极为推崇，称他为“墨仙”。苏轼嗜墨，用墨讲究，他所用之墨，多为胶轻好墨，书写时多用浓墨。北宋词人李之仪对苏轼用墨的描述：“东坡捉笔近下，特善运笔，而尤喜墨，必浓研，几如糊，然后濡染。”[2]董其昌在苏轼《赤壁赋》的题跋中描述：“每波画尽处，隐隐有聚墨痕，如黍米珠，非石刻所能传耳。嗟呼，世人且不知有笔法，况墨法乎。”[3]宋代文人墨客对墨的追求亦反映宋代制墨技术的高超。宋代是松烟墨、油烟墨并重的时代，不仅松烟墨产量大幅增加，油烟墨以及油烟松油兼制墨也逐步成熟，松烟墨的烧制，在文献中多有记载，李孝美的《墨谱法式》详细记录了松烟墨的采松、造窑、发火、取烟、和制、入灰、出灰、磨试等多个步骤。制作松烟墨的每一个环节都有许多细节及要求，如采松最好挑选古松，旁支

1 [宋]苏易简：《文房四谱》卷五《墨谱》，《四库全书》本。

2 华东师范大学古籍整理研究室：《历代书法论文选续编》，上海书画出版社，2007年，第72页。

3 [明]董其昌：《画禅室随笔·卷一》，清文渊阁四库全书本（中国基本古籍库），第20页。

数量不宜多；发火时火不能太大也不能太小；取烟时，依据离火远近分开收集烟渍，将距发火处远的烟渍定为顶级，用来制作最好的墨；取烟后和制前还要有细致的筛烟过程、溶胶过程，要保证胶既光亮又有粘性；入灰时，灰的厚度在不同季节也不同。明代宋应星在《天工开物》中也详细记述了松烟制墨法："寻常用墨，则先将松树流去胶香，然后伐木。凡松香有一毛未净尽，其烟造墨终有滓结不解之病。凡松树流去香，木根凿一小孔，炷灯缓炙，则通身膏液就暖倾流而出也。凡烧松烟，伐松斩成尺寸。鞠篾为圆屋，如舟中雨篷式，接连十余丈，内外与接口皆以纸及席糊固完成，隔位数节，小孔出烟。其下掩土砌砖，先为通烟道路。燃薪数日，歇冷入中扫刮。凡烧松烟，放火通烟，自头彻尾。靠尾一、二节者为清烟，取入佳墨为料。中节者为混烟，取为时墨料。若近头一、二节，只刮取为烟子，货卖印刷，书文家仍取研细用之。其余则供漆工、垩工之涂玄者。"[1] 烧制松烟的窑有卧窑和立窑两种。卧窑开在山上，可直接取高山上的松，烧好之后直接取烟下山。立窑开在山下，烧制从山上搬下来的松树。古人砍下松树之后，要处理一年到两年时间，以去掉松脂，有松脂的松不能烧烟，会起结晶。去掉松脂的方法是在一棵树上打几个洞，让树把松脂吐出来，之后用灯草烧，把松脂全部烧化后，才能开始烧烟。选择松树也有讲究，山岩上的松比较好，半山以下的松树取的烟料相较山上松树取的松烟，在细腻度、紧密度以及烟的色泽、亮度等各方面，都有很大区别。半山以下取的松烟，单独看是黑的，但是如果做比较，哪怕是顶烟，其黑度也比不了半山以上的底烟。半山以上松树取的松烟，细腻、纯正、黑度深。卧窑中，远烟是最好的，远烟是在烧烟时，窑内自然滚动中能飘到的最远的烟，烟料是最纯正、最细腻的。反之，离火头最近的地方，杂质相对就会多很多。松烟在窑里烧制的过程当中，烟的等级决定了墨品的等级。立窑中，顶烟最纯正、最细腻、最干净，是最高等级，其次是边烟，粗的或有杂质的会沉在窑底，叫底烟，高中低档的松烟就这样自然分出等级。古人烧窑的时候，一般两个窑同时进行，松树在烧的过程中一般不会超过两

1 ［明］宋应星：《天工开物》（国学基本丛书本），岳麓书社，2002 年，第 276—277 页。

三片，每片也很小一段，大概 10 厘米至 15 厘米长、2 厘米至 3 厘米粗的样子，不能大火，否则烟受不住，会跑出去太多。在烧的过程中，等松树表面的油性烧完之后，马上放到另外一个窑，然后再换上新的松树进去，这样第一窑的烟料最好，它的油性最强，附着率也最高，墨收得最厚重。在烧到中间时，在有烟和没烟的过程中，烟料相对会燥一些，不如前面温润。所以极品烟都在第一窑。一般立窑的烟料分六个等级，第一窑的烟料好于第二窑，一般全都供应宫廷；第二窑的底烟，一般不会供应宫廷，基本上是供给文人使用，第二窑顶烟供应官府衙门。在过去，好的烟料比较少，各个等级分开，分级供应。我们现在鉴赏古代书画，通过观察用墨，也能大致了解当时古人书画创作时的状态。

油烟墨在南北朝时期已经出现，唐末宋初李廷珪已留下较详细的油烟制墨法，南宋墨工蒲大韶发明了松烟油烟兼制的混烟墨，进入宋代晚期，油烟墨逐渐取代松烟墨，成为主流墨品并一直延续至今。油烟墨取代松烟墨的主要原因是松烟墨原料匮乏。油烟墨在明代已经占据主导地位，制墨工艺也发展得相当成熟。明初《墨法集要》详尽记述了油烟墨的工艺流程，清代《南学制墨札记》和《内务府墨作则例》则记录了桐油、麻油等取烟造墨方法。油烟墨制墨工艺在明清时期达到高峰。

明清时期，制墨业繁荣，制墨名家辈出，徽州成为全国的制墨中心。制墨重心从过去注重墨的使用功能，逐步转移至注重墨的外形美观，墨工以墨的造形及风格著称，制作精巧的套墨，且兼顾成分及品质。相关墨谱文献有程君房的《程氏墨苑》、方于鲁的《方氏墨谱》、方瑞生的《墨海》三大著名墨谱，其中均收录大量精美的名墨图谱。《程氏墨苑》共收录程君房所造名墨图案五百二十式、图版五十幅，涉及内容有玄工、舆图、人官、物华、儒藏、缁黄等六类，墨模纹饰有的出自丁云鹏、吴廷羽等著名画家之手。明清时期制作油烟墨采用的油品较之以前有了大幅提升，沈继孙在《墨法集要》中指出：“诸油俱可烧烟制墨，但桐油得烟最多，为墨色黑而光，久则日黑一日，余油得烟皆少，为墨色淡而昏，久则日淡一日。”[1] 桐油产烟最好，其次是松香、猪油，再次是苏子油、麻油。今天皖南一带的墨厂，油烟墨原料多为桐油。取烟分为两个步骤，一是浸油与燃灯草，二是点烟和扫烟。《墨法集要》记载了浸油工序：“桐油十五斤，芝麻油五斤，先将苏木二两、黄连一两半，海桐皮、杏仁、紫草、檀香各一两，栀子、白芷各半两，木鳖子仁六枚，锉碎入麻油内浸半月余，日常以杖搅动，临烧烟时下锅煎，令药焦停，冷漉去渣，倾入桐油，搅匀烧之。”[2]《墨法集要》中还记载了染灯草的工序：“拣肥大、黄色、坚实灯草，截作九寸为段，理去短瘦，取首尾相停者，每用十二茎，以少绵缠定头，于粗板上以手搓卷成一条，令实，复以少绵缠定尾。夏极热时，减去草两茎，只用十茎搓卷。仍旧用十二茎，则得烟虽多而不良。候卷得四五百条，方用苏木浓汁煎灯草，数沸，候紫色漉出，晒令极干，纸裹藏之，勿令尘污，用则旋取。”[3] 浸油与染灯草的制作工艺对后阶段取烟影响深远。点烟和取烟的工艺更复杂，《墨法集要》详细记载了烧烟取煤的步骤：“宜秋深初冬，于明亮密室，上置仰尘，四向周密。勿见风，致烟落。约四五刻扫烟一度，则一度剔去灯草，逐盏以筯剪去灯煤，弃于水盆内，否则灯花罩了火焰，烟不能起。忌油滴烟中及红焰灯花落烟内，则不堪用矣。以鹅翎扫烟，入瓦盆中。经宿始可并聚一室盖之。须以空烟碗一只替下有烟碗扫之。每日约扫二十余度，扫迟则烟老，虽多而色黄，造墨无光不黑。室中置水盆十枚，自早至暮烧之，须拣无风之日，若有风或烟房不密，得烟皆少。夏烟亦老，必频换冷水，及减灯草为良。”[4] 油烟烧烟比松烟烧烟要难，油烟取烟是靠人工控制，控制不好就会碳化。油烟取烟含碳量不能高，含碳量高容易使墨色发灰。松烟不会出现烟里一团白的状态，白色是变碳的状态。油烟料中，手工点烟的烟料黑度由烟料的含碳量决定，变碳的原因有多种。烧烟的速度受季节、温度、气压等影响，必须不断调整灯头。点烟的环境是缺氧的环境，点烟工收烟，烟灯不能多，否则烟工会缺氧，所以需要控制好时间，控制油烟的燃烧

1 [明]沈继孙：《墨法集要》，中华书局，1985年，第540页。
2 同上。
3 同上，第545页。
4 同上。

过程。现代化机器点烟较难控制油烟料的碳化现象。碳化的油烟料表面看不出来，在与胶结合之后会变黑，但是用在绘画与印刷中，画面容易发灰，不含碳的烟料做出来的墨相对更黑、更亮。

胶作为接着剂，是制墨的重要原料。从文献记载来看："凡墨，胶为大。有上等煤而胶不如法，墨亦不佳。如得胶法，虽次煤能成善墨"。[1] 在古人看来，即便有好烟，如果用胶不当，也造不出好墨。反之，如果用胶得当，就算一般的烟也能造出好墨。胶对墨的作用，首先是使其成为固体，其次是保证研磨之后墨液不沉淀，第三是保证墨迹能长期稳定地附着于纸上，第四是增加墨在研磨和书写时的润滑度，第五是增加墨迹在纸面的光泽度及黑度。以上五点可见胶对于墨的重要性。古人对胶的制备及用胶之法著述颇多，尤其和胶之法，被视为制墨的核心技术秘不示人。古人造墨，胶多自制，而胶的种类繁多，其制备过程的技术要求也很高，加之胶的使用方法也众多，不同的用胶方法对墨的质量影响很大。胶烟比例，因烟质及墨的黏度要求而有所区别。在元代以前，取烟与制胶的工艺都很严苛，高品质的宋元墨品通过存世的宋元书画和宋元善本便能一窥端倪。现在我们看到明代以后的绘画作品常有断裂的现象，特别是清代以后的书画断裂的特别多，而元代以前的书画作品不太能看到断裂现象，原因大多出现在胶上。唐代抄经的墨色基本上是一个黑度，墨色变化少，原因是植物胶和动物胶的差别，动物胶有蛋白质成分，蛋白质使墨色的层叠关系清晰，蛋白质在纸张上遇到空气后马上会稳定住，植物胶稳定慢，所以植物胶体现的是黑而不是层次。在唐代，植物胶以寺庙使用为主，寺庙抄经一定是植物胶，因其不夺烟色，所以会特别黑，而动物胶表达的层次更多。明代以后，特别是清代，用的是相对比较硬、脆的骨胶。古人在做鹿茸胶、鹿角胶时，往往会掺水牛皮，水牛皮胶是做墨的最佳选择。水牛皮没有火气，且韧性强，用水牛皮胶制作的墨用在绘画作品中，作品不容易折断。以前装裱立轴较多，立轴因为经常打开、收拢，容易断裂。选择水牛皮做胶，以牛背那块最好。牛肚上的皮则油性太重，和胶制墨，墨的紧密度会受影响。做胶的时间和做墨的时间一样，阴历九、十月

1 ［宋］晁说之：《墨经》，上海古书流通处影印本。

到次年二、三月最好，其余时间由于天气热，烟墨容易变臭。水牛皮选好之后，要把皮上的一层膜全部割掉，使整张皮不带一点油性。割掉膜之后，要泡制一周，泡好洗净之后加水加中药熬制两天至完全融化，最后过滤两遍。第二天胶结冻成块之后，去掉有渣滓的底层，还要去掉有破膜的表层，最后将胶切成条状，放在通风处阴干。古人讲究烟细胶新、烟轻胶清，制胶很重要，用胶也很重要，加胶太少，能避免胶光，但过少又会导致墨迹无光泽，且纸面墨迹容易洇化；加胶太多，会导致胶光太强，墨色层次难以呈现，掌握最佳用胶分量非常重要，既要有光泽，又不能遮掩住墨色。

除用胶之外，添加辅料也是一项独特的制墨工艺。古人制墨所添加的辅料品类繁多，仅从《墨谱法式》中略作统计就三四十种之多：甘松、藿香、零陵香、白檀、丁香、龙脑、麝香、地榆、虎杖、卷柏、五倍子、丹参、黄连、黄芦、紫草、茜根、黑豆、百药煎、苏木、胡桃、青皮、草乌头、牡丹皮、棠梨叶、皂角、栀子、仁青黛、黄檗、川乌头、酸石榴皮、巴豆、绿矾、朱砂等。从历史上看，宋元之前的松烟墨时期添加的辅料种类要少于明清以后的油烟墨时期，辅料添加方法也是由简至繁。明代以前，添加辅料大多在合剂时添加，至清代，除在合剂时添加，还会在取烟时添加。添加辅料最多时，能达到一千种以上。辅料添加多为改善墨质，如增光、助色、取香，并增加胶力，确保墨色能长久保存。改善墨的黏度会添加蛋白、雌黄、生漆、皂角、巴豆等；改善墨的色泽会添加朱砂、紫草、茜草、黄芦、黑豆、五倍子、胡桃、牡丹皮、猪胆、鲤鱼胆、珍珠、石榴皮等；改善墨的气味会添加丁香、檀香、甘松、樟脑和麝香等。明代谢肇淛则对墨中加辅料持不同态度：“古人书之用墨，不过欲其黑而已，故凡烟煤，皆可为也。后世欲其发光，欲其香，又欲其坚，故造作百端、淫巧还出、价侔金玉，所谓趋其末而忘其本者也。”[1] 在宋代，辅料加的很少，辅料加多了会夺烟色。明清时期墨工爱往墨里加麝香等辅料，这样固然有香气，但会夺去烟色，加的越多，墨中的杂质越多，墨越不纯净。麝香、梅片可以不加在墨里，而加在墨的包装盒里，以此对墨起到渗透的作用，放一个月，香味就可以渗透到墨里，且不会影响

1 ［明］谢肇淛：《五杂俎・卷十二・物部四》，中央书店，1935 年，第 22 页。

其墨色。明清时期，油烟墨制作工艺更精细，比如点烟时注重点烟环境，使用的器具也更专业，操作工艺也更科学，得烟更多，得好烟更多。

关于墨的保存，存放时间六个月以内的墨品为新墨，新墨只是表面干了，内部还没完全干，完全干需要三年时间。新墨在春秋季节需存放在避风处，以防外裂，梅雨季节及夏天则需要防潮。墨品可用宣纸包裹，再放入墨盒。三年内的墨品，需要每个月拿出盒子透气，使墨内没干的湿气散发出去，这样保存的墨就不会出现裂痕。古人会经常将收藏的墨品取出放于衣袖中把玩一两天，再放回盒中。一块墨放一年或两年，其墨色也会变。一般来说，墨放得越久，墨色表达在纸上就越沉稳。长时间存放能让墨内的烟胶更加均匀结合，让墨收得更紧。收得越紧，磨出来的墨就会越细腻。墨越清，墨色也越雅，浑浊的墨，火气大，因为胶没干透，磨出来的墨会有刮擦的感觉。古人说"试墨"，一个月以后可以试墨，能够看出三年以后墨的状态。墨在存放三年之后，它的墨色、厚重等一定会有变化，更加清晰，更加见笔触。明清以后的文人和墨工对于墨的制造与使用都十分讲究。

清末民国以后，出现了进口色素墨，因为传统手工墨的产量无法与其匹敌，但色素墨与传统手工墨的墨色相差甚远。尽管如此，清晚期受多种因素影响，传统制墨业迅速衰落，逐渐被现代墨水、墨汁替代。

3. 颜料

颜料在我国已经有两千多年的使用历史。颜料按材料类别可分为天然颜料、合成颜料；按组成成分可分为无机颜料和有机颜料，无机颜料包括天然矿物颜料和合成无机颜料，有机颜料也包括天然动植物颜料和合成有机颜料。矿物颜料又称石色颜料，是从各种有色矿石或贝类中经过采集、筛选、研磨、过滤、漂洗、沉淀、加胶制成的颜料，如赭石、石青、石绿、朱砂、朱膘、石黄、雄黄、蛤粉等。人类最早开始使用的是无机矿物颜料，即有色土和矿石。战国以前的早期绘画遗存较少，秦汉时期遗留的壁画残片上，已有红色、赭色、黑色、石绿、棕色和石青等各种颜色，汉代不仅有矿物颜料，植物颜料在丝织品及帛画上也有出现。魏晋时期，颜料在绘画中的应用已进入较成熟的阶段，南齐画家谢赫在《古画品录》中提出了"随类赋彩"的色彩理论，影响深远。魏晋之后，颜料种类迅速增加，从敦煌壁画中能观察到的颜料就多达 40 种，仅红色就有朱砂、红土、雄黄、红丹、铁红、胭脂等多种。当时使用的颜色如铅白、石绿、石青、藤黄等，一直沿用至今。隋唐时期是中国传统颜料发展的成熟期，植物性颜料逐渐在绘画中被广泛应用，并且将矿物颜料和植物性颜料混合使用，产生了更多的间色，增加了色彩的丰富性。颜料在中国画中的应用，从李昭道《明皇幸蜀图》的青绿山水，到周昉《簪花仕女图》的设色人物，再到韩滉的《五牛图》工笔设色，色彩运用都非常丰富，矿物色与植物色叠加运用，使画面层次与质感更加丰富。唐代张彦远在《历代名画记》中论述："夫工欲善其事，必先利其器。齐纨、吴练，冰素雾绡，精润密致，机杼之妙也。武陵水井之丹，磨嵯之沙，越旧之空青，蔚之曾青，武昌之扁青（上品石绿），蜀郡之铅华（黄丹也），始兴之解锡（胡粉），研练澄汰，深浅轻重精粗；林邑昆仑之黄（雌黄也，忌胡粉同用），南海之蚁铆（紫铆也，造粉，燕脂，吴绿，谓之赤胶也），云中之鹿胶，吴中之鳔胶，东阿之牛胶（采章之用也），漆姑汁炼煎，并为重彩，郁而用之（古画皆用漆），若炼煎，谓之郁，于绿色上重用之。古画不用头绿，大青（画家呼麓绿为头绿，麓青为大青），取其精华，接而用之，百年传致之胶，千载不剥。"[1] 由此可见，唐代中国传统颜料的使用状况已与现代差别不大。宋代绘画用色继承了唐代的写生风格，创造了多种复杂的设色方法。宋代反对设色时流于轻薄，强调神形兼备，画家在绘画时要对颜料特性了如指掌，结合不同材质的颜料，惟妙惟肖地设色造像，做到形神兼备。在中国画的创作中，宋代已经建立了一套极其优秀的设色方法，直到现在仍在影响着中国画的发展。文人画兴起后，尤其元代以后，中国画开始了重气韵轻形似、重笔墨轻赋彩的趋势，中国画的颜色由重彩向淡彩过渡，绘画主流基调转向水墨世界，传统的颜料逐渐退居民间绘画领域。明代宫廷绘画机构逐步恢复，在绘画风格上，宫廷画家承袭宋代重彩风格，同时又融入文人画雅致清新的趣味。进入清代，西方颜料逐渐进入中国，西洋红、西洋蓝、钛白粉、洋绿等颜色开始用于绘画及建筑彩绘之中。到清朝中期，出现了专门制售颜料的颜料铺。

1 [唐]张彦远：《历代名画记》，中华书局，1985 年，第 74 页。

民国以后，中国画、油画、版画、漫画等多种绘画样式同时出现，对于绘画颜料也需求各异，传统中国画颜料价格昂贵，制作繁复，而此时欧洲已经出现专门制售锡管装的化学合成颜料，由于随用随挤、价格低廉、使用方便，很快也成为中国画使用的主要颜料。但是一般锡管装的化学颜料与传统颜料相比较，容易脱落及褪色。我国纸质文物上颜料的耐光坚牢度一般为 5 级或 6 级，并且具有耐酸、耐碱性能，属于耐久的色素成分。

矿物颜料因其具有很好的耐光性和耐化学性，覆盖力强，色质稳定，色彩艳丽，不透明，且不易褪色。除了用在纸本绘画中，矿物颜料还广泛用在建筑彩绘、壁画、彩塑等方面。朱砂又称辰砂、丹砂、赤丹，取自硫化汞的天然矿石，是传统矿物颜料中非常重要的暖色。朱砂色泽浓艳，着色时却又沉着，容易透入纸绢之中，是中国画中最常用的颜色。朱砂在我国的主要产地是湖南、贵州、云南等地。刚采挖出来的原料，除去含铁的杂质，清洗杂石和泥沙，研磨至极细，并经历多次漂澄，得到颗粒透明且均匀的朱砂颜料，依据颗粒粗细的不同，最上面的那层最细颗粒的呈橘黄色泽的朱砂粉末称为朱磦，浮在二层的略粗的，颜色最鲜红的粉末叫二朱，为最常用的朱砂色，沉于底层的颗粒最粗的呈紫红色的部分，被称为三朱，使用最少，可以继续漂澄。石青又叫大青，是由蓝铜矿的矿苗研磨而成的天然矿物颜料，石青是蓝中带绿的泛青色光泽的颜色，在我国各地都有生产。石青的价格较高，根据色泽不同，可分为头青、二青、三青、四青由深到浅多个等级，头青颜色最重，四青颜色最浅。依据产地、形状、色泽等，古人又将石青分为空青、扁青（大青）、曾青、白青（碧青）、沙青（佛青）等。《绘事微言》中记载：“今货石青者，有天青、大青、回回青、佛头青，种种不同，而佛头青尤贵。石青约有三种：一箭头青，一梅花片，一细如芥子……总以色翠而鲜为贵。”[1] 由此可见，对石青的挑选，以含泥沙少，含铁量少，颜色纯正鲜亮为上品。与石青相近的还有回青，回青是由青金石矿石提炼出来的矿物颜料，李最雄在《敦煌莫高窟唐代绘画颜料分析研究》中记载：“以莫高窟为例，所分析的 41 个蓝色样品中青金石显色样占 24 个，多于石青（即蓝铜矿）。”[2] 可见

1 [明]唐志契：《绘事微言》卷三，江苏凤凰美术出版社，2020 年，第 143 页。
2 李最雄：《敦煌莫高窟唐代绘画颜料分析研究》，《敦煌研究》，2020 年 04 期，第 4—5 页。

唐代敦煌壁画中，青金石制作的回青被大量使用，数量上超过石青，所以回青在古代是经常使用的颜料，只是近代因为原料稀缺而少见使用。石绿又称绿青，原石为孔雀石，我国湖北、广东产量较高。对于石绿的制作，依据研磨细度不同、色泽深浅不同，分为头绿、二绿、三绿、四绿，头绿颜色最深，四绿颜色最浅。石绿和石青较多用于山水、花鸟画，中国画的青绿山水设色就是以石青和石绿为主而得名。赭石作为古人使用最早的一种红褐色天然矿物颜料，化学性质非常稳定，在殷周时期就广为应用。赭石是富含天然氧化铁的矿石，产地不同品质也不同，通常都具有较好的耐光力，且不易褪色。《绘事微言》中记载："今画家所用，其质以坚为贵，而硬如铁、烂如泥者不可用。其色以丽为上，而紫如黑、淡如黄者不可用。"[1] 由此说明古人在挑选赭石原料时，多挑选质坚而色丽者使用。雄黄与雌黄，这两种矿石产在一起，是共生关系，统称黄金石，通常将黄金石最外部正黄色部位称为石黄，石黄颜色稍浅，是外层较松散的部分，是雄黄的伴生物，矿物颜料中也常用石黄称呼雄黄与雌黄两种颜色。雄黄为橙黄色，被黄金石包裹，泛光泽，雌黄为金黄色，易粉碎，有一定的毒性。本质上雄黄与石黄为同一种矿石，雄黄遇热会分解为雌黄和砒霜，故一般不用雄黄做颜料，多用纯净的雌黄制作石黄颜料。蛤粉是采用贝壳或贝壳化石研磨成的传统白色矿物颜料，最早由西域传入我国。蛤粉一般采用坚硬厚实的贝壳外壳，煅烧并研磨至极细。由于性质稳定，白度良好，不会氧化变色，并且比白垩土、铅粉等质地更柔和，所以从宋代开始，蛤粉就作为重要的白色颜料被广泛使用，并沿用至今。白垩土也叫白土、高岭土，是重要的白色矿物颜料之一。虽然白垩土与高岭土是两种化学形式的矿物，但因都是白色矿物颜料，也都是瓷土原料，古人常将两者混为一种颜料。据考证，敦煌莫高窟壁画中有很大一部分壁画人物的皮肤底色，以及服饰上使用的白色颜料为白垩土。我国古代画家有非常成熟的使用矿物颜料的方法，并能成熟地将矿物颜料与植物颜料结合使用，以达到不透明色和透明色相互交错，浓淡相间、虚实相生、互为衬托，渲染出或浓艳、或恬淡的丰富色彩效果。

1 [明] 唐志契：《绘事微言》卷三，江苏凤凰美术出版社，2020 年，第 54—55 页。

传统植物颜料又称水色颜料，是从植物的根茎、叶片或花瓣中提取汁液加工制成的颜色，如藤黄、花青、胭脂、茜红等。传统植物颜料的优点是质地透明，色泽鲜艳，着色力强。植物颜色之间可以相互调和使用，缺点是颜色之间没有覆盖力，色质不太稳定，耐久性不如矿物颜料，容易褪色。传统植物颜料多用在写意水墨画或工笔淡彩画中，以浅绛用色、结合水墨变化为主，颜料用得不多，却显现出和谐雅致的意趣。传统植物颜料中的藤黄是在唐代从越南、缅甸、泰国等地引进的颜料，是亚热带植物海藤树的汁液，可直接使用，色相呈正黄色或淡黄色，成品藤黄呈块状，见水即化，但干后再遇水虽易溶却极易沉淀，不堪使用。黄色植物颜料还有栀黄、黄檗、郁金黄等，黄檗色相较藤黄更深，呈金黄色，有防虫功效，栀黄色相亦呈金黄色，但耐光性差。花青取自植物叶和花的蓝色汁液，色相呈蓝色，是蓝靛中最精华者。据《中国颜色考》记载："蓝色之盛行于中国，当推蓝靛，制蓝靛之植物约有四种，一曰马蓝，产于中国中部及西部。二曰木蓝，为属荚豆科之灌木，产于印度和中国南部。三曰菘蓝（即本草之大青），与不列颠古代所产之 Woaa 相似。四曰蓝，草本，产于满洲、湖北等处。"[1] 古代画家多自制花青，好的花青清丽夺目。花青色彩朴素沉稳，薄涂时透明度很好，但耐光性差，较之其他颜色，最易褪色。花青调藤黄呈绿色，调朱膘呈青莲色。胭脂是一种古老的颜色，传说为商纣王发明。胭脂为红蓝花汁制成，红蓝花的花瓣中含有红、黄两种色素，花瓣放在石钵中反复杵碓，淘去黄汁，留下红色汁液。胭脂色相呈绯红色，据《本草纲目》记述："燕脂有四种：一种以红蓝花汁染胡粉而成，……一种以山燕脂花汁染分而成，……一种以山榴花汁作成者……，一种以紫矿染棉而成者，谓之胡燕脂。"[2] 胭脂性质较稳定，透明柔和，但抗光性弱，长久接触光照，容易变淡变色。红色植物颜料还有茜红，茜红作为植物颜料在中国已有千年的使用历史。制作茜红的茜草有东洋茜和西洋茜，东洋茜色素较薄，色相呈红橙色，西洋茜红色更正，呈正红色，茜红色阶丰富，常用于中国画中的罩色渲染。

---

1 蒋玄佁：《中国绘画材料史》，上海书画出版社，1984 年，第 139 页。
2 ［明］李时珍：《本草》，人民卫生出版社，1957 年，第 864 页。

合成颜料可分为无机合成颜料和有机合成颜料，以及古代合成颜料与现代合成颜料。随着对颜料性能、种类的要求逐渐提高，天然矿物颜料和天然植物颜料已经不能满足人们的需求，于是出现了合成颜料。合成颜料使用的历史也比较久远，我国自古就有铅白、银朱、铜绿、铬黄等合成颜料。早在秦代，人们就开始利用铅白和铅丹来做画，这是我国最早使用的合成颜料。相传铅白的原料来自西域，故又称胡粉、白铅粉。铅白色相为白色，具有极强的覆盖力，毒性强，遇空气中的硫化物会变黑。银朱最早大概可追溯至战国时期，是最早加入天然漆的人工合成无机颜料，银朱色相呈鲜红色，粉末状，有毒。《本草蒙筌》中记载："银朱亦汞烧就，时俗又唤心红。染画色最奇，杀虫虱亦验。"[1] 银朱不仅具备与朱砂相同的鲜艳红色属性，还有防蛀的特性，古籍中常见的"丹纸"就是银朱所制。铜绿也称铜锈，是一种人工合成的氯化铜，色相呈翠绿色。铜绿的制作早在千年之前就已经成熟，传统纸质文物与传统壁画中所用的绿色颜料，大部分都是铜绿，因为铜绿制作便利，价格低廉。现代合成颜料主要有钛白、锌白、锌钛白、普蓝、钴蓝、孔雀蓝、翡翠绿、铁红、酞菁蓝、酞菁绿等。其他合成颜料还有防锈颜料、金属颜料等。锌钛白是由钛白与锌白混合制成，它既保持了钛白的高白度、高牢固度、高覆盖力，又兼具了锌白的防霉性能。钴蓝、孔雀蓝是人工合成无机颜料，着色力弱；酞菁蓝和普蓝是人工合成有机颜料，着色力强，耐光度强，耐酸碱度强。酞菁绿耐光性强，着色力强，透明度好，是最常使用的人工合成有机绿颜料；翡翠绿，现代人工合成无机绿颜料，无毒，具备良好的耐光性及透明性。金属颜料的使用历史久远，金色和银色在我国古代绘画中是非常重要的颜色。金银作为颜料，价格昂贵，在画面上能产生金碧辉煌的效果，如元代汤垕《古今画鉴》中："李思训画着色山水，用金碧辉映，自成一家法。"[2] 金的化学性质稳定，在空气中不氧化，银没有金稳定，时间长了容易发黑褐色。随着科技的进步，合成颜料的研发与生产发展迅猛，种类越来越齐全，色彩也越来越丰富，合成颜料的稳定性、耐久性也越来越强。

---

1 ［明］陈嘉谟：《本草蒙筌·石部》（第 3 册），商务印书馆，1985 年，第 1466 页。
2 ［元］汤垕：《古今画鉴·画品》，中华书局，1985 年，第 19 页。

中国传统颜料体系以天然矿物颜料为主体，天然植物性颜料为辅助，传统人工合成颜料为补充。天然矿物颜料具备性质稳定的良好属性，具有色相饱和度高、覆盖力强的优点，所以千百年来仍在普遍使用。天然植物性颜料具备色彩柔和、透明度强、着色力强、价格低廉等优点，只是在耐光性和耐酸碱度上略有欠缺。传统合成颜料彩度高、明度高，但性质不太稳定，易变色、褪色，且部分有毒性，所以部分不稳定的传统合成颜料逐渐被现代更优秀的合成颜料替代。现代合成有机颜料已经克服了传统植物颜料耐光性差的缺点，色系上也几乎囊括了色谱上的所有颜色。现代人工合成无机颜料在色相上也比天然矿物颜料更全更齐，并且具有非常良好的耐光性、耐久性。

4. 墨汁、墨水、油墨

墨汁是液态的墨，古人为免去磨墨之苦，早有将固态墨调制成液态墨汁、贮于竹管中使用的先例。墨汁最早出现于明代，其主要原料为炭烟、胶料、添加剂和溶液等，一般经由机械分散、混合加工而成。炭烟的种类繁多，包括各种植物或动物原料经不充分燃烧或热分解而成。胶则除动物胶外，多采用植物胶或各种合成胶等，添加剂有稳定剂、渗透剂、湿润剂、防腐剂、芳香剂等。墨汁的主要成分虽然与墨块接近，但为了防腐和防沉，必须在墨汁中添加电解质和防腐剂等，这些添加剂会影响墨汁的品质。近年来墨汁中的动物胶、植物胶逐渐被合成胶替代，而合成胶或多或少会影响墨汁的性能。墨汁与墨块在传统书画中的性能对比是显而易见的，墨块墨色丰富，墨色好；墨汁产量大，使用方便。墨汁与墨的色素成分都是化学性质稳定的炭烟，是最耐久的色素成分，它们的粘接剂是胶，字迹渗透至纸内纤维中，胶干燥后在纸面结膜，固定字迹，墨汁与墨一样是最耐久的字迹。

墨水是一种常见的含有色素或染料的液体书写剂，是在钢笔、水笔等水性书写工具中使用的液体着色剂。墨水按制作方法可分为传统墨水、现代墨水，按颜色可分为蓝黑墨水、纯蓝墨水、红墨水、碳素墨水等，按书写方式可分为绘图墨水、打印墨水等。传统墨水是由天然植物、动物、矿物等材料制成，如树汁、石墨、昆虫分泌物等，现代墨水通常由多种化学物质混合而成。碳素墨水的色素成分是炭黑，它的黑度、着色力、遮盖力较高，耐久性也是墨水中最好的；蓝黑墨水的色素成分为化学颜料，呈酸性，会造成档案字迹褪色严重，纸质酸化严重，导致笔画字迹处破损现象；纯蓝墨水和红墨水是有机染料墨水，虽色泽鲜艳，但字迹容易褪色。墨水一般是吸在钢笔和自来水笔中使用，其颗粒比墨汁的颗粒还要细小，更容易渗透到纸中，加之便于大规模生产，适合现代硬笔书写于机制纸上，因此，迅速替代了传统墨汁，在各类纸质文献中被广泛使用。优质的墨水应具备："（a）写出来持久地在几天之内就变得比较黑的字迹；（b）用钢笔书写流畅，渗入纸的纤维而不穿透纤维；（c）在墨水罐内既不会变成胶状，也不会发霉；（d）对钢笔的腐蚀性最小；（e）既不粘着，也不速干。"[1]

中国很早就生产油墨，其前身是松油墨。欧洲印刷技术的进步刺激了油墨技术的发展，出现了适应各种印刷要求的高质量油墨。现代纸质印刷品多为油墨刷印，其中常用油墨有黑、蓝、红、黄，黑色色素为炭黑，蓝、红、黄等色素为颜料，油墨与纸张结合方式为结膜和吸收，因此，油墨是比较耐久的字迹材料。最初的油墨颜料是天然矿物颜料，联结料是天然植物树脂或动物油脂，这阶段的油墨附着力差、光泽度差。随着科技发展，油墨制造中的联结料采用了新型的合成树脂，颜料采用了有机颜料，大大增加了油墨颜料的品种，性能也更加优良。联结料良好的流动性及附着力，使油墨可以均匀附着于纸面，对颜料起到长久保护作用，使其难以脱落。油墨产品的类型和品种不断增加，如无水胶印油墨、数字印刷油墨、水性油墨、大豆型胶印油墨、UV 油墨、FB 油墨等。油墨的发展，促成了平版、凸版、凹版、网版等印刷方式不断地进步。

5. 印泥

印泥在我国有悠久的历史，秦汉时期，公文书信多写在竹简、木牍上，写好之后用绳捆缚，为了防止传递过程中泄密，在绳结处用泥封缄，泥上盖印，封泥干后留下的印痕被称为印泥，这个印泥与后世印泥的概念完全不同。

1 ［印］雅·帕·凯思帕利亚：《档案材料的保护和修复》（档案学通讯增刊），中国档案学会筹备委员会，1981 年，第 32 页。

封泥一直沿用到魏晋南北朝时期，因为纸帛的盛行，逐渐废止。到隋唐时期，已普遍使用印章钤盖于纸帛之上，最初采用白芨水调朱砂，称为水印，后改用蜂蜜调朱砂，称为蜜印。由于水调和蜜调的朱砂印清晰度较差，且在干后都容易脱落，到了宋元明时期，油印逐渐取代水印、蜜印，油印最早从北宋开始使用，以朱砂或银朱调油而成。朱砂和银朱色素使得印色艳丽，且遮盖力强，具有较好的清晰度和耐久性。宋末至元时期，逐渐出现以动植物纤维为胎骨来支撑印泥胎体，因此，印泥不再是之前的糊状，而是呈泥膏状态，这和现代印泥的样貌已经十分接近了。直至明清，随着篆刻艺术的推进，印泥进入个性化发展阶段，文人参与制泥，原材料品种增多，制作手法也逐渐增多。

在历代书画作品中，印章的印泥在发色、质地、形状上都有各自的特征，印章必须依托优质印泥才能长久醒目呈现。每个时期的印泥特点，由制作原料、制作工艺决定，因此，印泥在书画鉴定中常常作为重要元素，为鉴定提供有价值的信息。如北宋时期开始普及使用油印，但北宋书画作品中存世的油印印文极少，而北宋宣和内府用印大多为水印和蜜印，这是北宋宣和内府书画作品中印章的特点。除水印、油印的区别之外，印泥的颜色也是书画鉴定时重要的参考信息。通常，明以前印色以朱砂为主，明中期以后以朱砂、朱膘为主，如果宋元书画作品中出现类似朱膘的橙黄色印泥，就要慎重对待了。印泥品种众多，南方有西泠、漳州八宝、潜泉、鲁庵等，北方有荣宝斋、一得阁等，各家在材料的使用及制作工艺上都有秘方，多不外传。传统印泥主要原料为朱砂、艾绒、脱水蓖麻油、冰片、牛油、陶土、乙萘酚、石炭酸等成分，牛油、蓖麻油使印迹被纸张吸收并在纸张表面结膜，使印泥牢固地附着于纸张纤维中，因此，朱砂印泥耐久性好，印迹不易褪色。

现代印泥多为仿朱砂印泥，其中并无朱砂成分，而是以红粉和黄粉为颜料。红粉、黄粉属于比较耐久的色素成分，两者调和在一起，其色泽近似朱砂的颜色，稍有水渗、油渗的现象，但印迹比较耐久。仿朱砂印泥色彩比朱砂印泥更亮丽，价格也较便宜。现在更常使用的原子印章的印迹同样具有较好的耐久性。印泥中还有一种蓝色印泥，多用在公文盖章及签名章，其色素为颜料，耐热、耐光、耐酸等性能虽不及朱砂，但仍具有较好的耐久性。

6. 铅笔

铅笔是一种用来书写及绘画的工具，距今已有四百多年的历史。铅笔是由色素、粘结剂、油脂等混合组成，可分为黑色铅笔和彩色铅笔，黑色铅笔的色素是石墨和黏土，石墨和黏土的比例决定了铅笔笔芯的软硬程度：石墨含量高，笔芯软；黏土含量高，笔芯硬。彩色铅笔的色素是彩色颜料，一般分为两种，一种是水溶性彩色铅笔，一种是不溶性彩色铅笔，不溶性彩色铅笔还分干性和油性两种，干性偏粉状，油性偏蜡状。水溶性彩色铅笔又叫水彩铅笔，色彩鲜艳亮丽，具有透明性、透叠性以及不错的表现力。黑色铅笔成分比彩色铅笔耐久，但粘附力比彩色铅笔差。总体来说，所有铅笔的字迹在纸张上都没有结膜，容易被摩擦掉，都属于不耐久字迹。

7. 粘接剂

人类使用粘接剂的历史悠久，古人很早就学会将骨胶、淀粉、松脂、粘土等天然产物作为粘接剂使用。纸质文物中常用的粘接剂有面粉、淀粉、白芨、胶等，用来装裱、装订、修补书画、古籍和文献档案等。粘接剂的黏结力是保证纸质文物不散脱的关键因素。市面上的化学浆糊因不具备可逆性，且部分成分不稳定，不能有效保护文物，所以不能使用。经过调制的聚乙丙醇相当安全，世界各国档案修复单位都有采用。羧甲基纤维素（CMC）也是常用粘接剂。粘接剂作为纸质文物装帧、修复的重要材料，其 p H 值必须接近中性或微碱性，以确保纸质文物始终保持中性状态，并且不会伤及纸张上的墨迹；同时，粘接剂要有稳定的化学性能，发霉变质的不能使用，会影响纸质文物的安全；粘接剂也要有适中的黏性和适当的黏合速度，还必须具有可逆性。因此，好的粘接材料不仅要黏性好，还要能保证纸质文物在修复之后的完整品相，同时最好还具备防虫、防霉等功效。黏性太强、太弱，或者有腐蚀性的粘接剂都不能使用。

中国纸质文物使用最多的粘接剂是淀粉浆糊。在 1500 多年前，淀粉浆糊就已经使用在传统纸质文物中。明周嘉胄《装潢志》中记载：“裱之于糊，犹墨之于胶。墨以胶成，裱以糊就。胶用善，则灵液清虚，糊用佳，则卷舒温适。”由此可见浆糊对于纸质文物装裱与修复的重要性。浆糊的质量直接关系到书画装裱与古籍装订的质量，还会影响到纸质文物的保存，诸如纸质文物中出现虫蛀、发霉、起翘、变形、空鼓、折裂等，都与浆糊的使用息息相关。

调制浆糊的原料因地域不同、修复文献不同，南北各有差异。北方常用去筋面粉，南方常用富强粉，广东地区有用白芨水的。另外，不同的纸质文物修复领域，浆糊使用习惯也各不相同，南方书画修复与装裱常用加矾面粉，而古籍修复则用小麦淀粉；北方书画、古籍修复惯用小麦淀粉，文献档案会用掺有化学成分的专用浆糊。

传统小麦粉制作浆糊以往有去筋除渣的过程，现在因为市场上有精制去筋小麦淀粉销售，所以这一步可以省略。制浆方法分熬制与冲制两种。熬制是指依据所需浆糊的多少选择合适的容器，在容器中加入1:5的粉和水，用搅棒顺一个方向搅匀，放在炉子上熬熟即可。另外，也可以隔水熬制，切记火不可太大，且搅棒要不停地顺一个方向搅拌，防止结底烧糊。冲制是先将淀粉放入容器，然后一点一点尽量少地加入凉水，边加水边顺一个方向搅拌，直到淀粉完全搅拌均匀，再加入适量沸水冲熟浆糊，整个过程搅棒始终顺一个方向充分搅拌，如果浆糊在沸水冲制时没有变透明，说明没有冲熟，可在浆糊上加入沸水焖三分钟到五分钟，再将沸水撇掉，用搅棒继续反复搅拌，直到透明发光为止。浆糊制作也受季节影响，春夏之际不宜欠火，煮糊必须熟透；秋冬季节，不宜久煮，稍微有些透明状即可。新打的浆糊必须隔日使用，用冷水浸泡养浆。浆糊不可打热现用，热浆黏性过大，容易引起裱件曲卷变形。新浆糊要泄其暴性，使其黏而无性，太新或太陈的浆糊都不适宜使用。

唐代张彦远最早提出在浆糊中添加辅助剂以防蠹，他在《历代名画记·论装背裱轴》中如此写道："凡煮糊，必去筋，稀缓得所，搅之不停，自然调熟。余往往入少细研薰陆香末，出自拙意，永去蠹而牢固，古人未之思也。"[1]古人为改善淀粉浆糊的性能，会在调制浆糊时添加白芨、明矾、花椒、乳香、蜂蜜、皂角、蜂蜡、百部等助剂，以增加浆糊的黏性和防腐性等，使浆糊不但具有防腐避蠹的性能，还具备较好的稳定性。明矾能起到防霉防腐的作用，

1 ［唐］张彦远著，俞剑华注释：《历代名画记》，江苏凤凰美术出版社，2007年，第70页。

使浆糊存放时间更久；还能降低纸张吸湿性，增强纸张拉力，降低纸张润胀后的变形率，使书画悬挂时更加平整。但是明矾遇水汽会发生氧化潮解，产生微量硫酸，可能造成纸张酸化，因此要慎重使用。白芨能够提高浆糊的黏度，通常在制作卷轴天地杆、碑帖册页书壳、粘接蝴蝶装和包背书脊时添加于浆糊中，而在托画心、补书页时，因其黏性强，可逆性差，浆糊中不能添加。制浆过程中还可以加入花椒以防虫防霉，但花椒熬制的水会呈现黄色，改变浆糊颜色，从而改变纸张的颜色，所以现在很少将花椒水加入浆糊。百部呈碱性，加入浆糊能中和纸张中的酸性，帮助延缓纸质文物的寿命，而且百部有弱毒性，有明显的防蛀防霉功效。

调熟的浆糊是厚浆，只能用在粘书皮、书背、书函、贴书签等处，不能直接用于修补书页。修补书页要将厚浆调制成稀浆才能使用。浆水的厚薄程度，要依据装裱或修复的各道工序的不同，还要依据裱件或修复对象的纸张性能不同而定。此外，不同季节、气候也会影响浆糊浓度，潮湿天气浆糊宜厚，干燥天气浆糊宜薄。在调制稀浆的过程中，还要注意许多细节，比如取厚浆要用工具，不能直接用手，手上的细菌会影响厚浆保质期。取出来的厚浆要一点一点加入清水，同时顺一个方向搅拌，直到搅匀成无颗粒的液体，再用钢丝小箩或绢箩过滤，之后才可加水调制合适浓度的稀浆。浆水浓度要依据需要而定，以修补古籍为例，书页较厚的，浆水要适当浓一些，书页薄的，浆水要稀一些；破损面积大的，浆水浓一些，破损面积小的，浆水可稀一些；干补的浆水稀一些，湿补的浆水浓一些。浆水的浓稀程度，以能完全粘住补纸且平整柔软为宜。稀浆当日调当日用，每次不必调很多，稀浆水隔日不用。厚浆要注意做好养浆工作，可把浆糊成块舀出放到清水钵中冷却，清水要淹没浆面，保证经常换水，一般春秋和冬季每天要换一次水，夏季修复室内没有空调的话，一天要换几次水，这样养的浆糊，春秋和冬季能使用一个月，夏季能使用十天左右。变质的浆糊不能使用。

传统的粘接剂除淀粉浆糊之外，南方沿海地区会用石花菜为原料制作浆糊。石花菜的粘度适中，有较好的黏合度和可逆性，托裱的镶料也比较柔软，只是石花菜这种原材料，价格比较昂贵，地域性也比较强，不能在日常纸质文物修复中普及使用。除传统植物浆糊之外，纸质文物修复中还经常使用羚甲基纤维素、聚乙烯醇等化学浆糊。羚甲基纤维素具有易溶于水、耐光、耐酸碱等性能，还具有较强的粘接性能，以及良好的抗老化、抗霉菌性能和良好的可逆性（浓度低于 5%）。而羚甲基纤维素吸湿性强，使得修复后的纸质文物不能存放于高湿度的环境中，因此关于羚甲基纤维素在纸质文物修复中的应用还需要更多的探索。聚乙烯醇是一种合成有机高分子聚合物，具有良好的浸润性、粘接性和成膜性，有增强纸张强度和加固字迹的性能，是较有潜质的化学粘接剂，有待进一步研究实验。氧化淀粉是一种改性淀粉，是将淀粉中的直链淀粉去除，使其具有低黏度、低糊化温度、抗霉抗蛀等特征。随着对粘接剂的研究日益增多，科技人员对传统淀粉浆糊做进一步改性研究，比如在淀粉浆糊中添加碱性物质或纳米材料，以提高纸张的耐久性和抗腐蚀性。通过实践证明，添加碱性物质不仅可以抑制霉菌生成，还可以使浆糊呈碱性，从而为纸张去酸。添加玻璃纤维、碳纤维等新型纳米材料的改性淀粉浆糊，不仅具有更好的粘接性能，还能提高纸张的强度与耐久性。还有在淀粉浆糊中添加聚乙烯醇等高分子聚合物，改良淀粉浆糊的柔软性、亲水性、胶膜性，使浆糊具有更好的粘接性能。

文物属于不可再生资源，在选择粘接剂，尤其是化学粘接剂时，一定要慎重，虽然经过多方研究以及实验证明化学黏合接剂具备多种优良性能，但对纸质文物是否存在潜在伤害，尚有待于长时间的实践证明。

8. 纺织品

纺织品，一般有植物纤维棉麻类纺织品、动物纤维蚕丝类纺织品和化学纤维类纺织品。作为承印字迹的书写载体，大多使用纸材料，也有部分作品使用纺织品作为书写载体。在纸张还没有出现时，绢帛是书画与古籍的主要书写材料。大概在魏晋以后，纸张逐渐替代缣帛成为主要的书写材料，而绢作为绘画载体一直使用至今，同时还与绫锦一同是重要的书画、古籍等纸质文物的装裱与装帧材料。

在纸质文物中，中国书画是一个重要的类别，而中国书画作品又分纸本和绢本两大类，尤其古代绢本书画作品，数量可观。绢本书画最早可追溯到先秦时期，其时纺织业发展，丝织品开始被应用于绘画。中国现存最早的人物绘画均为绢帛绘画。1949 年湖南长沙陈家大山楚墓出土的东周战国时期帛画《人物龙凤帛画》，为深褐色平纹绢帛画，是现存最早的中国帛画之一。1972 年长沙市郊出土帛画《马王堆一号汉墓 T 型帛画》使用了单层细绢，三块绢拼成上宽下窄的 T 形状。汉代虽有造纸工艺，但纸张并未在书画中普及应用，绘画和书籍载体仍以绢帛为主。魏晋时期，纺织业水平持续提高，作为绘画载体，绢的产量和质量也迅速提升，这个时期已经有了将生绢加明矾，或刷米浆制熟的工艺，而熟绢质地更加细腻，也不易散墨，更加适合绘画创作。唐代政治经济的发展促进了纺织业的发达，政府设独立织染部门，书画用绢的品质得到跨越式的提高。唐代宫廷所用的上品画绢都为生绢，经纬紧密，着墨不渗漫。米芾在《画史》中评述："张僧繇、阎令画皆生绢，南唐画皆粗绢，徐熙绢或如布。"[1] 可见张僧繇、阎立本所用绢为上等宫廷生绢。而民间使用的普通画绢则较疏松，孔隙较大，需制成熟绢才能使用，如敦煌发现的绢本绘画，都是比较粗厚的民间用绢。绢丝分圆丝和扁丝，圆丝未经压制工艺处理，丝与丝之间处于自然圆润的疏离状态，绢丝缝隙较大。唐以前的绢本画均为圆丝，且绢面胶矾不匀，唐朝之后有了"以热汤半熟，入粉槌如银板"的制熟工艺，使得绢面细密平整，更加方便晕染绘画。张彦远《历代名画记》中记载："齐纨吴练，冰素雾绡，精润密致，机杼之妙也。"[2] 说明唐代上等绢已达到极细密的程度，从周昉的《簪花仕女图》、阎立本的《步辇图》、韩干的《牧马图》的绢本质地来看，都是极细腻平整的上等生绢。北宋米芾《画史》中记载："古画至唐初皆生绢，至吴生、周昉、韩干，后来皆以热汤半熟，入粉槌如银板，故做人物精彩入笔。"[3] 可见唐初是用生绢作画，唐中期以后用捶扁半熟绢作画，至北宋以后将绢煮熟加浆作画。熟绢细密平整，能勾勒描绘精细造型，并经得住层层叠染，使画面颜色更丰富、更有变化。

五代时期因战乱而少见宫廷御用绢，多为民间粗绢，如徐熙、黄筌的作品均用粗绢。五代至南宋时期，绢的门幅逐渐增加，宋宣和以前，绢画门

1 [唐] 米芾：《画史》，中华书局，1985 年。
2 [唐] 张彦远著，俞剑华注释：《历代名画记》，江苏凤凰美术出版社，2007 年，第 49 页。
3 [唐] 米芾：《画史》，中华书局，1985 年。

幅不超过60厘米，宣和以后增加至80厘米以上，到南宋中期则出现了100厘米以上的门幅。至南宋中期以后，阔窄独幅的绢画同时出现，鉴赏时不再能单独通过门幅来推断作品的时代。宋代制绢工艺在唐代的基础上增加了蚜蜡和上浆等工序，南宋以后又出现了双丝绢。宋代绢画风格更趋细致缜密，对画绢质地要求更高。赵佶《听琴图》所用的院绢，虽历经千年，依旧洁白如新，这与画绢质地细密、不易沾染灰尘有极大的关系。不过并不是所有的宋代画绢质量都很好，民间的画绢也有比较稀薄的。如《雪山行旅图》的画绢质地稀薄，画面暗沉，积满灰尘，大概就是“稀薄者非院绢也”。宋画中小幅绢画大多是细绢，大幅绢画或揭至壁画，所以均为粗绢。宋代用绫不似明代盛行，一般用花绫写字，如北宋黄庭坚行书《华严疏》一卷。元代书画用绢与宋代相仿，绢丝较宋代更细更稀，如任仁发《二马图》的绢底就比较稀松。但元代也有细密匀净、质量较高的上等绢，如赵孟頫的《临兰亭序》。

明代绢画虽较元代增多，但与宋代相较，还不能及。明代用绢因时因地不同，品质也参差不齐，内廷用绢虽比不上南宋院绢，但质量整体还是比较好的。苏州吴绢品质亦较高，专供沈周、唐寅、仇英等画家使用。明成化时期，有一部分绢质地不仅粗，还稀薄，只能用作写意水墨画用绢。明晚期，受政治经济环境影响，画绢质量更差，如陈洪绶、张瑞图等画家也不得不使用品质粗糙的劣绢。明代除用绢作画，还盛行用绫。明清时期制绢多采用重胶矾水及捶打的工艺，制造出来的绢虽然细腻平滑，但不易于保存，这一点从明清两代保存下来的绢本书画可窥一二。清代画绢丰富，绢面尺幅阔大，著名绢品有江苏的吴绢和浙江的耿绢等，以乾隆年间宫中御用的库绢最为精美。乾隆库绢不仅质地细密平滑，绢面上还描绘有各种精美纹样，或有洒金、描金等加工工艺装饰。明清均有出现质地粗糙稀薄的绢，不易上色，需要先以纸托底才能进行书画创作，多用于粗笔写意画，所以这类绢画在修复时千万不能揭去托芯纸。蒋玄佁在《中国绘画材料史》中这样评价清绢：“以织绢技术论，清代虽已进步，视其细平如镜，薄如蝉翼，较之厚重宋绢，相去甚远，但其制法，胶矾过重，作画很方便，而在保存上，丝细质薄胶矾重的清代绢，则不如宋绢。此种胶矾方法，悉从制笺纸的经验上养成，笺纸发达之后，制绢法亦同时变法，清绢的重胶，如溯其源，应起自明代。故绢的质，宋为加工法的第一期，明为加工法的第二期，宋明两代，为划分绢质的分界线。”[1]

如上所述，绢作为中国几千年来的书画载体，每个时期的制作工艺都不同，即便同一朝代，初期与末期、宫廷与民间亦不相同。因此，绢作为绘画材料，每个时代都有独有的特征，了解各时代书画用绢特征，以及书画家用绢习惯，有助于鉴定书画作品，而且是保护与修复书画的前提条件。

现代制绢采用机械化生产，与传统手工制绢有较大区别，如何仿制符合文物修复需要的补绢，成为当下需要解决的课题。传统绢本书画中生绢、熟绢均有，熟绢施胶程度也各异，明代之前胶矾不重，明代之后因胶矾过重，大多绢画质地脆性大、易折裂，在修复时匹配合适的补绢变得尤为重要。当下书画修复现状是补绢难找，因为古旧老绢已经是文物，不再可以做为补绢使用，而合适匹配的新绢又很难找到。改造现有新绢成为当下常用的方法，方法之一是对新绢进行老化处理，通常是通过高温高湿加速新绢老化，这种方法使绢老化的速度还不够快，新的紫外老化仪能加快老化速度，只是老化的程度较难把握。方法之二是先找到绢丝、织造方法与古画绢类似的仿古绢，依照古画绢丝的密度，通过“抽丝剥茧”的手段，将绢丝从补绢上一根根抽出，使绢丝变得稀薄，以达到和古画绢丝质地最大程度的相似。

作为书画、古籍载体材料的纺织品，除绢、绫之外，还有麻、棉等织物。麻织物早于绢，棉布织物应用于民间绘画较多，至民国时期用西方引进的洋布作画的现象亦有。这类书画大多流传于民间，能保存下来的较少。锦用于书写绘画载体很少见，大多作为装裱材料使用，如用在包首、锦盒、封面、锦眉等处。

9. 其他材料

用于书写的材料从人类早期的崖壁、石块、金属、陶器、树皮、纸莎草、皮革、羊皮纸、棕榈叶等，发展到今天，更多合成材料亦成为书写载体。字迹墨色的新材料也层出不穷，包括各色新型材料的粘接剂。新材料的使用无论是在修复时，还是在包装、运输、展陈等过程中，都要在无害的前提下使用。注重对文物的保护，是使用材料前重点考察的事项。

1 蒋玄佁：《中国绘画材料史》，上海书画出版社，1986 年，第 91—92 页。

四、保护与修复的关系

文物保护与文物修复是两个相互交融的概念，也被理解为是两个相似、相关的概念，有的国家将保护等同于修复，因此，需要厘清保护与修复的关系，才能更准确地对文物实施保护与修复。历史文献中提及“修复”一词大多是指维护、修理、清洁破损的行为。修复的内容包括两方面：一是清除文物上的有害附着物，防止有害物继续危害文物安全；二是尽力恢复其历史面貌，提高其耐久性。在关于保护概念的讨论中，各个国家都有约定俗成的用法，在意大利语、法语、西班牙语等拉丁语系中，广义保护被直接译为修复。欧洲保护者组织联盟、欧洲保护教育网、英国国家保护修复理事会把保护作为广义保护的专有词。保护是一项综合性的活动，保护所涉及的领域非常广泛，为解决文物保护问题，需要多学科、多专业共同完成。早期对于文物的保护比较简单，只是从文物或文物载体的角度，保护文物有形的物质形体，措施仅为清洁、保养、维护、维修等，或可理解为狭义的保护。狭义的保护指维持文物的状态，这种针对文物现状的保护行为相近于今天的修复行为。而当代意义上的保护则是在修复行为的基础上，以发展的观念和态度，不断增加文物保护的外延，包括保存修复、整饬重建、复兴传承、翻新再造、活化利用等，一直延申至更广泛的物质文化遗产保护与非物质文化遗产保护。这种广义的保护行为包括保存、清洁、修复、装卸、展陈、运输，以及病理分析、破损控制、改善现状等多项相关活动。在保护的过程中，相关的不只是保护人员或修复师，还有生物学家、物理学家、化学家、历史学家、艺术家、社会学家、文博考古人员、律师、保险人员、各部门管理人员等。其中，保护人员或修复师是直接与文物接触，对文物产生直接影响的人员，因此，这个群体对于文物保护的认知尤为重要。修复师不仅需要具备扎实的修复技术，同时还应该是学者。修复师不仅需要知道自己在做什么，还应该知道为何这样做，必须具备随时与持不同观点的群体就美学、社会学、材料学、文化属性等方面的问题进行讨论并从中获得各方的认可的能力。

随着广义保护外延的扩展，保护概念的边界也愈来愈模糊，所涉及的领域也愈来愈宽泛，包括政治、宗教、文化、旅游、教育、法律等，但保护工作又必须具备相当专业的知识与技能，所以要求保护人员与修复师除具备专业保护技术，还要通晓相关领域的知识。《当代保护理论》一书中将保护指代广义保护，保存指代狭义保护。保存与保护、修复之间需要界定概念，丹尼斯·吉耶马尔对保存给出如下定义：“保存是意图延续文化遗产寿命的行为。”美国保护学会则认为“是指意图保持文化资产完整性、让破坏最小化的举措”。[1] 保存的主要目的是指尽可能延长文物现状的可见特征，对文物的不可见特征关注较少。对纸质文物的保存通常通过清洁、除酸、灭菌和环境性保护（预防性保存）等手段完成。而修复会试图改变文物的可见特征。保存与修复都是广义保护行为中的局部行为，保存属于保护行为中的最基本的常规行为，而修复属于被动性保护行为，是在文物遭受破坏之后不得已要进行的保护活动，修复是着眼于将文物的可见属性和不可见属性都传承下去。

对于修复的概念，较全面的阐述是：“任何将文化资产的现存材料和结构恢复到一个已知的较早时间之状态的行为。”[2] 而布兰迪早在20世纪60年代的《修复理论》中就对修复的概念做了相关定义：“修复是着眼于将艺术作品传承下去，使它在物质依据上，在美学和史实双重本质上，能被认可为艺术作品的方法论环节。”布兰迪强调修复时必须始终坚守两条要义：第一，要修复的只是文物的材料；第二，在不艺术伪造或史实伪造的前提下，在不抹去艺术作品在时光流转中获得的每一经历痕迹的前提下，修复应旨在重建出艺术作品的潜在一体性。[3] 布兰迪强调艺术作品的一体性，艺术作品不是材料的堆积，尤其在对艺术作品的残缺部分进行修复时，要在残缺处关照到艺术品整体的艺术性，并以还原艺术品的完整一体性为目的。布兰迪强调艺术品上的每一块物质材料中都蕴含着这件作品的气韵，修复师在修复时，虽然修复的只是材料载体，但要在材料载体上感知创作者的精神，以最大限度还原艺术品的艺术一体性。综上所述，修复干预的虽然只是艺术作品的物质材料，显性的目的是延长艺术品的物质属性，但同时必须保障其艺术价值、史实价值不能降低。所有的修复行为必须是以保证文物物质属性的无损，保证文物的文化价值为前提的保全、保护行为。保守派的观点，认为只要采用了

1 ［西］萨尔瓦多·穆尼奥斯·比尼亚斯著，张鹏等译：《当代保护理论》，同济大学出版社，2012年，15—16页。
2 同上，第16页。
3 ［意］切萨雷·布兰迪著，陆地编译：《修复理论》，同济大学出版社，2016年，第75—77页。

修复行为，就有作伪的嫌疑，认为文物上的任何遗迹、痕迹，都属于文物本身，修复会使其失去文物的真实属性。因此，如何克服修复所带来的弊端，做到既能保存文物的原初状态，又保留文物的历史痕迹，这是制定修复方案时要思考的关键因素。

保护、修复、保存都包含在广义的保护概念中，而从狭义上讲，它们是文物保护过程中三个不同的阶段，虽然三者之间常常共同作用，技术上也密切关联，但在文物保护学科定义中，保护和修复、保存之间的内在含义有显著区别。保护主要有两方面的行为活动，一方面控制文物保存环境，将文物的损害减到最少，这里主要是如何保存文物的工作；另一方面，抑制文物的损害并使其处于稳定状态，以防止发生进一步损害，这里包含修复的行为。也就是说，当保护措施中的保存处理显得不足时，必须进行修复才能保证文物的安全。因此，文物保护包括保存与修复两个过程，保存包括对文物直接作用以保护文物和改变环境间接保护文物两方面保护工作，直接保存的措施对文物保护产生有限作用，改变环境对文物保护能产生长远作用。而修复行为是对已损文物进行处理，使其缺失的结构或丧失的信息得以恢复。修复是被动性保护文物，对文物可能产生改变状态的危害，因此对文物最好的保护是全程保护、预防性保护。文物保护是主动行为，文物修复是被动行为，修复的结果必须使文物的隐患得以消除、劣化进程得以控制或减缓并使之处于相对稳定的状态之中，文物保护和文物修复是密不可分的关系。随着文物保护外延的扩展，对文物的保护逐渐扩展至四个方面，即预防性保护、保养性保护、修复性保护、再生性保护。预防性保护指的是对文物保存环境实施有效监控；保养性保护指的是日常对文物本体的养护；而修复性保护则是对文物本体进行修补、复原等，再生性保护包括对文物的信息化保存以及复制、活化、再利用等。这四个方面的保护活动对于文物保护来说是并行的，没有谁更重要，针对文物不同的现状以及其使用上的需要，选择适合的保护方式。

文物保护与修复的实质是保护文物的艺术、历史、经济等价值。保护文物的价值不受影响，首先要做的是控制或减缓文物劣化的进程，使文物本体和其承载的信息处于一种稳定与安全的状态。中国纸质文物中的传统书画保护，在上千年的传承过程中，已经形成一套较严谨的保护制度，这种定期重新装裱的制度对传统书画乃至册页古籍，都是较好的保护模式，它不仅保护了书画文物，有的甚至还能不断地为文物添加艺术、经济和历史价值。我国传统书画保护与修复之所以如此，不仅仅是因为古书画的艺术样式多为立轴、手卷、册页等传统装潢形式，还因为传统书画装裱形制随着时代的变迁，一直在演化推进，装褫、修复、鉴藏、创作等活动始终相伴而生。这种特殊的传藏方式，既不是单一的收藏行为，也不是单一的保护行为，它囊括保护、修复、创作、鉴藏于一体，这些活动涵盖艺术鉴藏、文化背景、修复技术、装潢材料、装褫样式等多方面知识，这种独特的传统装潢艺术对中国传统纸质文物保护，乃至东亚纸质文物的保护，都有特殊的意义。因为许多珍贵书画文物，由于有了这种重装保护活动，才使得今天的我们能够在千百年之后，还能看到它们。中国传统书画装潢技术在漫长的历史过程中，始终是通过师徒制的形式传承至今，直至进入21世纪，传统纸质文物不再仅仅依赖传统手艺解决保护问题。随着西方文物保护理念的引入、现代科技的进步，科学保护技术与传统修复技艺逐渐融合，形成全新的现代纸质文物保护体系。

20世纪60年代开始，以布兰迪为代表的经典保护理论强调保护文物的艺术价值。但随着科学技术的介入，保护技术逐步转向材料学、化学等硬科学，对文物的保护逐步一边倒地走向科技保护。这种科技保护并不是对保护理论的全面升级，科学技术介入的保护与科学保护并不是相同的概念，发展至今天，文物保护行业逐渐意识到了这个问题，将艺术与技术、人伦与文化等众多因素综合考量，才能构建出适合当代的文物保护理念。

第二章

纸质文物保护与修复发展历程

一、中国传统纸质文物保护与修复发展概述

中国传统纸质文物保护至今已有两千多年的历史，主要体现在古书画与古籍的保护技术上。而中国传统书画、古籍的保护与修复观念长期以来一直受到传统书画装潢理念的影响。书画、古籍修复在中国古代被统称为装潢，是一项历史悠久、传承有序的传统手工技艺，它一方面被古人以典籍的形式传承下来，一方面通过师徒传承的形式延续至今。

1. 中国古代纸质文物保护与修复著述

中国纸质文物保护与修复概念的提出并不久远，查找相关著述，最远不会早于20世纪末。但提起装潢、装褫、装裱或装帧等相关的著述时，最早可至北魏贾思勰的《齐民要术》，有相关记载的古籍不下二十种。传统装潢著作中关于重装的内容即书画、古籍保护相关的内容。其中，关于书画装潢的专著有《装潢志》和《赏延素心录》两种，另有《历代名画记》《画史》《书史》《齐东野语》《宋史·职官志》《南村辍耕录》《清閟藏》《长物志》《小山画谱》等九种古籍有相关章节记录书画装潢的内容，其余还有十五种古籍中有与装潢相关的只言片语文字内容，《书画装裱技艺辑释》一书将其归纳为“装潢短论”。古人的书画装潢思想是质朴的，它体现在对装潢技术尽善尽美的追求上。古人不仅仅在装裱与修复技艺上积累了丰富的经验，在对古旧书画的装潢理念上也有独到的见解，与当下的纸质文物保护与修复理念有不谋而合之处。

明代周嘉胄的《装潢志》全书共分42部分，4000余字，系统地介绍了书画装潢的各个环节，记录了古人保护书画的理念和装潢技艺，是我国第一

部详述装潢的专著。《装潢志》中主张的文物保护理念是保证书画作品的延寿永存，通过材料、技艺等手段最大限度恢复书画原貌，追求浑然一体、天衣无缝的修复理念。在序言中阐明了书画装潢的意义：“而楮质素丝之力有限，其经传接非人，以至兵火丧乱，霉烂蠹蚀，豪夺计赚，种种恶劫，百不传一。于百一之中，装潢非人，随手损弃，良可痛惋。故装潢优劣，实名迹存亡系焉。窃谓装潢者，书画之司命也。”“好事诸讼，有获金匮之奇、梁间之秘者，欲加背饰，乞先于此究心，庶不虞损弃。俾古迹一新，功同再造。则余此《志》也，敢谓有补于同心，冀欲策微勋于至艺，以附冥契之私云。”[1] 此处两段文字表达了古书画经历战乱、火祸等恶劫，急需保护装潢，而装潢的好坏直接关系到书画的存亡，所以，装潢是决定书画性命的大事。爱好书画的诸位，如果得到珍贵书画想要装潢，请从此书吸取经验，就不用担心书画被损坏。《装潢志》的第一节是“古迹重装如病延医”，文章讲述：“前代书画，传历至今，未有不残脱者。苟欲改装，如病笃延医。医善，则随手而起，医不善，随剂而毙。所谓不药当中医，不遇良工，宁存故物。嗟夫！上品名迹，视之匪轻。帮家以华国，艺士尊之为师。师犹父也，为人子者，不可不知医，宝书画不可不究装潢。”[2] 作者把修复书画看作医生治疗病人，好的装潢师如同好的医生，医善而起，珍贵的书画不可不追求高品质的装潢。周嘉胄强调书画修复师的重要性，没有精湛的修复技艺，宁可保存不修。同时，他还在“优礼良工”“宾主相参”两节中提出：“好事者，必优礼厚聘。”“好事贤主，欲得良工为终世书画之托，固自不易；而良工之得贤主以骋技，更难其人。苟相遇和，则异迹当冥冥降临归托重生也。凡重装尽善，如超劫还丹，机缘凑合，岂不有神助耶？而宾主定当预为酌定装式，彼此意惬，然后从事，则两获令终之美。”[3] 此处强调要善待修复师，书画主人与修复师之间能够有共同的修复意愿，是书画重获新生的机缘。这里所描述的关系，正如现代文物保护中至关重要的制定修复方案环节，好的修复方案少不了所有文物部门和修复部门达成一致的修复意见，才能使重装尽善尽美。

1 [明] 周嘉胄等：《装潢志 · 赏延素心录：外九种》，广陵书社，2016 年，第 3 页。
2 同上，第 4 页。
3 同上，第 4—5 页。

《装潢志》正文记载："书画付装，先须审视气色。如色暗气沉，或烟蒸尘积，须浣淋伤水，亦妨神彩，如稍明净，仍之为妙。""洗时，先视纸质松紧、绢素历年远近及画之颜色，霉损受病处，一一加意调护。损则连托纸洗，不损须揭净。"[1]书画重装首先要观察画心质量，制定修复方案时要视纸质松紧、绢素质地及画面气色等来定夺是否需要淋洗，淋洗非必要不进行，如果画面还算干净，尽量不洗，这就是最少干预原则的体现。古人对书画保护的态度，体现在修复的各个环节，《装潢志》中洗、揭、补、衬边、小托、全等多个步骤都详细讲解了书画修复的技巧。如揭："书画性命，全关于揭。"补："补缀，须得书画本身纸绢料一同者。色不相当，尚可染配；绢之粗细，纸之厚薄，稍不相侔，视则两异。故虽有补天之神，必先炼五色之石。绢须丝缕相对，纸必补处莫分。"衬边："庶分毫无侵于画心。"小托："画经小托，业已功成。沉疴既脱，元气复完，得资华、扁之灵，不但复还旧观，而风华气韵，益当翩翩遒上矣。"全："古画有残缺处，用旧墨不妨以笔全之。须乞高手施灵。友人郑千里全画入神，向为余全赵千里《芳林春晓图》，即天水复生，亦不能自辨。全非其人，为患不浅，慎之，慎之！"[2]从以上文字内容可见古人的修复技术以及修复理念。古人修复破损书画，不仅需要高超的技艺、合适的材料，还一再强调慎之又慎的修复态度。无论是补缀还是全色，都追求确保文物的安全性、完整性、真实性。《装潢志》在"册页"一节中指出："逾巧逾俗，俗病难医，愿我同志恪遵古式而黜今陋。"在"题后"一节强调："前所条列，颇极详严。盖为古迹神妙者，气脉将绝，倘付托得人，便可超劫回生，再历年月，垂赏于世，岂不伟欤？"[3]装潢切忌巧俗，愿同行尊崇古式，废除今之陋习，切莫随便改变文物原貌。最后强调前面各条提示，详尽严密，神品一定要请装潢高手起死回生，延年益寿，这是伟大的功德。

《赏延素心录》是继《装潢志》之后第二本装潢专著，作者为清代周二学，浙江杭州人，善鉴藏书画，所以该书以修复重装为主，并补充有书画鉴定与收藏等内容。全书分十则：洗揭、补缀、立轴装裱、手卷册页装裱、制糊、

1 [明]周嘉胄等：《装潢志·赏延素心录：外九种》，广陵书社，2016年，第5页。
2 同上，第6—7页。
3 同上，第11—17页。

装潢季节及养护方法、钤印与题记、挂画方法、画案与护画、藏画。这十则都与书画保护有关。第一则关于洗揭："装潢书画，好手难得。倘幸购剧迹，兼获法装，即缣楮苏脱，宜斟酌修整，不可重背。"[1] 周二学强调要小心洗揭画芯，不可贪图省事，不揭托心纸，直接裱褙，这样会使画意严重受损。第二则强调切不可裁割画芯，补缀时，要用质地、颜色一致的纸、绢在画芯四周接阔一分助条，这样才能保证不会伤及画芯本体。第三、四则指出立轴、手卷、册页的装裱形制和用料。第五则详细介绍制糊的方法，用浆忌用厚浆、浓浆，制浆所用的水要用纯净的天落水。第六则指出修复装潢应选择春秋季节，这是对温度湿度等自然环境的要求，不合乎文物的保护环境，不能修复与展阅文物。第七则强调不可在书画名迹上随意添加题记和印章，以免为后人贻笑，更避免损伤文物的艺术价值。第八、九、十则是关于挂画、铺画和藏画的要义，古人在书画的展陈与储藏等方面都有详细的介绍，对画闩、画案、画匣的材料、制作以及使用方法，都给出十分具体的方式方法，可见古人的书画保护细则已经面面俱到。

唐代张彦远《历代名画记》卷二论鉴识、收藏、购求、阅玩，卷三论装背裱轴，这两节都有谈及书画保护与修复的内容。张彦远从二十岁起便开始藏画、赏画和装褫打理书画，他指出："则有收藏而未能鉴识，鉴识而不善阅玩者；阅玩而不能装褫，装褫而殊亡铨次者，此皆好事者之病也。""图画岁月既久，耗散将近，名人艺士不复更生，可不惜哉！夫人不善宝玩者，动见劳辱；卷舒失所者，操揉便损；不解装褫者，随手弃捐。遂使真迹渐少，不亦痛哉！非好事者，不可妄传书画；近火烛不可观书画；向风日、正餐饮、唾涕、不洗手，并不可观书画。"[2] 张彦远在这里阐述了收藏、鉴识、阅玩和装潢之间的关系，强调了装潢保护书画的重要性。珍贵书画古籍会随时间而消亡，如果对书画采用不正确的修复方法而致其受损，岂不令人痛心？所以，不是爱好书画的人，不可随便给他传阅书画；对着风口或太阳，靠近火烛、食物、水等都不可观赏书画。《历代名画记》卷三论装背裱轴中开篇记载："自

1 ［明］周嘉胄等：《装潢志·赏延素心录：外九种》，广陵书社，2016 年，第 26 页。
2 ［唐］张彦远：《历代名画记》，江苏凤凰美术出版社，2007 年，第 57—58 页。

晋代已前，装背不佳；宋时范晔，始能装背。”“国朝太宗皇帝，使典仪王行真等装褫，起居郎褚遂良、校书郎王知敬等监领。”[1] 中国书画保护，在晋代以前装潢不佳，至南朝时开始有较为得体的装潢，至唐代有专职书画保护与装潢人员，唐、宋以后书画装潢非常成熟。张彦远指出，凡书画卷首、卷尾完整的名迹，不可裁割截改换位，对首尾不全或错位、不完整的，可依据上等、中等、下等排序；凡制糊一定要去筋，可加入少量熏陆香粉防虫，打浆需稀薄且粘性适中；不能用熟纸裱褙，拼缝不能在画芯重要部位；重彩粉色绢画不能砑画；用皂角水清洗可去除画面积尘污垢，恢复古画光彩气息。张彦远在《历代名画记》中对书画保护与装潢的各个环节做了详细阐述，是我国古代纸质文物保护与修复的学术论著先驱。

北宋米芾《画史》与《书史》中都有书画保护、装潢及鉴藏相关的内容，《书画装裱技艺辑释》一书将有关内容节录。作为北宋著名的书画家，米芾不仅擅书画，擅鉴伪，还精于装潢。他在《画史》中已提出文物的最小干预原则：“古画若得之不脱，不须背裱。若不佳。换裱一次，背一次，坏屡更矣，深可惜。盖人物精神发彩，花之秾艳、蜂蝶，只在约略浓淡之间，一经背多，或失之也。”[2] 古画装裱如果不脱开，就不必重新装裱，因重装而造成画作损伤，深为可惜，多次修复重裱，有可能损伤名迹神韵。米芾因亲力亲为修裱书画，所以在《画史》中列出许多切实可行的保护知识：如褙画不用绢，尤其是纸本书画切不可用绢覆褙，否则画芯与褙绢因开合收卷产生摩擦伤及画芯本体；绢只在补缀绢画破处时使用；书画不宜经年累月藏在画匣中，也不可持续长时间挂在墙上，定期的开合可避免画轴干燥变形，避免画芯变脆、断裂等；用檀香木挖空作轴杆最好，一方面檀香木能避湿气，一方面轴身轻不伤画芯；不要用水晶做轴头，太重，垂挂时很容易拉伤画芯；画带装置不要靠近画心，以免伤到画面，画带绑缚不要用力，以免画卷拦腰受损。米芾提出了许多在今天看来也是十分科学的保护理念和修复技术。米芾在《书史》中论述：“勿倒衬帖，背古纸，随隐便破，只用薄纸与帖齐头相拄，见其古损

---

1 ［唐］张彦远：《历代名画记》，江苏凤凰美术出版社，2007 年，第 69—70 页。
2 杜秉庄、杜子熊：《书画装裱辑释》，上海书画出版社，1993 年，第 193 页。

断尤佳，不用帖补。”[1] 米芾强调在修复裱褙之后，最好还能看得出古旧破损的痕迹，这是追求最大限度还原文物的真实性原则。

南宋周密《齐东野语》第六卷《绍兴御府书画式》详细介绍了南宋绍兴御府书画装裱格式，并给出古书画装潢修复方案及操作步骤。周密在书中批判宫廷重装行为：“惜乎鉴定诸人如曹勋、宋贶、龙大渊、张俭、郑藻、平协、刘炎、黄冕、魏茂实、任原辈，人品不高，目力苦短。凡经前辈品题者，尽皆拆去，故今御府所藏，多无题识，其源委、授受、岁月、考订，邈不可求，为可恨耳。”[2] 周密感慨：重装行为，致使后世对南宋以前的书画原裱形制、材料、风格、色彩等无从考证。对入手的古画应做如下保护处理：“应搜访到名画，先降付魏茂实定验，打千字文号及定验印记，进呈讫，降付庄宗古分手装背。应搜访到古画，内有破碎不堪补背者，令书房依元样对本临摹，进呈讫，降付庄宗古，依元本染古槌破，用印装造。刘娘子位并马兴祖誊画。”[3] 整个过程接近现代的收录、登记、临摹复制、装潢修复等。另外，他对古画修复也提出与现代较接近的修复原则，如：“应古厚纸，不许揭薄，若纸去其半，则损字精神，一如摹本矣。应古画装褫，不许重洗，恐失人物精神，花木秾艳。亦不许裁剪过多，既失古意，又恐将来不可再褙。”[4] 揭画时不可改变古画原样，不可揭薄画芯；洗画时不可重洗，以免画意缺失；不可裁切画芯。这些都是最少干预，保护文物真实性的原则。

元代脱脱等著的《宋史》中，《职官志·吏部·官告院》一节介绍了不同品级官员、命妇的告身装裱格式，涉及各类装裱形制、材质、图案、色彩等，从此著作中能查阅汲取古代的装裱程式及装潢经验。元代陶宗仪在《南村缀耕录》第二十三卷中介绍了唐宋时期书画装裱概貌。明代张应文《清秘藏》中有专论纸、古纸、古绢等书画材料的内容，还有专论古画装褫修复的文章，内容大多是对前人著述的解读，如：“凡书画发帖，不脱落，不易装背；一装背，则一损精神。”“装背书画不须用绢，故唐人背右军帖，皆捶熟软

1 杜秉庄、杜子熊：《书画装裱辑释》，上海书画出版社，1993 年，第 205 页。
2 同上，第 209 页。
3 同上，第 213 页。
4 同上，第 214 页。

纸如绵，乃不损古纸。”[1] 此修复理念与方法多来自米芾的《画史》。关于古画保存，《清秘藏》亦有专论，提出画匣应以杉木板制作，不能油漆，可用纸糊，这样能避免霉湿，另外梅雨潮湿天气要密闭藏画，勿令湿气进入画匣，可见古人十分注重画匣材质，并为书画营造良好保存环境，这些都是预防性保护文物的体现。明代文震亨《长物志》卷五书画一节，从品鉴收藏、优劣真伪，书画名家、纸墨绢素、装褫规制、藏画卷画、发帖册页、古今帖辨、宋版刻印、悬画月令等方面详尽叙述了历代书画等纸质文物的鉴别与保护知识，是一部非常重要的古代文物保护理论专著。清代邹一桂的《小山画谱》，对书画的全程保护论述详尽，与装潢保护相关的内容有裱画、藏画、矾绢、矾纸、捶绢等。如藏画一节中记载：“装潢得法，亦贵珍藏。盛以画囊，置木箱内，悬之屋梁透风处。南方蒸热，伏候宜取晒凉，以樟脑、芸香、花椒、烟叶等贮箱内，又贵时常取挂，则无霉蛀之患。焚香恐防熏黑，垂帘以避蝇污。什袭珍之，则画不落劫。传之十世犹新，何患其不寿乎！”[2] 装潢与修复得当，收藏与悬挂方法正确，存储环境适宜，书画寿命肯定长久。

除前文论述的两部装潢专著、九种节录装潢专著之外，其余还有 15 种古籍中有只言片语的装潢短论。其中北魏贾思勰的《齐民要术》应该是最早有关纸质文物保护与修复内容的古籍论著。《齐民要术》卷三“杂说”中有一段文字专门论述补书的方法：“书有毁裂，郦方纸而补者，率皆挛拳，瘢疮硬厚。瘢疮于书有损。裂薄纸如薤叶以补织，微相入，殆无际会，自非向明举而看之，略不觉补。”[3] 补页不可用厚纸，否则会像疮疤一样又硬又厚，伤害书卷，要用薄纸嵌入粘补于破处，使补过之后不对光看不出补过的痕迹，可见我国在 1500 多年前就有著书详细介绍书籍的修复方法。此外，短论中还对挂画收画、书橱避蠹、装裱形制、舒卷展玩、金题玉躞等多方面做了论述。古人对书画保护、重装的诉求，一要有装裱好手；二要懂雅俗之分，“祛凡设雅”是重装之重；三要重视收藏，挂画、收画、藏画、题记等，每一环都要方法正确；四要重视材料、工艺、形制，既要合乎传统规制，又要追求

1　杜秉庄、杜子熊：《书画装裱辑释》，上海书画出版社，1993 年，第 250 页。
2　同上，第 375 页。
3　同上，第 365 页。

创新。古人对书画名迹的保护，是在充分肯定文物美学和历史价值的基础上，依据事实对是否需要重装做慎重判断，在具体的技术、方法和格式上不违古制，也不会囿于古制。

综上所述，古人对纸质文物的保护，体现出长远考虑的理念，相较于西方遵循的真实性修复原则，我国的传统书画修复更多在于追求名迹的艺术价值。在具体的修复、重装、保藏过程中，在修复材料、装潢形制、保藏手段等方面，都能看出古人的保护理念和修复技术是完备且科学的。我国的传统修复理念和技术，历经近两千年的传承与革新，经历一代又一代人的经验总结，从书画名家到宫廷士大夫，或普通文人、装潢好手，都在对传统名迹的留存尽其所能。从修复前的评估判断，到修复中的随机应变，再到修复后的长存机制，都能体现古人的聪明智慧。古人的重装态度，与今天的“保留原裱”“还旧装裱”“重新装裱”[1]三项修复技术路线不谋而合，并早已有具体实例可供参考。古人的装潢理念即今人的文物保护思想，现代的纸质文物保护技术是对古代书画装潢技艺的继承和发展。因此，借鉴古人的装潢智慧是当代纸质文物保护不可缺失的基石。

2. 中国近代文物保护与修复发展历程

中国近代文物保护意识的转变，很大程度受到西方文化的影响。鸦片战争后，我国文物遭受严重的破坏和流失。一方面是列强对皇家文物进行掠夺与破坏，另一方面，西方传教士、商人等以考古、发掘、买卖的形式，使我国文物大量流失海外。文物的破坏与流失引起国内政学两界的反思，并逐渐意识到文物保护的重要性。清政府于 1909 年拟定了我国第一部文物保护法规《保存古迹推广办法章程》，这部章程由调查和保护两部分构成。文物保护范畴明显扩大，受到保护的文物不局限于皇室宗庙、陵寝等，凡是名人书画、造像、遗迹、金石、陶瓷、古籍等，都被视为文物而加以保护；章程明确规定盗卖文物出国为非法行为。另外，该章程还体现了文物公藏保存的理念，清政府建议各督抚设立博物馆，鼓励个人将藏品捐入博物馆保藏。章程中有

1 纸质文物保护国家文物局重点科研基地、南京博物院编：《中国书画文物修复导则》，译林出版社，2017 年，第 16 页。

不少保护措施及保护理念一直沿用至今。《保存古迹推广办法章程》是我国历史上第一部以保护文物为目的的法规，该法规正式以法律形式对文物实施保护，使得保护文物成为政府行为。此外，各地政府开始对文物实施调查，使文物调查成为文物保护工作的重要内容，这部法规开启了我国文物保护的法制化历程。

辛亥革命后，民国政府颁发了一系列文物保护政令、法规。1913 年颁布的《河南保存古物暂行规程》是中华民国成立后最早颁行的“文物保护法”；1915 年内务部通令各省必须设法保护辖所地区内的古物；1916 年北洋政府颁布《古物保存暂行办法》；1921 年北洋政府在全国公布发行《著名寺庙特别保护通则》；1925 年以紫禁城为核心，成立故宫博物院；1927 年制定《禁止古物出口办法》；1928 年设立全国性的政府文物管理机构；1928 年在中华民国大学院下设中央古物保管委员会，同年颁行《名胜古迹古物保存条例》《寺庙登记条例》《故宫博物院组织法》等法规；1930 年颁布《古物保存法》；1931 年发布《古物保存法施行细则》；1932 年出台《清理部管地产修复坛庙古迹章程》；1935 年发行《暂定古物之范围及种类大纲》，公布《采掘古物规则》《古物出国护照规则》《外国学术团体或私人参加采掘古物规则》等。民国时期的文物保护工作已包括立法保护、文物调查、加强海关缉私、打击文物盗掘倒卖等，其中一个重要特点就是从文物法规的制定到文物保护的实践基本上都是政府行为。同时，民间的文物保护意识也在不断增强，1905 年，邓实、黄节等成立“国学保存会”，提出“研究国学、保存国粹”的文物保护理念。1929 年学者朱启钤、梁思成等创办了“中国营造学社”，学社成员考察、收集了大量珍贵古建筑数据，梁思成提出“整旧如旧”的修复理念，并在 1963 年发表《闲话文物建筑的重修与维护》。民国时期的文物保护体系已经基本形成立法保护、政府机构保护、民营学社保护、考古保护、文物调查保护、打击文物犯罪等综合保护格局，构建了文物保护的基本框架。中华人民共和国成立以后，文物保护工作的框架受到民国时期文物保护架构的影响。

由于抗日战争的影响，文物西迁，文物保护与修复工作处于停滞状态，直至中华人民共和国成立以后，各项文物保护事业才得以重新启动，建立起从中央到地方的文物行政机构，全国性的文物保护行政体系也逐步完善，并颁布了一系列文物保护法规。1950年颁布了《禁止珍贵文物图书出口暂行办法》《古迹、珍贵文物图书及稀有生物保护办法》《关于保护古文物建筑的指示》等，1961年颁布了《文物保护管理暂行条例》和《关于进一步加强文物保护和管理工作的指示》，此外还制定了全国重点文物保护单位和省级文物保护单位制度，各单位修复了一大批珍贵文物，如《赵城金藏》等。但在“文化大革命”时期，我国的文物保护几乎停滞。1978年改革开放后，我国文物保护事业逐步走出国门，西方修复理论对我国文物保护产生影响，传统书画保护装潢理论也开始与西方现代修复原则发生碰撞。1982年颁布《中华人民共和国文物保护法》，实现了我国文物保护有法可依；2000年颁布了《中国文物古迹保护准则》，为我国古迹保护提供了专业的保护准则和评价标准；2005年发布关于古建筑、古遗址及周边环境保护的《西安宣言》；2006年颁布《古籍修复技术规范与质量标准》，指导了我国古籍修复事业朝着科学规范的方向发展。

《古籍修复技术规范与质量要求》中，“整旧如新”的修复方案，仅限于在古籍破损极其严重，已无法依照原貌复原时，才需要对糟朽的书页采用衬或托等手段实施加固，具体改装手段如衬页、托裱、金镶玉等。整旧如新的修复方法不仅能使古书画及古籍延缓寿命，增强使用功能，还能起到装饰作用，增加文物的艺术价值，当然这些都需要修复师具备较高的艺术修养和修复技术。在我国纸质文物修复实践中，最早明确提出“整旧如旧”的理念并付诸实施的是国家图书馆所藏《赵城金藏》的修复。1949年，赵万里在《赵城金藏》展览座谈会上提出：“过去本馆装修的观点是将每一书完全改为新装，此办法始而觉得很好，其后则发现它不对。一本书有它的时代背景，所以自（民国）廿三年（1934）后决定不再改装，已保存原样，所以装修一书有时用不上太多材料，馆藏《赵城金藏》即保持原来面目。”[1] 至此，保持纸质文物真实性成为修复的基本原则。20世纪80年代末，国家图书馆开始着手制定敦煌遗书的修复方案，提出了“局部修补”的最少干预修复理念，该方案主要修复内容是：“①在指导思想上严格贯彻‘整旧如旧’的方针，尽可能保

1 赵万里：《赵城金藏》展览座谈会纪要，1950年5月14日。

持遗书原貌。②在修复方法上，坚决摒弃传统的通卷托裱的方法，而是对原卷的保存与破损现状作具体的分析，区别不同的情况，采取不同的处理方法，妥善处理保护与使用之间的矛盾。③在外观效果上，要求修复时附加的补纸与原卷相似，但要有所区别，避免因修复而干扰原卷上固有的历史信息。④在保留处理上，要求修复过程本身是可逆的。”[1] 敦煌遗书从 1900 年被发掘之后，有发现经古人修复过的痕迹，虽略显简陋，但依然能看出当时“整旧如旧”的修复原则。1900 年至 1954 年间，多采用中国传统的手卷装裱形制进行装潢修复，直到 20 世纪 80 年代初，大多数敦煌遗书的收藏单位仍采用加装天地杆和包首、拖尾等进行保护和修复。此次国家图书馆提出的“局部修补”的方案改变了以往的修复理念，体现了整旧如旧、最少干预的修复原则。2002 年，国家图书馆开启《永乐大典》的修复工作，在经历了详细的调研和论证之后，制定了以未经修复过的大典为样本，修旧如旧，全面恢复大典原貌的修复方案。修复细则中明确指出：对经前人改装的大典，以保存完好的大典为样本，改装回原貌；对经前人修复过但未改装的且保存完好的不再进行二次修复；对装订保存完好的原装大典采取不拆书芯，以掏补的方法修补阔大的书页；修补书衣时，不拆解，不将纺织品从纸板上揭下来，局部修补；保留原装订材料，保留原始痕迹，不描栏、不补字；等等。这些方案都在遵循最少干预，还原真实性的修复原则。《永乐大典》的修复是第一次举办国际研讨会论证修复方案的修复案例，也是第一次全面详细制作了修复档案的修复案例，体现了我国纸质文物保护与修复体系的逐步成熟，反映出现代保护理念与传统修复工艺的结合。2007 年，杜伟生在《古籍修复原则》一文中针对我国古籍修复工作提出八项修复原则：安全性原则、真实性原则、最少干预原则、可逆性原则、可识别原则、适宜性原则、相似性原则、规范性原则。[2] 目前，这八项原则基本保证了我国古籍保护与修复工作安全有效运作。2017 年，纸质文物保护国家文物局重点科研基地和南京博物院出版的《中国书画文物修复导则》一共制定了 30 条导则，分为总则、修复原则、

---

1 张平、吴澍时：《古籍修复案例述评》，国家图书馆出版社，2012 年，第 23 页。
2 杜伟生：《古籍修复原则》，《国家图书馆学刊》，2007 年第 4 期，第 79—83 页。

方案编制、修复实施、评估与保管，全方位且科学地构建了纸质文物保护从修复原则到实施规范，从实例应用到评估管理的细则，用技术标准规范书画保护与修复的每一个步骤。《中国书画文物修复导则》在方案编制中，遵循了现代文物保护与修复理念，为我国古书画修复提供了可参考的修复技术路线："书画文物保护修复方案编制分为现状调查、病害评测、修复技术及材料的筛选、保护修复技术路线及修复步骤的确立等。"[1] 修复技术路线分三种：一种为保留原裱，指原裱件和画芯保存较好、病害稳定的古书画，在原装裱保留的前提下，可消除病害或可控制病害的情况下，不拆解原裱，只做局部去污、局部修补加固工作，最大限度保留文物原貌；第二种为还旧处理，指原裱件和画芯保存状态不佳，存在局部断裂、脱落，或活动病害，需要拆解处理，且原镶料保存尚佳，并具有历史或艺术价值，这种情况下，虽揭换覆背纸，但不揭命纸，不换旧镶料，恢复原装裱；第三种为重新装裱，这一修复技术路线是只有在原镶料严重破损或完全缺失，或无法还原的前提下，才不得已而进行的重装修复。《中国书画文物修复导则》的四条修复原则分别是：最小干预原则、最大信息保留原则、安全性原则、可再生性原则，其中最小干预原则与安全性原则与中国传统书画修复理念不谋而合，是对传统书画修复理念的继承与发展，可再生性原则与最大信息保留原则具备更加先进的理念，与现代西方文物保护与修复原则中的真实性修复原则和再生性保护理念趋于一致。

二、西方文物保护与修复理论体系

在西方，文物保护与修复的概念不是一开始就清晰明了的，最初的保护、修复、再利用以及改变原貌等行为的界限是混淆与模糊的，保护理念、修复技术、材料研究等方面的进程也并不一帆风顺，保护理念之间的争议持续不断，新材料、新技术使用等方面也走了不少弯路。

1 纸质文物保护国家文物局重点科研基地、南京博物院编：《中国书画文物修复导则》，译林出版社，2017年，第16页。

1. 古代西方文物保护与修复

西方古代社会与中国古代社会对于文物保护的意愿是一致的，都希望文物能长久保存。大约在公元前 1200 年，古埃及就出现类似文物修复的行为。从文献记载中能看到，公元前 500 年左右，巴比伦王朝修复了一些雕像和神殿建筑；在古代希腊，文物保护以初级维护行为为主，大多使用坚固材料（如石质）替换文物的木质材料部分，以对抗病害风险，使文物坚固，延长文物寿命，比如奥林匹亚的赫拉神庙。在古代西方文物修复中，替换材质是经常使用的方法。直到公元前 2 世纪，希腊人修复雕塑时，仍然会直接替换更早期的木质结构部分，这种修复方法随着时间的推移，被慎重使用。古罗马时期依然延续古希腊对文物的维护决策，保存文物原貌的意识并不浓厚，局部的替换与重建、重新利用还是当时的主要修复行为。

公元 5 世纪至 15 世纪的中世纪时期，宗教成为艺术的中心，许多遗迹被重新定义，比如竞技场被当作太阳神的神庙。而且，遗址上的建筑材料被挖去改造城堡，导致文物遗迹的损失，这些行为在后来被法令及时禁止。这个时期为了迎合当下的审美、宗教及政治需求，修复会干预文物艺术品的面貌，对重要文物过多修复与清洗，导致文物越来越多的细节缺失，以致文物原貌尽失，无法复原。此外，14 世纪，有许多艺术家会参与修复活动，他们的修复行为必然会受当时社会审美以及个人画风的影响，以至改变原作的面貌。另外，个人及团体利益的驱使，也促使当时的修复篡改文物形象，导致文物面貌失真。总之，中世纪时期的文物保护与修复，并未遵循文物的真实性理念。

从 14 世纪晚期到 16 世纪的文艺复兴时期，人们重新点燃了对古典艺术的热情，这种对古典艺术的追求，促成了文物修复理论雏形的诞生。这个时期，文物修复人员会对考古发掘出来的残损雕塑进行初级修复，会使用不同材料填补雕塑的破损裂缝处，甚至会模仿雕塑整体风格，主观臆造缺损部位，致使其失去原本真实的面貌，这些不当的修复在后期多被修复师恢复原貌。16 世纪早期，为了保存壁画，对于墙体损毁严重或是即将拆除的建筑上的壁画，修复师已采用墙体与壁画分离的形式，将整个绘画层连同支撑层全部揭取。最早采用墙画分离形式保护壁画是在罗马帝国时期，当时的人们将希腊壁画从墙体中揭取下来，带回罗马。这种揭取方法是在灰泥层表面进行切割，使绘画层与墙体分离，再将揭取下来的完整壁画固定在木板上，并在四周加上新的边框，以起到保护和装饰的作用。壁画被揭取下来之后，会储藏在新的空间，但新的空间环境不再具备壁画原始环境的功用及意境。这种揭取、分离壁画与原始墙体的保护方法是壁画修复的初级阶段，近当代很少再使用，即使不得已要做这种分离保护行为，也要尽可能还原壁画存在的原始环境。

从 16 世纪开始，欧洲各国艺术品收藏家的队伍逐渐壮大，他们对古代艺术品的喜好激发其对艺术作品修复的热情。修复师们为收藏家修复作品时，多极力效仿艺术作品原有的风格，追求完美地接近艺术作品原貌，同时也会迎合收藏家的品味，添加当时的艺术审美趣味，还时常会填补原作中缺失的部分，以追求艺术品的完整性。如米开朗琪罗曾批评复原修复拉奥孔已缺失的右臂："班迪内利（Bandinelli）跟在别人之后而不是前面，一个人不知道自己如何做好别人的东西，也不能让作品更完美。"[1] 米开朗琪罗认为不确定的形象不该随意添加。出于各种原因，这一时期的艺术品修复常常导致原作被篡改，尽管如此，此一阶段的修复行为仍然使众多西方古代绘画、雕塑以及遗迹得以保存至今。另外，这一时期，文献著述开始关注修复领域，有些文献极其珍贵地记录了文物破损的状态及过程，以及修复的措施和步骤，这些都为后世留下可供研究与再次修复的依据。乔尔乔·瓦萨里在《大艺术家传》中提出，文物破损极其严重，或修复师技术拙劣时，不如不修复，以保存文物的原真性与尊严，这正契合了我国"不遇良工，宁存旧物"的修复理念。

2. 近现代西方文物保护与修复理论

如果说 16 世纪的文物修复理念注重恢复文物的完整性，那么在 17 世纪，修复行为则比较自由，甚至等同为一种艺术创作。而进入 18 世纪，修复成为不同于艺术家创作的行为，修复师不再由艺术家兼职。意大利人爱德华兹提出了预防性保护的概念，并提出建立公立修复学校的设想。爱德华兹希望通过修复学校的成立，避免未经培训的修复人员对文物造成损害，同时亦将

1 兰德省、夏寅、周铁：《陶质彩绘文物保护修复技术 22 讲》，文物出版社， 2019 年，第 6 页。

艺术家与修复师区别开来。他强调修复师的工作不能由画家来代替，画家更偏向艺术创作，而修复师必须遵循科学规范的修复伦理。爱德华兹撰写了一部《修复手册》以规范修复行为，手册中要求采用无腐蚀性的修补材料，要求修复范围不能超出破损区域之外，这些规范在今天已经成为普遍公认的保护常识。18 世纪，文物修复在欧洲国家已经成为一门科学，化学开始介入修复领域，并开始建立实验室。

进入 19 世纪，文物修复理论发生重大变化。法国的杜克与英国的拉斯金被认为是最早的保护修复理论家，他们代表了两个相反的方向。杜克是“按风格重建型修复”的代表人物，在修复实践中主张恢复对象最初建造时的原貌，去除建筑中的历史痕迹与添加物，杜克在其著作《建筑词典》中指出“修复这个词本身及其所指都是现代的。修复建筑指的既不是去维护建筑、也不是去维修或重建它，而是重现其完好的状态，即便这种状态在历史上从未存在过”[1]。他认为在修复的过程中可以添加物件以恢复建筑风格。而拉斯金则是“严格尊重现状的保护型修复”的代表，坚持保护文物当下所呈现的历史痕迹的美学状态，崇尚保留废墟与时间的痕迹。他认为历史痕迹是文物最有价值的特征之一，消除文物的历史痕迹，即消除了文物的真实性，是对文物的破坏，这一观点与修复理论中的最小干预原则相契合。杜克与拉斯金的观点似乎难以调和，后世文物修复师们也在努力寻求可调和的办法，做到既追求文物的原真属性，又保留历史痕迹。19 世纪末，意大利的修复界受英、法两国修复理念的影响，出现多种至关重要的修复流派。博伊托是 19 世纪下半叶意大利“文献性修复”流派最重要代表人物之一，他提出保留修复对象的历史痕迹，提出文物本体与修补处的可识别原则，而其还原文物初始原真性的文献性修复观点，是希望在杜克与拉斯金两种对立观点中寻找平衡。

20 世纪前半叶，博伊托的继承者乔瓦诺尼提出以尊重文物重要历史特征为前提，对文物历史价值、文献价值等进行理性评估，指出理性分析和科学评估的重要性。乔瓦诺尼强调要保护古建筑蕴含的所有信息，包括古建筑所处的环境和历史，以及对其所作的一切添加与改动。乔瓦诺尼的文物保护观

---

1 ［西］萨尔瓦多·穆尼奥斯·比尼亚斯著，张鹏等译：《当代保护理论》，同济大学出版社，2012 年，第 4 页。

点对 1931 年起草的《雅典宪章》起到了至关重要的作用。《雅典宪章》的颁布使文物保护修复有章可循，但是不同状态、不同类型、不同观点的文物修复，很难在一个统一的宪章或规范中按标准执行。因此，如何权衡文物的历史价值、艺术价值，如何界定能做和不能做，如何把握删除与添加，进而综合分析与评估各方信息，制定科学的文物修复方案，成为关键。1938 年，意大利的阿尔甘提出建立中央修复研究所，并将其作为政府主管的修复学院，制定教学大纲，引领全国各类培训单位，教学内容包括物理、化学、生物等，研究所内还设有实验室并对外开放。阿尔甘将修复分为保护性修复和艺术性修复两类，保护性修复重在对文物采取预防性保护措施，加固文物的支撑载体。艺术性修复旨在恢复文物的艺术价值，它要求精准还原，比保护性修复要求更高。

1963 年，布兰迪出版《修复理论》一书，该书被翻译成英文、法文、日文、中文等多种文字，成为近现代保护理论的圭臬。布兰迪是意大利文物修复领域的代表人物之一，主导建立了意大利中央修复研究院并出任院长，其修复理论影响了《威尼斯宪章》的制定。布兰迪《修复理论》的核心内容有：修复的概念、艺术作品的材料、艺术作品的潜在一体性、与艺术作品及修复有关的时间问题、根据史实要求进行的修复、根据美学要求进行的修复、艺术作品的空间性、预防性修复等，附文中还有论造假、古迹的修复原则、古画的修复等有针对性的内容。《修复理论》强调保护文物的艺术价值，文物修复之前要对其进行艺术价值评估，要充分了解文物的艺术特征，并在此基础上提出文物形象与文物载体材料的区别原则，在史实与美学两方面重建艺术作品的“潜在一体性”，在文物修复中获取历史与审美的平衡，并将修复纳入文物全程保护体系中，提出预防性保护的概念。布兰迪的保护理论以美学完整性为核心，认为保证艺术品的美学完整性是文物保护的基石，应尽量保存和恢复，同时要保留艺术品的历史痕迹。布兰迪、巴尔迪尼等唯美主义保护理论家强调应让原初残留物上的补修物易于识别，这样可以在恢复对象美学完整性的同时避免“伪造历史”。布兰迪指出：艺术品的载体材料是修复干预的唯一对象，作为艺术品载体的材料可一分为二定义为结构与外观两方面。当材料直接有助于形象的具象性，即作为外观，而不是作为结构时，这种材料是不可替换的，如纸质文物的纸载体。在处理诸如支撑结构的载体部分时，虽然有适度的自由空间，但也要与史实要求相协调，避免过度干预。艺术品中独特的潜在一体性要求在修复时不能将其视为是由不同部分组成的，而要始终保证艺术品的艺术一体性与历史痕迹。

1964 年颁布的《威尼斯宪章》是保护文物建筑及历史地段的国际原则，全称《保护文物建筑及历史地段的国际宪章》。相比《雅典宪章》，《威尼斯宪章》的法则更具普适意义，是世界范围内文物保护的里程碑。《威尼斯宪章》明确了历史文物建筑不仅包括建筑物，还包括该环境下生长的城市或乡村文明，指出必须利用科学技术保护与修复文物建筑。文物修复是一种高度专业的技术性行为，必须尊重确凿的历史文献资料，不能有丝毫臆测。《威尼斯宪章》的意义不仅在于确立了多学科共同参与的模式，还在于它所产生的深远影响。《威尼斯宪章》规定古迹不能与其产生的环境分离，保护与修复中不允许有任何添加，缺失部分的修补必须与整体保持和谐，但同时又必须区别于原作，并以尊重原始材料和确凿文献为依据。古迹修复的目的旨在保存和展示其美学与历史价值，因此，修复前后都必须对建筑物进行深入的调查与研究。此外，当一座建筑遗迹中含有不同时期的建筑物时，揭示里层不能破坏外层建筑，对于叠层建筑的保护，直到今天仍然有争议。

西方的文物保护与修复理论经历了杜克的风格式修复、拉斯金的保守风格式修复、博伊托的文献性修复、乔瓦诺尼的科学式修复、布兰迪的唯美主义修复等，这些经典的保护与修复理论都强调追求文物的真实性、完整性，而完整性包括物质层面、美学层面、历史层面三方面。西方文物保护与修复从最初完全取决于修复师本人的技巧和审美意识到多方面综合评估，从杜克追求还原文物的原貌，到拉斯金反对无用的修复、尊重现状，再到布兰迪尊重艺术品的潜在一体性的同时，保留文物的历史痕迹等。修复理论的演变、更新启示着当代文物保护工作者对真实性、完整性的慎重判定。

20 世纪前半叶，与布兰迪等强调艺术价值的唯美主义保护理论并行出现一种新科学保护理论（新科学保护是为区别于乔瓦诺尼提出的科学式保护），强调现代科技在保护中的作用。文物保护工作除了修复师、艺术家参与之外，科学家、工程师亦成为其中的一员。新科学保护强调文物保护过程的各个阶段都要遵从科学技术的修复态度，主张保护不再仅仅只对文物表面进行维护，还包括对文物本质的科学性研究，这种科学研究式的保护理念风靡近现代文物保护领域。从这一时期开始，许多科学实验室在世界各地相关博物馆和保护中心建立起来，如意大利中央修复学院、法国卢浮宫、英国伦敦国家美术馆等，这些实验室制定的保护方案常常被认定是解决修复问题的最佳方案。新科学保护理论强调文物保护工作应尽量保存文物的原真性（这里所指的原真性主要指文物物质属性上的真实性），而文物的真实属性必须通过自然科学、材料科学等手段来检测与核准，筛选计算出客观数据，以此准确判断文物的保存状况，以避免修复师依据主观经验判断。不可否认，科学技术的介入，有助于客观评估文物的状况。通过各项实验检测，能够较全面掌握文物的保存现状，同时有助于了解文物的传藏信息，如通过碳十四测年法可以帮助判断文物的年代。此外，科学技术还能给予修复材料和方法足够的技术支持。与传统的经典保护理论相比，新科学保护理论更具客观性。然而，并没有相关研究证明科学保护应用的有效性。事实上，目前的新科学保护理论很大程度上只是针对保护技术采取的科学手段，而非建立了完整科学的保护理论体系。科学保护研究还存在很大的局限性，科学家面对无穷多样的文物个体差异，显得力不从心，加之科学家与修复师之间缺乏交流，科学家的数据与修复师的经验不能有效对接，科学家的研究成果不能及时在具体的保护与修复实践中有效利用。新科学保护理论在许多实际修复案例中并没有体现出更多的优势。一方面，科学家很少将科学实验成果详细介绍给修复师，修复师亦不能轻松看懂科学家的实验数据；对于经历漫长岁月的文物，对于纷繁庞杂的保护对象，复杂性往往超出了科学所能掌控的范畴，科学家给出的实验结果常常不能对应实际现状。另一方面，科学家擅于探索真理，修复师擅于解决问题，科学实验是在一次次失败中求得成功，而修复师通过经验（实时的适应性策略[1]）与技术解决问题，修复不允许在试错中完成。科学知识与现实世界存在距离，科学研究对于文物保护来说必然存在局限性，我们需要架起一座桥梁联通科学成果与保护实践之间的鸿沟。

1 ［西］萨尔瓦多·穆尼奥斯·比尼亚斯著，张鹏等译：《当代保护理论》，同济大学出版社，2012年，第115页。

20世纪后半叶，文物保护理论有了新的发展，当代保护理论逐渐诞生。在当代保护理论的语境下，文物保护有众多的任务和对象，这使得文物保护工作涉及更多的专业领域，当代保护理论亦不能盲目相信科学的力量可以渗透至文物保护的每个角落。当代保护理论重视修复师的经验与技术，这种口口相传的隐性知识无法付诸语言和文字，不像科学知识那样直观呈现，因而很难被现代科学认可，但有着丰富经验的修复师的微观决策能力对于文物保护来说仍然是至关重要的，我们不能只重视现代科学研究得出的实验数据与宏观决策，而忽视修复师经验与智慧下的微观决策力。“保护科学对于贯穿于保护实践中的‘微观决策’和‘品味决定’都无能为力。但是，保护科学有助于做出一些‘中等尺度’的决策，特别是诸如选择木材加固剂、纸张去酸法的技术类决策。……自然科学在保护中能够起到协助的作用，但无法把整个保护活动转化为某种科学的活动。”[1] 质疑新科学保护理论，并不是否认科学在文物保护领域的作用，如何运用科学，尤其是应用科学技术，这是当代文物保护应该深入探究的问题。

新科学保护理论强调保护文物的客观真实性，这也是其他经典保护理论共同追求的目标，但保护中的修复行为一定会改变当下文物真实存在的状态。然而为了客观物质的真实性，真的历史痕迹却有可能被当作添加物而被移除。当代保护理论强调保护文物的功能与价值，而非保护文物的客观物质真实性。追求文物客观物质的真实性保护被追求文物功能与价值的主观性保护所替代。每件文物都具备独特的价值与意义，保护其价值与意义，比保护其客观的物质原真性更有意义，当文物的价值与意义的重要性得到认可，意义就替代真实成为文物保护的首要准则。而定义文物的意义与功能非常复杂，文物的使用者、文物的所有者、文物的影响者等，都对文物的功能与价值产生影响。功能不仅包括艺术功能和历史功能，还有文化功能、经济功能、政治功能等。以功能为主导的保护决策应基于文物对不同人群所具意义的分析，并获得各方意见的平衡。各方的意见应来自历史学家、社会学家、科学家、艺术家、考古学家、修复师、管理者及资深专业人士，还有与之相关的人群。当代保护

1 ［西］萨尔瓦多·穆尼奥斯·比尼亚斯著，张鹏等译:《当代保护理论》，同济大学出版社，2012年，第128页。

理论强调保护决策方案不是来自实验室，而是基于文物对不同人群所需要的价值的多方论证，是在讨论、妥协、平衡与共识中，通过各方的交流与谈判形成的决策方案。当代保护理论以适应主体功能性需求为理念核心，形成其看似灵活性的保护原则，但是不能因此而滥用伦理因素。当代保护理论无意对保护原则做颠覆性改变，只是提出将保护文物物质真实性的焦点转移至如何满足文物的使用者身上。当代保护伦理要求保护决策要考虑文物对不同人群所具有的多种意义，做出的决策不能仅凭一种意义，而要将多项意义整合起来，尽可能多地满足使用者的需求。当代保护理论指出，保护决策不像新科学保护理论或经典保护理论所设想的那样简单，不是制定几条原则就能对所有复杂的文物实施保护。当代保护理论强调适应性，要求适应使用者的需求，并指出这些需求较之科学准则更具实用性。所以，不管是哪一种保护理论，只有在保护与修复之后，得到大多数受众的认可，才是合适的保护理论。

西方的文物保护与修复理论影响了我国当代文物保护与修复理论。当下，我国通过积极与西方文物保护行业开展交流，吸纳应用保护科学领域的技术力量，对我国文物保护的理念、决策、技术、方法、材料等进行反思，逐渐形成科学家与修复师通力合作、共同进步的当代文物保护与修复发展模式。

三、中国纸质文物保护与修复体系的建立

现代文物保护与修复已经发展成为一门综合性的交叉学科，需要多学科多领域支撑其体系建设。由于各国纸质文物的文化背景与发展状况不同，因此在保护措施、保护设备和技术需求等方面有所不同，如何建立适用于我国的纸质文物保护与修复体系十分重要。在这个过程中，既要正确吸纳西方纸质文物保护理念、设备与技术，还要继承好本土传统装潢与修复技艺，同时研究新的保护技术，发展新的保护理念，提供良好的发展空间，确保能不断地推广正确的纸质文物保护理念与措施。

目前在国家级和省级博物馆、图书馆等文献公藏单位，都设置有修复部门，专职负责纸质文物的日常保护和修复，除对破损严重的古籍文献进行及

时修复之外，还要从事保护与修复的研发工作，以促成纸质文物保护与修复事业的良性循环。这种良性循环，正是完整的文物保护与修复体系建立的前提。目前来看，只有国家图书馆、故宫博物院、省级文博单位、省级图书馆档案馆、各大重点院校图书馆等少数机构有较强的科研能力，能提供较多的研发成果，规模较小的图书文献单位，能有专门的修复室和修复人员已经算是不错，想要做到预防性保护研发，各种条件还不具备。另外，在私人收藏纸质文物这一块，因为没有可咨询的专门机构，在遇到灾害时，常常无法得到及时帮助，而造成不可逆的破坏。而许多地方小型公藏单位也会遇到同样的问题，比如因为洪水、火灾、潮湿霉变等突发事件而没能及时抢救，最后只有放弃。因此，建立一个完善的纸质文物保护体系，自上而下提供一个有序的纸质文物保护制度，并开设专职提供文物保护咨询的机构，才能最大程度地避免纸质文物损毁。

纸质文物保护与修复体系构建涉及很多方面，包括各类保护与修复方式、维护原则、组织体系、专业团队、管理制度、人才培养、科学研究等。纸质文物保护与修复必须依赖正确的维护措施，整合构建一套完整的保护体系，推广至全国各地古籍收藏单位及个人藏家，并协助处理与维护各项事务。完整的纸质文物保护体系的推行，必须发挥创新性思维模式，引入外包服务机制，同时协助全国公藏、私藏单位及个人，共同建立正确的纸质文物保护理念，使纸质文物保护与修复工作普及至全国各个角落，这是建立符合我国现代纸质文物保护与修复体系的最终目的。具体构建保护体系的基础条件包括：提供适合的维护空间和环境、提升维护人员的待遇及职称、加强专业维护人员的培训、推广纸质文物维护常识等。在此过程中，既不能盲目全盘西化，亦不能固步自封，而后结合国外已经成熟并被广泛使用的设备、技术和管理模式，同时继承我国经历千年传承下来的优秀传统修复技艺。在引进先进保护技术与理念时，要有所选择及变通，做出系统、正确的评估。另外，要选择符合我国纸质文物特质的技术，比如在引进除酸设备这个问题上，美国早在20世纪中期便已开始研发图书脱酸法，时至今日，纸张除酸技术已经相当成熟，但已劣化的酸性纸张如何恢复强度仍是一个难题，虽然各国都在积极研发多种处理方式，但效果不尽如人意。我国纸质文献字迹墨色材料丰富，与国外印刷油墨不尽相同，如果完全照搬引进国外脱酸技术，可能会造成文物受损。所以在引进国外技术和理念时，一定要考虑文物的差异性，在应对各种病虫害、紧急灾害、安全管理等方问题时要考虑各地馆藏单位的本土环境、使用情况、文物类别、使用对象等，针对本馆量身定制符合自己的保护与修复体系。同时，对于积累多年，精炼传承下来的优秀的传统保护技术和理念，必须加以传承与创新，提炼与研发，系统整合，进而使其规范化、体系化。在整合时，不能在未经验证时拼凑数据，制定无操作性的标准与制度，使得执行单位陷入模棱两可、无法依据标准执行的境地。

要构建科学与先进的纸质文物保护与修复体系，必须做到理念与技术并进，以适应日新月异的现代文物保护发展需求。在技术上必须不断推陈出新，对于先进技术要敏感，比如对于纸材料的研究，要掌握纸张各种性能，包括含水率、耐折度、耐光度等，以及在怎样的环境最适合纸张的保存等；研究在修复技术上如何突破传统修复工艺，将新材料、新技术应用到修复实践中。纸质文物保护与修复新技术主要包括：纸质文物常规保存技术提升，主要有防虫、防霉、防光、消毒、灭菌等新技术；纸质文物脱酸新技术及新设备；纸质文物的各项加固技术，如纸载体加固、字迹加固、装裱加固、装帧加固等；纸质文物载体修复技术，包括修复用材料、设备等；纸质文物保存环境技术提升；纸质文物再生性保护技术的提升等。另外，保护理念的更新和保护技术的更新都要与时俱进，这些都需要良性的研发环境，健全的纸质文物保护与修复体系，还要有系统的保护与修复制度和措施，以及正向与规范的科技研发团队和研发政策。

完整的文物保护与修复体系对文物的保护空间和自然环境有专门的要求。纸质文物的保藏空间和展陈、使用环境，除基本的各项安全要求之外，还要考虑各项便利性，如运输流通的便利、灾害防治的便利、展陈阅览的便利。当然，能够最大限度减缓纸质文物的自然劣化速度，将文物损坏的可能性降到最低点，是在保藏空间环境建设时要重点考虑的因素。在建设适合的保护空间和环境时，还要考虑不同地域、不同文献、不同收藏单位的具体条件与特点，在规划和设计保藏空间时，要依据自身的地域环境、地理条件、实际能力等，做出符合自身条件的文物保护空间，使人员分配、文物藏品、场馆内外空间达到最高的安全性、便利性。纸质文物保护是一个动态的过程，要随时掌握载体变质、变色、老化、氧化、降解、酸化、霉变等的反应情况；要掌握字迹的颜料、染料或墨水成分和结构的褪色、变色状况；要掌握装订材料对载体和字迹的影响，关注装订材料有可能引发的载体酸化、老化，或加速字迹褪色、变色等方面的影响；要随时掌握光对纸质文物的影响，尤其是紫外线对纸质载体、墨迹及装潢材料等的影响。

纸质文物保护与修复体系的构建，离不开对保护人员的培养、保护人员的待遇提升，以及保护人员的职称晋升等方面的制度建设。保护与修复行业的科技研发能力，与人才的培养密切相关，提升文物保护工作者的待遇及职称，从而使文物保护事业进入良性循环。目前国内纸质文物的修复工作分内做与外包，此外还有以外包形式将修复单位的专职修复人员临时聘请到馆内进行修复的形式。公藏单位的专职修复师人数往往不多，因此将许多修复工作外包给专门的文物修复单位，修复单位可将文物带出馆外修复，也可将修复人员送到馆内修复。目前国内无论是外包出去，还是聘请临时人员到馆内修复，从事修复工作的修复师待遇都是相对较低的，且往往不受重视，还缺少晋升渠道，尤其是临时聘用的修复师。在这种环境下，很难留得住修复师长期一心一意工作在修复岗位上，更别说提升专业技能，提高科研能力。相比欧美一些国家和地方在文物保护与修复事业中投入的人力和物力，我们还是有差距的。对于专业人员的培训，不仅要有行业内的短期培训，还要有高校学历制培养。人才培养的第一要义是专业的敬业精神，其次才是专业技能与科研能力的培养。对于文物保护与修复这门交叉学科，所要学习的内容庞杂，既要掌握艺术经验、传藏信息、保藏技术等全方位的方法论和理论知识，还要能在保护与修复的实践中全流程独立完成每一个环节，所以，系统的专、本、硕、博学历教育非常重要。人才的培养，除通过学校正规教育，还有自身系统的终身培养，单位内定期培训、定期出馆外派学习、到上一级单位定期实习、交换专家学习、行业内拜师学习等。另外，培养环节重要，选拔亦不能忽视。现在大多数博物馆、图书馆等事业单位都采用公开招聘，看起来是层层把关、严格筛选，但有时候也会把一些有实践经验、敬业精神的真正有能力的人才拒之门外。

科学的纸质文物保护体系中，日常的养护与管理十分重要。养护的工作主要是预防性保护措施。好的预防措施，能减少修复的负担，将破损抑制在文物损坏之前。在纸质文物的日常维护方面，要掌握基本的维护常识，具备基本的紧急灾害应变处置能力，不因为误判而造成损失。推广养护知识不仅面向纸质文物保管人员，还包括使用者，如参观人员、借阅人员，以及所有直接接触和间接接触文物的相关人员，实现预防胜于修复的目标。图书的养护，不仅要在公藏单位推行，渗透到私藏单位，还要渗透到寻常百姓家中，使全民养成护书的观念。纸质文物的养护还可以通过各馆藏单位制定相应制度，制订相应预算，编制相关人员，在展陈、流通、储存、外借等各项业务中规范操作程序。通过纸质文物养护体系的完整构建，使预防性保护成为保护工作的重心，使抢救性保护逐步退居其次。

保护与修复体系的建立还包括科学严谨的标准规范和管理制度。标准规范有：文物保存环境的各项标准，其中包含有害气体指标、生物卫生指标、光照强度指标、温湿度指标等；文献纸张载体标准、颜料字迹墨色及各种装订材料、包装材料标准；保护与修复方案标准、修复档案标准；修复资质认证标准等。管理制度包括：修复技术、工作环境、科研交流等方面的管理制度。修复技术的管理包括修复方案、修复步骤、修复设备、修复材料、修复后验收、修复后保存等方面的管理。工作环境管理包括环境安全管理、馆内空间布局管理、展陈环境管理、保存空间质量提升管理等。环境安全管理不仅包括修复环境的安全管理，还包括环境内的修复人员安全管理、修复文物的安全管理、修复过程的安全管理。文物的安全管理要建立在环境、文物、人员三者共同安全的基础上，设计规划防水、防火、防盗、防病虫害、防污染等措施，任何有损环境、人员、文物的保护管理措施都是不科学的。建构一个完整的保护与修复体系，科研与交流也是必不可少的。国内各单位之间的交流包括科研机构与一线单位之间、馆与馆之间、行业与高校之间，加之国际间的交流，都能促进保护与修复体系不断有新技术、新政策、新理念的诞生。

良性、正态、活跃的文物保护科研交流环境需要成熟的文物保护理论体系来保证。

第三章

纸质文物保护与修复的类型

文物保护与修复类型可从多个角度分类，从修复的紧迫性可分为抢救性修复、保护性修复和预防性修复；从功能使用角度可分为考古修复、展览修复、商业修复等；从文物保护与修复侧重点不同可分为依据史实要求修复、依据美学要求修复、创造性修复等。文物保护与修复方案的决策是基于谈判、平衡、妥协和共识而达成的。选择哪一种类型的修复方案是由各方专家组成的团队经由多方面的调研与论证，再经讨论与协商确定的，协商的目的是让文物的最大价值得到保护与呈现，让各方面使用者的权益得到保护，使用者中还包括未来的受众群体。

一、依据史实要求修复

依据史实要求的修复接近考古修复、史证修复，强调对象的历史性和文物性功能价值。依据史实要求修复，不仅要保护文物的原始物，还必须保护文物后期的添加物，必须无条件尊重文物经历漫长岁月所遭受的各种历史痕迹，以及各种后世对其施加的艺术性整合。从史实观点说，文物上所有的添加都是人类活动的证据，因此也是历史的一部分，必须保存，且当文物同时具有史实性和美学性，保护和修复应两者兼顾。从史实角度说，只有为保护加固而为的添加才是合乎规范的，而清除文物上的添加物属于特殊情况，必须有据可依，即便必须清除添加物，也要留下清除行为的记录。还有一类添加，不是人为的痕迹，而是岁月沉淀下来的，比如包浆或古锈，这些也是我们保护的范围，是史实要求的修复。如果文物上的痕迹因为清洗刮除或重新刷色，被迫焕然一新，文物在时光流转中所特有的古旧韵味和朦胧气质被清除，呈现崭新气质而与其原本的古老性产生违和感，那不如重建一个仿制品。重建是重新仿制一个和文物看上去一模一样的再造物，比如对古书画的仿制叫临摹复制。重建或复制有文物再造的价值，但文物本身的历史真实性价值复制品无法替代。对于史实要求的修复绝对不允许将最近对文物的干预行为伪造成历史，也不允许通过重建而吞噬原本的文物的真实属性。因此，对重视史实修复的文物来说，如果遇到以重建为目的的添加，是极其糟糕的，还不如在老的文物上构建新的一体性，因为这种新的艺术一体性也是一种历史进程，而不是伪造或重建。我国传统书画修复，每隔一段时间会对古书画进行一次修复与重装，目的是保护与传承，重装被视为添加行为，旧画与新裱界线分明，新裱亦会遵从旧画的艺术一体性，同时添加了当下藏品人对艺术品的审美追求。这种流传有序、严谨规范的重装，使得许多千年古画在今天还熠熠生辉。相反，在古建的修复历程中，我们更多看到的是彻头彻尾的重建，原建筑载体被完全拆除，重建出全新的假文物。重建不如新建，古旧遗址保留，这样后人还能看到历史真迹，不论遗留下多少遗迹，总不至于使后人看不清历史。杭州雷峰塔的修复重建是较好的案例，雷峰塔的建筑材料主要是砖头和木材，由于战乱及岁月的侵蚀，历史上经历两次大的倒塌，至重建前仅剩断壁残垣。2000 年，国家对倒掉的雷峰塔遗址进行保护性考古发掘后，对遗址实施各项保护措施，并在遗迹外围重建雷峰塔，这样既保护了遗迹，又满足了人们重建雷峰塔的愿望。重建后的雷峰塔，既是旅游观光景点，又是历史遗迹博物馆，吸引着众多游客，它不仅满足了人们对古建复原的需求，更是历史和文化遗产的见证。雷峰塔的重建，让后人重新领略千年古塔的魅力，感受中华文明历史的沉淀和文化艺术的传承。

如果我们对残缺的文物仅仅通过保护和加固其载体材料，体现对史实史证的尊重，这也算是最少干预的修复理念的体现。但是依据史实要求的修复并不局限于最低限度的干预。依据史实要求的修复行为可以有许多，前提是不作伪，譬如对古籍书页的修补和适度的添加封面以加固古籍，都是积极地恢复古籍原貌的史实修复。清代著名的古籍收藏大家黄丕烈在请修复师修复古籍时，要求尽量还原古籍原貌，对收购来的破烂古籍以整旧如旧的史实修复方法恢复原貌，以此延续古籍生命。他在宋刻本《温国文正司马公文集》

八十卷题跋中言道："嘉庆己未冬十一月既望，装此书成，夫然而快然，大慊于心也。盖余自丁巳八月至今，即付装潢几阅二载余，费且倍于得价。然其书若有待于余之装潢而始完善者，是书之幸，实余之幸也。初书装十四册，破烂特甚，买得后驱蠹鱼至数百计，且缺叶及无字处每册俱有。乃命工补缀，其缺叶皆误重于他叶之腹，其无字者皆浆黏于前后叶之背，始悟当时俗工所为，以致不可卒读。苟非精加装潢，全者缺之，有者无之，不几使此书多憾耶！用著原委，以见古书难得，即装潢亦当煞费苦心也。"[1] 黄丕烈长期聘用修书师傅为其修书，每欲修书，为使古书保持原貌，都会亲自制定修复方案，再请修复师傅完成具体修复步骤。遇到鼠啮虫蛀之处，黄丕烈会尽量寻找同时代旧纸修补破处，对明代改宋代蝴蝶装为线装的古籍，也都尽量改回蝴蝶装原装，被他改装过的蝴蝶装古籍常被称为"黄装"。黄丕烈修复古籍，如同他校勘和翻刻古籍，都要在保存和传播古籍时尽可能地保持古籍原貌。如此看来，早在清乾嘉时期，依据史实、整旧如旧的古籍修复方法，黄丕烈等藏书大家们就已经开始实施了。民国至现代的古籍修复大家张士达先生也极为赞同黄丕烈修旧如旧、保持古籍原貌的修复理念，他认为一本古籍修复是否成功，不能以焕然一新来判定，而要看其是否古风犹存，这是还原史实要求的修复形式。张士达注重在细节上保持古籍原样，比如古籍在长期使用之后，四角一般会被磨圆，修复时，如果书角补成直角就失去了古籍的真实原貌，因此应适度保留圆角，保留古籍经历岁月磨砺的历史痕迹。依据史实要求的修复强调保留文物原始面貌，这个原始面貌不仅包括文物自身的原始特征，还包括时间留在文物上的历史痕迹，被修复得焕然一新的文物，一定是违背了尊重史实要求的修复。国家图书馆对《赵城金藏》与敦煌遗书等进行修复时，都采用依据史实要求的修复方法，遵循整旧如旧原则，保存遗书原貌，避免改装，尽量少加材料。

因此，依据史实要求的修复应当尽量避免改变文物原貌，采用最少手段修复文物，尽可能依照原物特征恢复文物原貌。文物修复时不以作伪为目的，实事求是依据史实复原修复，修复过程可以添加，但不可以添加的名义重建。

1 ［清］黄丕烈著，余鸣鸿、占旭东点校：《黄丕烈藏书题跋集》，上海古籍出版社，2013 年。

重建越是区别于文物，甚至是在原文物之外构建一个新的艺术一体性，反而是可以接受的，因为新的重建物是在原文物基础上新生的创作活动，它可以是原文物所经历的一个历史阶段，也可以是一个独立个体，在文物今后所经历的保护与修复过程中，不应将其拆除，即使新建物不完美，也可将其隔离开来，但不应删除，因其代表了文物的某个历史阶段。

二、依据美学要求修复

依据美学要求的修复主要针对艺术品类文物及有艺术价值的文物。现存的大多数文物都具备艺术价值特征，如建筑中的遗址、原始崖壁上的岩画、残损的民间契约、自然界中遗留的化石等，都或隐或显具备美的特征。只要是在人类活动中遗存有艺术性的痕迹，无论怎样残缺，它都不只是废墟、残纸，都具备历史价值与艺术价值。当历史价值和艺术价值同时具备时，文物的复杂性不可忽视。即便只从美学要求考虑废墟、残纸，也必须慎重对待，模仿复制或伪造再现都只是消极的保护，对于无法复原残缺文物原有潜在艺术一体性的时候，也不能只做废墟处理，可采取积极的保护行动，将废墟保护起来以防止文物继续损坏，展示其当下真实存在的艺术价值和历史价值，同时依据美学要求积极添加创造另一种适应当下社会需求的新的艺术一体性，可以理解为创造性的艺术修复，这与当代保护理论中提到的天才式修复有相通之处。这种修复强调对文物对象艺术性功能的发扬，强调美学要求的优先性。对于残损文物的保护，还包括保护它的附属物及它的周围空间，这是依据美学要求的保护，比如对古画画框或裱件的保护，以及展示古画空间的保护。“保持废墟不动比在一个古迹周围愚蠢地创造出抽象的空间和虚无的氛围更可取。……我们能做的只有反复强调，即便从美学要求考虑，废墟，在概念上，也必须作为废墟对待，有待采取的行动始终应聚焦于保护，而非整合。”[1] 文物在漫长的岁月中，经历无数次的添加与整合，这些添加与整合

1 [意]切萨雷·布兰迪著，陆地编译:《修复理论》，同济大学出版社，2016年，第138页。

已经成为文物的一部分，依据史实要求，这些添加不能随意删减，但是如果从美学要求来考量，或许有些添加对于文物的艺术价值有害而无益，去除添加或保留添加，始终是保护与修复界争论的话题，最终的判断也只能价值利益最大化来判定。

我们在修复艺术作品时，尽可能不要割裂开来考虑恢复艺术作品上的颜色或墨色，而是考虑颜色之间产生的微妙色彩关系，或者说是色调与气韵，甚至要考虑画面上的色调受不同光线影响产生的调性。因此，作为修复师，需要恢复的不是某个原始颜色，而是某种极其复杂的色调关系，这种色调关系还包括岁月变化之后产生的包浆与更趋和谐的古旧调性。古旧调性有时在古画中被称为暗沉之气、暗色、旧气等，在古旧器物中有时被称为古锈，在木器杂项中则被称为包浆，或褒义或贬义，都是岁月赋予文物的印迹，不可简单粗暴地将之去除，还应予以保护。因为文物上的这些古旧气息已经属于文物的一部分，去除之后虽使文物焕然一新，但也必将导致文物失真。另外，文物的旧气息，尤其古画上的旧色使古画色调更加协调、统一，就像酿酒中的醇化效应，这种经历千年的醇化，给古画蒙上一层自然天成的古旧气韵。所以在清洗古画时，老师傅们常会教导，千万不能洗过头或是洗得斑斑驳驳。依据美学要求，古画古物上的旧气古色、古锈包浆作为材料的“弱音器”，能起到和谐画面、和谐意境的作用，如此看来，包浆或古锈是有保护的必要性的。

拆除或隐匿文物原迹，在原址上模仿重建文物，这对于依据史实要求的修复是不允许的，同样，这种重建对于依据美学要求的修复来说亦是不允许的，这不仅是史实造假，也是美学造假。对文物的再复制本身具备许多积极的意义，譬如教育需要、体验需要、保护真迹需要、宣传需要等，而毁真造假的重建使后人无法看到文物真实的原貌。因此，对于文物的重建，只有在不损伤文物本体的前提下，依据美学要求，文物本体和新创造的添加物能形成新的艺术一体性，而且这新的艺术一体性能为文物增添更多的艺术价值或经济价值，这种重建才具有意义。

随着博物馆学、考古学、文物学的出现，博物馆、美术馆等展览场地的展览环境和展陈形式较之过去发生了巨大变化，策展已经成为一门艺术，对于古画、古器物等文物的展陈也像文物保护学一样成为一门学科。西方古代画框与现代画框无论是在材质还是外形上都发生了巨大变化，对于当代画作，普遍的趋势是丢掉所有外框的装置，因此人们也开始丢掉古画的画框，并美其名曰是去掉多余的虚饰，正如中国古代卷轴画样式也正在经历巨变，挂轴越来越多地被镜框替代。然而，画框或卷轴的功能并非只有其表面的装饰与加固作用，而是还起到圈定画作的边际界限作用，以及链接画作与展览空间的纽带作用。另外，画作与画框协作形成的空间关系，还引导画作与悬挂它的墙面空间形成符合视觉审美的物理空间。这种观赏者与画作之间、画作与画框及背景之间、观赏者与展览环境之间多方面的交汇影响着整个画作观赏的过程。对画作的欣赏还是一个动态的过程，中国传统书画中的手卷和册页形式作为一种特殊的书画装裱形式，画作的欣赏是在边卷边展、边开边合的动态情境中完成的，品鉴者可局部近距离细细品味，也可整卷铺开整体欣赏，品鉴者与画作之间通过特殊装裱形式建立某种定格、某种过渡，前后移动，反反复复，形成中国古代文人独有的品画意境。画作与画框（裱件）、画作与背景、画作与建筑空间、画作与观赏者，画作形象的空间性、画框的物理空间延展性、墙面与建筑的空间性，最后是欣赏者的视觉空间，多方面的元素共同参与，才完成画作艺术潜在一体性的呈现。我们无法保证古画在被欣赏过程中始终能呈现同一种艺术一体性，因为其陈设环境一直在变，欣赏的受众也一直在变，哪怕是画作的创作者也无法预估画作所传达的意识形态能否准确传递给每一位欣赏者。因此，我们不能强求画作在每一次呈现时都有相同的空间情景，但至少能为画作制造尽量符合它的展示环境。所以，对于画作原配的画框、裱件等，无论是依据史实要求，还是美学要求的修复，都应该尽量保留。因此，保留还是去除画框，与全部或部分尊重文物上的添加物没有区别，为一幅中国宋代古画配上合适的宣和装，不仅符合美学要求，更符合史实要求。可惜的是，因为现代展览环境的需求，人们看到的是传统画框和裱件的“不合时宜”，却未从博物馆空间的角度去寻找符合古画（带画框、裱件）的展示环境，导致使用单纯去除画框和传统卷轴画裱件的错误解决方案。在各大博物馆还能看到因现代展厅的视觉需求，许多卷轴古画被裁切之后装裱在硬板上并装进镜框和展柜中。有些画作为了方便拍卖和展览，虽未裁切去除卷轴裱件，却将整个带裱件的画作固定装进镜框，这虽不失为一种保护措施，可画作的呈现效果却是大打折扣的。今天，这种错误的去除画框和裱件的行为逐渐减少，中国传统书画修复行业依据古书画破损状态的不同，制定了保留原裱修复、原裱复原修复、重新装裱修复三种修复形式，以应对不同破损状态的古书画修复。对原装裱状态保存良好的古书画，不得拆除原裱；对原装裱有破损但能修复还原的，采用揭裱修复之后，使用原裱件原装复原；对于裱件已缺失，或部分缺失且糟朽无法复原的，采用尊崇原裱样式，依据美学要求的方式重新装裱。原画框与原裱件看上去暮色沉沉或陈旧不堪，但置于古画之上并不会显得暗淡无光，反而为古画增添适配的古老性与真实性，是忠实于史实要求与美学要求的珍贵证明。

依据美学要求的修复在古籍修复中体现在许多方面。譬如金镶玉装衬书法、册页装托书法。衬或托的保护方法，使古籍在需要裁切四边时，可做到只裁切古籍的衬纸和托纸，不裁切到原书页，这样既可装饰和加固书页，还能避免因裁切而对古籍造成损害。依据美学要求对古籍实施的改装是在完整保留书籍载体形态的基础上，不破坏古籍原始特征，并在保护原貌的基础上提升古籍的功能价值和艺术价值。对于破损严重，原装帧已经不能保证古籍寿命的，合理采用衬托法修复，能起到较好的保护作用。如果说保留原裱、复原原裱是依据史实要求修复古书画，那么重新装裱的古书画修复则更多地强调依据美学要求修复。在古籍修复中，衬与托的改装修复亦是较多依据美学要求的修复。衬书页虽然改变了古籍的厚薄形态，改变了书页的厚度，但对提升古籍保存状态有许多益处。对于因酸化、老化、絮化等强度降低的书页，衬纸可起到加固书页强度的作用，同时，还能吸收书页中的酸性物质，减缓老化、酸化对书页的危害，降低书页老化、酸化的速度。用衬纸法修复古籍，衬书页的方法有多种：单页衬、双页衬；镶衬、挖衬；错口衬、接书脑；活衬、死衬（托）等。镶衬中的金镶玉衬法虽能使古籍得到很好的保护，但在古籍修复界常被诟病，多因其改变了古籍的原始装帧形态。清代藏书大家黄丕烈在修补古书时也常使用金镶玉衬纸法，经他改装过的古籍除金镶玉装，还有非常著名的“黄装”。黄丕烈追求古籍之艺术美，并非不尊重古籍的史实价值。他也并不是对其收藏的所有古书都进行改装，而是对书根无字、书品过小、书脑过窄、眉批顶边等特殊状态，或在书籍纸敝墨渝、岌岌可危的状态下才会实施金镶玉衬纸法修复，主要目的是保护古籍，延长古籍寿命。金镶玉衬纸法虽改变了古籍外在形态，但仍然属于以添加的形式修复文物，对古籍内部的文献信息、纸张材质等没有做任何删减、隐匿或伪造，古籍材质与信息均悉其旧。金镶玉衬纸法对于书页糟朽严重、不衬纸不能翻阅的古籍，是利大于弊的。所以，判定一种修复手法对与错，不能人云亦云，而是应依据利益价值最大化的结果来判定。衬纸法虽是以美学要求的修复，但许多时候是修复技术路线的必要行为，比如当书页经过修补，导致整本书无法平整时，可通过衬页来缓解书籍不平整的现象。黄丕烈为保护古籍，还发明了金镶玉式蝴蝶装形制，以满足既能还原宋式蝴蝶装的古籍样式，同时将金镶玉衬纸法融入其中，最大程度地实现了依据史实要求和依据美学要求的修复。

衬纸法除了有活衬，还有死衬。活衬指将衬纸直接夹进书页中，死衬是指将衬纸刷稀浆托于书页背面。相较于死衬，活衬保证了书页仍然柔软，而死衬因经过浆水托心，使得书页纸质不如原始状态柔软，即便浆水再稀。所以，不到万不得已，不做死衬修复。死衬类似于托的修补方法，而对于托这种修补方法，要谨慎为之，只有在书页纸张强度低至不托不能触碰的时候。才为之，且托纸必须是薄而透的皮纸，一方面因其韧性强，一方面因为薄且透，可以最大程度不改变书页厚度以及色度。托裱之法是不得已的选择，目的是延长古籍的寿命，保护古籍的文献史实价值和艺术审美价值。托裱修复手段，一方面是以托的形式加固古籍，另一方面也会在修复古籍的同时，依据美学要求增加古籍的艺术价值。比如在托的基础上添加镶料，将原先蝴蝶装、包背装或线装形式的古籍装裱成精美的册页装。譬如传世珍本南宋双桂堂刻本《梅花喜神谱》经吴湖帆重装后，改为经折装。该谱宋时原装为蝴蝶装，经元、明、清近千年传藏，钤印累累，名家赋诗填词，题跋观款绘图，形成以诗附画、以画配诗、诗画互见、相辅相成的艺术佳作，经折装改装之后，别开生面，熠熠生辉。吴湖帆改装所用镶料为特制白色梅花笺纸，在白色笺和黄色书页之间，还镶接了四条黄色窄边，作为书页向镶料的过渡，经折分上下两册，外做锦缎函套，吴湖帆亲题书签，经此改装，使其珍如拱璧。对艺术品的保护与修复，无论是依据史实要求的修复，还是依据美学要求的修复，所有措施和手段都应该对文物价值有所提升，不管是金镶玉衬纸法还是册页装托裱法，都应具体问题具体分析，依据文物的实际情况，依据修复的实际条件，采取价值最大化的保护措施和修复手段，使文物得到最安全、最真实、最有价值的保存。

依据美学要求的修复旨在保护文物的原始艺术风貌，尊重文物的艺术价值，不过分干预和改变文物的外观特征。在修复之前，要对文物进行详细的分析与研究，了解其时代背景和作者创作风格、创作背景，以便于在修复后体现艺术品的内在气韵。依据美学要求修复，需要修复师尽量保留文物的原材料和原结构，修复选择的修补材料要与文物原材质尽量一致，或者在外观视觉上、触觉上达到一致。此外，还要确保文物在结构与形态上保持修复前与修复后都能完整、准确地呈现艺术一体性。

三、预防性保护

预防性保护是在文物发生破损之前所采用的预防性保护措施。预防性保护的理念虽然常用，但界限与概念还不是很清晰，因为是要阻止未来可能发生的破坏现象，有的预防性保护可能是过度的，有的预防性保护措施在当下就是有效保护行为。比如减少书页与有害物质接触，这是预防未来因有害物质介入而使书页纸载体变质，导致书页强度降低、古籍受到破坏，这种避免书页与有害物质接触在当下也是一种有效的保护措施。几乎所有的保护措施都具有预防性的作用。相较于修复行为，预防性保护行为是一种主动性的文物保护措施，既不会改变文物的可见特征，也不会改变文物的不可见特征。预防性保护行为大多不直接作用于被保护文物本身，而是作用于保护对象所处的环境，如库房、容器、位置、框架、光环境、温湿环境、玻璃护罩、无氧环境、污染物、微生物、昆虫、啮齿动物等。预防性保护措施通过改变文物所处的环境，促成文物本身的状态改变，如改变纸本文物的潮湿环境，能部分恢复纸本文物的强度。因此，预防性保护又称环境性保护，是通过对文物保存环境的有效监控，使环境处于有利于文物保护的状态，从而达到保护文物的目的。保存文物的环境有储存环境，还有运输环境、展览环境以及使用环境等，每一个环境都有各自的特殊性，每一个环节的保护都要保证文物的安全，比如运输环节要预防颠簸震动对文物造成的伤害，展览过程中要预防布展、陈设以及人员密集流动对文物造成损伤，只有关照到全流程每一个环节的环境保护，才能将文物的可能性伤害降到最低。

预防性保护与直接保护最大区别在于保护的时间段不同，直接的保护与修复是在有限的时间内实施保护行为，而预防性保护是在一个持续的时间段发生作用。譬如一件纸本档案，修复师对其进行清洗、除酸、修补、加固等保护措施之后，直接保护与修复行为完成，当它被存放进预防性保护环境中，预防性保护措施理论上将无限时持续下去，这是预防性保护最大也是最有意义的特征。预防性保护概念的首次提出，是 1930 年在意大利罗马召开的关于艺术品保护的国际研讨会上，该会议在国际范围内达成了文物科学保护的共识，对文物保护具有里程碑意义。预防性保护虽不能立竿见影地看到成效，甚至一直看不到成效，因此常被认为不必大量投入经费，大动干戈。其实恰恰相反，从长远规划、主动保护的角度看，预防性保护所要投入的财力、物力、人力、时间等应远超被动性修复。只关注极端紧急和刻不容缓的抢救性修复，常会使我们陷于手忙脚乱、顾此失彼的急诊状态。文物进入抢救性修复阶段，一定是出现了破损，而修复不可能使文物完整无缺地恢复到最初的状态。因此，主动的预防性保护与被动的抢救性修复至少是同等重要的，为了避免文物濒危，避免后期的抢救性修复，前期应该投入更多财力、物力做好预防性保护。“以防为主，防治结合”是我国文物保护的基本原则。

由于需要保护的文物都是独一无二的，要实施的保护措施自然也不一样，因此预防性保护首先要对文物进行调查和检测。调查的内容包括三方面，第一是调查文物作为文物本身的价值，包括艺术价值、历史价值、经济价值，保护其重要价值不受损害，这类调查依赖于对艺术作品价值的判断和史实敏感性的评价。第二是调查文物的载体材料和结构，勘测文物材料特征。文物材料载体如纸质文物的纸载体因为岁月的侵蚀，材质性能上会经历不同程度的改变，这些改变决定了采取预防干预的手段。因此，调查包括载体材料和结构的物理性、化学性能等。第三是调查危害文物的环境和有益于文物的环境。

文物环境调查与建立，依赖前两项的调查，文物预防性保护的主要工作是建立适合文物存放的环境空间，现以纸质文物保存环境建立为例进一步说明。

纸质文物的耐久性与其所处的空间环境有密切的关系，纸质文物存放环境包括空间内的温度、湿度、密闭度、防尘、光线等。制定纸质文物保存环境温湿度标准、光照标准、空气质量标准、空间密闭与通风标准，是预防性保护纸质文物最有效的手段之一。纸质文物种类复杂，载体材料品类众多，对环境的要求各异。同时，纸质文物的珍贵程度和利用价值也不尽相同，纸质文物所属单位各异，单位财力、人力、执行力也各异，加之地域、气候不同，因此，制定和执行纸质文物的保护环境标准远比想象的要复杂得多。纸质文物只有保存在一定的温度和湿度范围内，才能使其载体材料处于良好的物理性能和机械强度范围内。而且，良好的温湿度环境还要求温度、湿度的波动幅度不能过大，波动速度亦不能过快，过快和过大都有可能导致纸张收缩或膨胀，从而产生内应力，使纸张发生变形或纸张强度降低。对于纸质文物保存环境温度、湿度标准，可参考国际和国内博物馆、图书馆、档案馆等相关单位的标准，依据自身库房特征、自身文物特征制定。法国、日本、美国、新加坡、马来西亚等地图书馆、档案馆的温度标准都在 20°C—24°C 之间，相对湿度在 50%—60% 之间，韩国温度要求在 20°C，相对湿度在 45%，荷兰、加拿大、俄罗斯温度要求都偏低，在 14°C 至 18°C 之间。不同国家和地区温度、湿度制定标准不尽相同，即使同一国家，博物馆和档案馆、地方和中央，针对不同的要求，出台的温湿度标准也会有出入。我国《博物馆建筑设计规范》中对保存文物的库房要求设置温度、湿度空气调节设备，冬季温度设置不低于 10°C，夏季不高于 26°C，纸质文物库房相对湿度设在 50%—60% 之间，其他器物、壁画等相对湿度大多设置在 40%—60% 之间。对于没有空气调节设备的库房，相对湿度不能大于 70%。纸质文物在湿度大于 70%、温度高于 26°C 的环境中很容易滋生霉菌。我国《档案馆建筑设计规范》规定了档案库房温度、湿度的标准，昼夜温度波动幅度不得大于 ±2℃，相对湿度不得大于 ±5%，冬季温度不能低于 14℃，夏季温度不能高于 24℃；冬季相对湿度不能低于 45%，夏季不能高于 60%。我国图书馆古籍库房温度标准是 16℃至 22℃，相对湿度标准是 45% 至 60%，和我国档案库房温湿度标准基本一致。

传统的温湿度测量和人工控制方法因受人为因素影响较大，工作人员需全天监测值守，保护工作难度大，随着科技的进步，现代温度、湿度自动监控系统已经覆盖各大博物馆、图书馆、档案馆库房，使得纸质文物存储库房能够实现温度、湿度 24 小时实时监测、记录、分析和自动控制。这套自动监测系统包括自动感应温度、湿度的温度、湿度感应装置，和由空调机、加湿机、除湿机、臭氧发生器、紫外线灯等设备组成的环境控制功能设备，以及具备处理信息、操作功能设备的控制台，三部分设备通过自动运行，依据预设温湿度上下限值控制空调、除湿机、加湿机等设备，以达到库房恒温恒湿的状态要求。实现库房恒温恒湿，还需要保证库房能完全密闭，同时在需要通风时能保证有良好的通风设备和通风环境。库房良好的密闭功能可防止库外不利环境对库内文物的破坏，如遇到意外高温高湿能及时阻隔，使库房处于相对安全的环境中。封闭环境主要通过优质的建筑墙体与门窗来实现，门窗在库房密闭与通风之间起到重要作用，门窗要做到在库房需要密闭时密不透风，在需要通风时可使空气顺畅流通。通风可自然通风，还可机械通风，依据实际需要和现实条件来操作。当库房与外界温差超过 10℃以上，或处在南方梅雨季节时，不宜通风。此外，库房的结构还必须做到防热隔潮，以利于库房内的恒温恒湿。

在中国古代没有先进的恒温恒湿设备时，会通过金匮石室等特殊的建筑手段保护古籍文献，如中国现存最完整、历史最悠久的皇家档案库建筑群——皇史宬，便体现了我国古代恒温恒湿预防性保护古籍文献的技术手段。《大明孝宗敬皇帝实录》中记载大学士丘濬向弘治帝进呈：“自古帝王藏国史于金匮石室之中，盖以金石之为物坚固耐久，非土木比；又能捍挌水火，使不为患。有天下者断石以为室，锢金以为匮，凡国家有秘密之记、精微之言，与凡典章事迹可以贻谋传远者，莫不存贮其中，以防意外之虞。”[1] 皇史宬依照石室旧制，砖石结构，高石台基，拱券式无梁构造，南北墙厚 6.4 米，东西墙厚 3.45 米，建造石质结构库房。皇史宬殿门有 5 洞，均为两重。石墙上有对开窗，既能通风防潮，也有良好的密闭性能。库内使用金匮装具存放文献档案，

1 ［明］張懋、李东阳：《大明孝宗敬皇帝实录》，天一阁抄本。

金匮内为楠木和樟木材质，外包鎏金铜皮，既能防虫蛀，也能防霉。皇史宬室内温度常年恒定在17.5℃左右，是不需要调节的密闭性能良好的优质库房。

预防性保护纸质文物除保持标准温度、湿度，做到密闭与通风等要求之外，还要做好防光、防空气污染的保护措施。光会对纸质文物造成一定的损害，因此必须采取预防性保护措施减少光源。相较于人工光，自然光对纸质文物的损伤更大。自然光中，晴天垂直的自然光对文物损害最大，其次是多云天垂直的自然光和漫射的自然光。人工光中，损伤纸质文物最大的是冷色荧光，其次是白色荧光、日光灯，损伤最小的是白炽灯光。纸质文物库房应当依据文物的防光需求，尽量减少文物光照的时间，必须使用时，应尽量选择防紫外线的冷光源，且避免长时间强光照射，在保证能清楚阅读的前提下，尽量使用低功率的人工照明设备，必要时可采用限光及滤光措施。纸质文物库房建设时应考虑防光措施，比如注意库房窗户的朝向，避免直射自然光照入，避免东、西方向开窗，窗户不宜过多过大。对纸质文物的预防性保护，要求纸质文物在除使用、整理、修复之外，应全程处于避光保存状态，库房内在不需要照明时，应处于无光状态，文物应入袋、入盒、入箱、入柜保存，所有装具都应具备防光功能，以减少光对文物的破坏。为尽量减少文献光照时间，书库照明应分区设置节能型自动开关。库房内除做好普通防光措施之外，还要做好防紫外线的工作，因为紫外线会严重损伤纸质文物的纸载体和颜色墨迹。要滤除自然光中的紫外线，可通过安装防紫外线功能的玻璃窗；要滤除人工光中紫外线，可在照明日光灯上涂膜或紫外吸收剂。

预防空气污染，首先要做好空气污染物的监测，实时监测有害气体及灰尘的浓度，判断有害气体与灰尘的含量是否达到空气污染的标准。在库房选址时，应选择空气质量较好的环境建设库房，避免选在厂矿企业区域、居民生活区域、交通枢纽、交通主干道等空气污染较严重的地方，以及污染严重地方的下风地带。库房应建设在空气流通较好、绿色植被丰富、空气质量较好的地方。同时，对库房空气要做到定期净化与过滤，避免在不当时期进行通风，还要加强库房环境的密闭性，防止库房内部空间起尘，提高除尘及吸收有害气体的处置能力，并在库房入口安装风浴设备。此外，还应在库房内建立空气净化系统，制定卫生管理制度，定期清扫库房，采用空气过滤器除尘。

加强文物入库前的除尘去霉工作，建立员工入库前必须更换工作服与鞋的规章制度，防止污染物进入库房。

预防性保护纸质文物的措施还包括预防有害生物的破坏，有害生物包括微生物和害虫。纸质文物保存的库房环境如果阴暗潮湿，空气不流通且污染物、灰尘多，容易滋生各种微生物和害虫，微生物与害虫在纸质文物上生长繁殖，啃咬纸张，同时产生有害代谢物附着于纸张，破坏纸张分子结构，降低纸张物理性能，造成纸张出现霉斑、粘连、酸化、老化、脆化等现象，降低纸质文物寿命。对纸质文物造成的微生物霉菌主要有黑曲霉、黄曲霉、黑根霉、青霉、毛霉、木霉等，在高温高湿环境下特别容易滋生，只要保证纸质文物库房的温度、湿度控制在标准范围内，能从源头上控制住霉菌的滋生，就能最有效地预防性保护文物。空气是微生物传播的媒介，清洁的空气能大大抑制霉菌的滋生，因此保证库房空气清洁能阻断微生物借助灰尘传播链条，对出库入库的文物做好隔离消杀，是抑制霉菌在库房蔓延的最佳手段之一。除物理防霉手段之外，还可采用药物防霉技术。药物防霉要使用副作用小、安全性强、使用浓度低、不对人和物造成影响、不污染环境的防霉剂，防霉剂不能影响纸张的强度、白度等物理、化学性能，也不能造成纸质文物上的字迹、颜色出现褪色迹象。目前，各文保单位库房使用的防霉剂都是固体药剂，挥发性能较好。相较于药物防霉，还有一种气调法防霉，是用氮气或二氧化碳取代文物所处环境中的氧气，使文物处于绝氧或少氧环境，从而抑制和扼杀霉菌的生长。此法对预防纸质文物霉菌生长有较好的效果，同时还有防虫效果，而且对纸质文物纸张和墨迹都不会造成损伤，在条件允许的情况下，采用气调法，比控制温度、湿度等方法防霉更好。

此外，文物在修复阶段也要做好霉菌的消杀与预防，对于处在高湿状态中的修复阶段，一定要做好隔绝霉菌滋生环境的准备。高温高湿的季节，一定要加强霉菌的检查频率，有些地下库房，遇到断电或渗水时，稍有不慎便会在极短的时间内滋生霉菌，对文物造成不可逆损害。对于意外滋生霉菌的文物，要及时采取灭菌措施。灭菌方法有很多，要依据霉菌种类、滋生范围、滋生速度、滋生部位以及文物载体的材质，对症选择灭菌方法。灭菌方法分物理灭菌和化学灭菌两大类。物理灭菌是通过低温冷冻、真空、干燥、挤压刺破等物理手段抑制霉菌，此方法适用批量处理文物，且在处理过程中不会残留污染物，不会对文物、环境、工作人员造成伤害，是较安全的除霉方法。所以，在纸质文物入库前，大多会放入零下20℃的低温干燥真空灭菌柜中做杀菌灭虫处理。化学灭菌是利用化学药剂消杀霉菌，但化学药剂有酒精、甲醛、环氧乙烷等。对小面积局部长霉的纸质文物，可用脱脂棉球蘸浓度75%的酒精擦拭，可多擦几次，但要注意不能擦伤墨迹。酒精除霉较方便，可操作性强，只是不方便大面积批量除霉，对于难除的霉菌，酒精擦除效果也不明显。批量化学灭菌一般采用气体杀菌剂和熏蒸剂灭菌，此法能迅速杀死霉菌，对突发性灾害使纸质文物在高温高湿环境下大面积迅速长霉的情况，可通过环氧乙烷混合气体或甲醛气体熏蒸快速灭菌。

纸质文物预防性保护中，预防虫害也是保护纸质文献的重要工作。目前古籍修复在修补书页时，大量修补的就是被蛀虫贯穿性咬破的虫洞。虫害对纸质文物的破坏受地域影响，我国中南、华东、西南等南方地区因常年平均气温高、湿度大，气候适宜昆虫生长，纸质文物虫蛀严重；东北、华北、西北等北方地区因常年气候干燥，平均气温低，病虫害较南方少很多，所以在修复古籍时，在北方保存的古籍少虫蛀现象，多脆化、老化、絮化等破损特征。预防虫害，要以防为主，创造不利于害虫生存的环境，破坏害虫生存繁殖的条件。纸质文物库房的标准温度、湿度分别在16℃至22℃、45%至60%之间，这种环境下一般不会滋生害虫，只要隔绝库外害虫进入库房，就能有效抑制害虫滋生。除此之外，还要做好库房内纸质文物的卫生清洁及定期检查，检查间隔时间不宜过长，便于及时发现虫害，阻止其蔓延。古人在保护古籍时也强调要经常翻阅古籍，及时扫尘除虫，将虫蛀危害降到最低。药物防虫自古有之，传统防虫剂有云香草、麝香、樟脑、黄檗、花椒、香樟木、除虫菊等。传统防虫剂对环境、文物以及人体不会造成伤害，使用方便，但要注意保质期，过期失效的传统防虫剂有可能对文物不利。此外，防虫剂只能防虫，而且一种防虫剂并不能防所有种类的害虫。除防虫之外，还要有灭虫的手段，灭虫分物理灭虫和化学灭虫两种。物理灭虫与物理除霉相似，都是采用低温冷冻灭虫、气调灭虫。低温至零下20℃以下，逐渐冷冻，时间在24小时至72小时，即可杀死害虫。气调灭虫是通过在密闭空间内减少氧气含量，再充入氮气或二氧化碳，密闭72小时，使害虫窒息而死。利用真空充氮灭虫，真空度越高，含氧率越低，杀虫效果越好。低温冷冻灭虫和真空充氮灭虫都具有较好的灭虫效果，而且对文物不会造成伤害，不会残留污迹，对环境不造成污染，操作方便，不会使害虫产生抗药性，也可批量处理。化学灭虫适用于需要快速大面积灭虫的情况，且必须具备各项前提条件才可操作。使用杀虫剂灭虫前，必须确认杀虫剂对纸质文物不会造成伤害，对环境污染小、毒性小、残留量少，尽量做到高效低毒。使用前必须在实验室做实验，确认用药剂量和用药方法，尽量降低毒性、降低剂量、缩短时间，这既是安全需要，也可降低害虫耐药性。化学药剂熏蒸灭虫是预防性保护文物不得已而采用的措施，能不使用尽量不使用。防虫强于灭虫，将害虫爆发的可能性降到零点才是最好的保护手段。

预防性保护文物的行为不是直接作用于文物，而是作用于文物所处的环境，大到建筑物环境、展示文物的展览环境，小到装置文物的柜、箱、盒、袋等。为保护文物而建立的各种最佳保存空间，以及其与环境互动所产生的具象或非具象的需求，与近代新成立的博物馆学有密切关系，博物馆学的许多内容都是关于文物预防性保护的。文物保存环境的建筑设计，亦是指博物馆的主体建筑设计，库房与展览空间的环境要求都是围绕符合预防性保护文物的条件来建设的，库间容量、库房负荷、库房举架高度、库房围护结构、库内交通、装具排列、展厅空间、展柜设计等都要符合预防性文物保护的要求。另外，装具对纸质文物保护也极为重要。装具种类繁多，包括传统使用的金匮、龙柜、樟木箱、楠木书柜等，以及现代使用的各种新式书柜、档案柜、轨道移动柜、密集架等，还有各种转移装具如手推车、过渡盒等，无论哪一种形式，都必须符合保护文物的需求。装具材料无论是木质、金属、纸质，还是新型合成材质，都必须具备性能稳定、质地坚固、不易老化、耐腐蚀、不释放有害物质等要求，确保文物在存储、提取、使用和展示等所有过程中都是安全的。预防性保护是对文物全程的保护，不仅是对文物当下的保护，也包括对文物未来的保护、突发灾害时的紧急预防性保护。

四、再生性保护

对于文物的保护可分为原生性保护与再生性保护。原生性保护主要是指对文物原件的直接保护，包括前面提到的预防性保护，如防虫、防潮、防火等，降低文物的损毁率，以延长文物的本体寿命。原生性保护为更长久保护文物，处置文物的手段多以藏为主，尽量减少文物的使用。为保护文物，提高文物利用率，同时避免人为使用过程中对珍贵文物本体的损伤，再生性保护应运而生。对文物的再生性保护手段主要是指文物复制，主要产生于两种情况之下：一种是为了保护原件而复制，在需要时替换文物，并满足使用者的需要；另一种是原件已逐步老化，如不及时复制将会永远消失，所以通过复制，使即将消失的文物以另一种形式复生，也使文物在信息上得到永久保存。因此文物复制属于文物保护的范畴，它与制造赝品伪作牟取暴利的行为截然不同。再生性保护是以原文物为依据，借助摄影、数字技术、人工摹写等手段复制文物，可分为数字化复制技术和实物复制技术两类。数字化复制技术主要保护文物的文献信息，类似于信息性保存，但再生性保护与信息性保存在内涵上不尽相同。信息性保存主要指复制文物某方面的信息，如文字信息、图像信息、色彩信息以及外观形状等，但整体复制文物本身，强调通过完整复制文物来达到从某种角度上延续文物生命的保护目的。这两种保护方式显然对文物都具有正面的作用，文物信息经过复制，在只需使用文物信息时，不必呈现原物，避免文物多次使用带来的潜在损伤风险。不过，对文物的信息化采集，一定要谨慎操作。目前各大图书馆、档案馆等机构在进行大规模数字化采集文献信息时，不规范的交接手续、不正确的采集方式，以及信息采集之后文物顺序被打乱等不专业行为仍会出现。所以，无论是再生性复制还是信息化保存，都要以确保文物本体不受破坏为前提。再生性复制和信息化保存不会对原文物本体的保护产生实际作用，但也不能因信息化保存等而伤及本体。有些信息价值高的文物，当信息已被采集，且复制品具有更好的耐久性时，其本体可能会因主要价值的丧失而被忽略。文物的信息化保存在现代社会得到迅速发展，且发展速度会更加迅猛，古代纸质文物和现代纸质书籍大有被数字化媒体替代的趋势，然而我们仍要清楚，信息化保存的只是文物的一部分价值，文物本体的价值不能因信息性保存而被忽视。

再生性复制技术发展至今已有诸多形式，不同复制技术各有千秋。对于纸质文物而言，再生性保护要经历从纸质文物本体到数字化信息采集，再到微缩品、高清印刷品，或者古书画临摹本、古籍雕版再造本等复制过程。古书画复制常用方法有人工临摹、木版水印、珂罗版印刷、数码印刷、现代数字复制技术与手工相结合等。人工临摹复制历史悠久并延续至今，能最真实完整再现古书画的笔墨气韵等，展现古书画的整体风貌与艺术价值。中国传统书画作品大多绘制在绢帛和纸张上，即使在文物保护技术日新月异的当代，所有的保护手段都只能延缓材料的老化，但无法终止老化的过程。长远地看，这些珍贵书画终归无法免于消亡。另外，古书画的展览环境也十分严苛，对温度、湿度、灯光都有严格的要求，而且展出时间一般不能超过 10 天，展出次数也十分有限，要间隔几年甚至几十年才能展览一次。为了满足人们对书画珍品的渴望，博物馆能够选择的最好办法就是用摹画或者超清印刷复制件。北宋黄伯思在《东观余论·论临摹二法》中提到："临，谓以纸在古帖旁观其形势而学之，若临渊之临，故谓之临。摹，谓以薄纸覆古帖上，随其细大而拓之，若摹画之摹，故谓之摹。又有以厚纸覆帖上就明牖景而摩之，又谓之响拓焉。临之与摹，二者迥殊，不可乱也。"[1] 临是将原作放在旁边，参照原样临画，摹是将原作放在纸张下面，丝毫不差地依照原作摹写复制，临摹是临和摹两种手段结合。临摹复制技术最早始于晋代，成熟于隋唐时期，至宋代达到鼎盛，明清时期也异常繁荣。临摹复制技艺也是传承中国古代书画艺术、书画技法的重要手段，人工临摹复制古书画必须具备扎实的传统书画创作功底。历史上有许多著名画家都是摹古高手，如赵孟頫、董其昌、张大千等。书画的临摹者要有极高的艺术造诣，凭借他们在书画创作、鉴赏方面的深厚功力和个人修养，在充分理解原作的基础上，对照原作进行临摹，才能保证临摹作品的艺术价值。临摹画作首先要对照原作细细品读，就好像在与古人对话，感悟古人的创作意图与心境，才能做到与古人心境合一、笔墨合一，将枯燥乏味的临摹复制变为与古人的心灵感应，从而达到心手相应。流传至今的历代书画珍品，其中有不少都是时人或后人的摹本。如现藏伦敦

1 ［北宋］黄伯思：《东观余论》，人民美术出版社，2010 年，第 61 页。

大英博物馆的东晋顾恺之绢本绘画《女史箴图卷》，多数专家认为原作已失，现存的是隋末唐初的摹本。东晋顾恺之的《洛神赋图》原作失传，现在主要传世的是宋代的四件摹本，其中两件收藏在北京故宫博物院，另外两件分别藏于辽宁省博物馆和美国弗利尔美术馆。被誉为“天下第一行书”的王羲之《兰亭集序》传世有唐冯承素摹本（现藏北京故宫博物院）、褚遂良临本、虞世南临本等；唐张萱的《捣练图卷》（现藏美国波士顿美术馆）为北宋赵佶的摹本。在原作已经无存的时候，摹本为保存古代书画作品发挥了重要的作用，也为我们今天研究古代书画提供了珍贵的媒介。这些摹本成为现代人窥见久远书画杰作的唯一途径。

传统古书画临摹复制是一个繁复的过程，从选择合适的纸、绢开始，有勾稿、落墨、上色、做旧、题款及摹制印章等数个步骤。古书画作品在经历了几百上千年的流传之后，大多十分脆弱，极少有机会能对照真迹临摹，为避免真迹损伤，现代临摹古书画时，大多使用摄影翻拍打印品临摹。在具体展开临摹时，临摹师除了要仔细观看作品，还要大量查找画作的相关资料，以便深入了解原作者创作时的心境以及想要表达的画意。古书画临摹第一步是画面分析与绢本、纸本制作，针对要临摹的文物进行深入剖析，从作品的年代、运笔特点、绘画题材等多角度进行分析，在深入了解原作之后方可进行临摹。临摹前，还要对文物原件的纸张或绢帛材质进行分析与检测，要尽可能选择材质相似的绢或纸。不同朝代的绢或纸都有其时代特征，要尽量选取材质、纹理、色泽、厚薄等相似的纸、绢，再根据原件的绘画特点及画面冷暖色调等进行上胶与染色等做旧加工，通过对纸、绢的二次加工，使其最大限度在材质、色泽等方面接近原作。完成前期准备工作之后，就进入勾勒胶版阶段，勾勒胶版的过程也是读画的过程，胶版的透明度能够将画面所有的信息体现，将文物信息以线稿的形式进行精准定位；接下来是落墨勾线，落墨要精准把握线条的墨色浓淡、起承转折等细节变化；随后是渲染着色，临摹时所用的渲染方法与创作时的渲染方法完全不同，临摹的渲染强调做旧的效果，追求一模一样的复古。画稿复制完成之后，还要复制名款题跋和钤印，钤印之前还要摹制印章。一件巨幅古画的复制往往需要数年才能完成。古书画临摹复制技艺作为国家级的非物质文化遗产在故宫博物院得到了很好的保护与传承。20世纪50年代开始，故宫博物院临摹组临摹了宋人《大傩图轴》、李嵩《货郎图卷》、陆机《草隶平复帖卷》等百余幅古书画作品。70年代末，故宫博物院再次组织摹写出大批珍贵古书画，其中有金仲鱼摹制的宋代郭熙《窠石平远图》、冯忠莲摹制的宋代张择端《清明上河图》、陈林斋摹制的五代胡环《卓歇图》、刘炳森摹制的元代王渊《花竹锦鸡图》等。古书画的摹写强调除再现原作的笔墨、色彩、神韵之外，还要能还原作品的古旧神韵。

除了传统古书画手工临摹复制技艺之外，还有机械化复制技法。从20世纪30年代开始，各大文物保藏单位相继出现了不同的复制方法，以荣宝斋的木版水印、故宫博物院的照相复制、上海博物馆珂罗版印刷为代表。到20世纪80年代，荣宝斋木板水印古书画复制技术已臻于成熟，先后完成了《簪花仕女图》《韩熙载夜宴图》《虢国夫人游春图》等珍贵古画的木版水印复制。木版水印主要包括勾描、分版、刻版和配色印刷几个环节。勾描是刻版的基础，要将文物原件的每一个细节都描绘出来，若此环节丢失画面信息，会降低复制品的还原质量。分版、刻版非常繁缛，不同色阶都要分版，有时候会分成上千块版，分版多少块，就要套印多少次，而刻版十分考验刻工技术，刻工刀法功底直接影响线条的质量。最后是配色印刷，根据原画的颜色进行配比，只有色彩调配准确、叠印顺序无误、套印精准、纸绢材质选择合适，才有可能实现完美的木版水印复制。

珂罗版复制是在摄影技术和印刷技术共同作用下产生的一种还原度极高的再生性复制技术。珂罗版印刷19世纪60年代由德国人发明，光绪初年传入中国并被广泛应用于古书画和古籍的复制再造。珂罗版复制全程由手工操作，分为照相、修版、制版、印刷四个步骤。照相所使用的相机不是普通的相机，而是专用吊式照相机，以1:1的比例对原件进行拍摄；拍摄之后是修版，要分析版面的拍摄情况，对曝光过度或信息不全的地方进行修补，需要丰富的经验；制版是在玻璃板上均匀涂抹感光化学试剂，放在阳光下进行曝光、烘干，要顺利完成制版，需有良好的天气配合。最后是印版上墨印刷环节，人工印刷考验的是压力的掌握，根据画面的浓淡程度来决定压力的轻重缓急，有色彩的作品需进行人工着色。上海博物馆早在20世纪50年代即成立珂罗版复制工场，研究和改进了珂罗版印刷技术，制作出大量的优秀作品，如唐寅的《牡丹仕女图轴》、董其昌的《秋兴八景图》、韩滉的《五牛图》、王冕的《墨梅图》、王渊的《竹石集禽图轴》等。启功先生曾这样评价：珂罗版临制技术对古代书画无疑是一种延长寿命、化身千百的特殊手段，其艺术价值堪称“下真迹一等”。照相复制技术与珂罗版印刷有一定的相似性，复制方法大略相同，差别主要是“制版”流程。珂罗版的底片影像通过阳光照射潜影在感光版上，而照相复制则需在暗房使用显影液完成。

相较于其他传统复制方法，现代数字复制技术以快捷、便利、还原精准等优势，迅速成为文物再生性保护的主要手段。数字复制技术唯一不能与传统临摹复制相比的是，它不是原材料手绘实物复制，而是采用打印和印刷等形式复原文物，虽然现在已经能够实现在宣纸、绢帛等传统书画材料上超高清打印或印刷，但也无法与手绘临摹复制相比。数字复制技术流程包括文物信息采集、图像信息处理、打样校色、文件输出等。信息采集必须选用高清扫描仪，以满足输出的精度要求；图像信息处理是复制的重要环节，通过软件处理扫描过程中丢失的细节；最后是文件输出，通过高清数码打印即可完成复制。数字复制技术与数字化信息保存技术不同，数字化信息保存技术是采用扫描等方法采集文物信息，再以缩微和数字化等形式，利用现代信息技术将纸质文物等转化为电子媒体的形式，并以光盘、网络等介质保存和传播。因为可利用网络传播，数字化信息保存能够极大地便于读者充分利用线上文物资源。现在，世界各大图书馆、博物馆都有线上图书资源共享、线上展览等形式，充分利用数字化的文物资源。

由于科学技术的进步，单纯的照相复制技术逐渐被其他方式取代，或成为其他复制手段中的一个步骤。数字复制虽然能精准还原文物图像信息，但数码印刷始终无法替代人工临摹复制所带来的艺术价值。当下，文物的再生性保护进入技术与艺术融合阶段，传统技艺与现代科技结合，各种复制技术取长补短，促成纸质文物复制技术进一步革新。比如运用人工临摹与照相复制技术、数字复制技术相结合的复制技术，先以照相复制完成初稿，以数字复制技术完成校版初印，再以人工临摹技法深入表现，使得画面线条分明、笔触清晰、墨色分明、色彩丰富。文献古籍的文物复制同样适用多种技术手段结合，以数字技术方式完成书籍的雕版制作，以传统印制形式完成印刷，对手绘、题记或注释部分选择人工临摹复制完成，对钤印部分则采用传统复制印章手段完成复制。传统手工艺与现代科技等多种技术结合的复制方式已成为当下纸质文物再生性保护的最佳手段。

第四章

从修复理念到修复原则

文物修复理念建立在修复的意义、目标、原则、指导方法等概念上，其产生与发展一定随时代发展而不断演化。现代的文物修复理念源自西方，经历漫长的时代更迭，出现过风格式修复理论、保守风格式修复理论、经典修复理论理论、当代保护理论等各种修复理念，这些理念在20世纪末逐步传入中国。由于中西方修复技术发展历程的不同，以及中西方文化思想的差异，西方文物修复理论与东方文物修复技术难免产生冲突，尤其东方纸质文物的独特性，在一定程度上导致相关修复技术与西方修复理念出现错位。厘清西方文物修复理念与原则，找寻出有利于中国纸质文物修复的理论基础，寻求从西方修复理念向东方修复原则的过渡，建立属于自己的纸质文物修复理念与原则。首先需要了解与反思西方修复理念，围绕被修复对象的价值、选择修复的方式和修复达成的目标三方面展开研究。在修复行为开始之前，需要明确修复对象的价值，并选择与之对应的修复手段、修复目标与修复方法。修复目标包含是否修复、修复效果的选择，修复目标与修复方法受修复理念与修复原则影响，从而促成修复手段的选择。修复理念中的真实性、完整性、安全性体现为对修复对象修复前的评估判断、修复方案制定和修复后呈现的目的和效果。修复原则中最小干预、可识别、可再处理的原则是为了达到修复目的和修复效果。修复理念与原则都是围绕修复目的和修复效果展开的，所有理念、原则都是为文物最终呈现的效果服务。

进入21世纪以来，国家对文物保护和修复高度重视，各级文物保护部门不断在各类修复实践中总结经验，在坚持继承传统修复技艺的同时，重新梳理已有的修复理论，在当代文物保护与修复理论语境下，建立一套适用于中国的纸质文物保护与修复理念与原则。

一、最基本的安全性理念

安全性在所有文物修复过程中无疑都是被放在第一位的，离开安全，所有的保护与修复都是空谈。安全性理念涉及若干方面，但排在第一的是保护与修复人员思想意识里要有安全意识，文物修复师要像医生爱护病人一样爱护文物，确保文物与修复行为的安全。每一件文物都是不可再生的，安全理念必须贯穿于文物修复的全过程，且必须成为一种基础的、默认的指导原则。在具体修复过程中，要求保护师、修复师使用安全的修复材料，运用安全的修复手段，将文物存放于安全的保存空间。保存空间不仅包括保存和修复的空间，还包括运输过程中的空间、展览过程中的空间、使用过程中的空间，比如古书画的展览馆、古籍的阅读空间、文物复制的信息采集空间等。存储和修复空间不仅要避开潮湿的建筑物底层，还要避免光照过强、太阳辐射严重的顶层，阳光不能直射在修复台上，更不能直射在纸质文物上。文物运输空间的安全同样重要，包括运输工具、运输包装材料，以及出库、入库手续上的安全。藏品出库、入库需办理交接手续，文物基础信息确认无误、交接无误后，方可离开库房。运输过程中，还要保证交通工具符合文物安全需求，极冷、极热、暴雨、暴雪等极端天气时，禁止运输文物。

纸质文物的安全性修复理念还体现在修复顺序上，通常是主动性保护为先，被动修复为后，以防为主，防治结合，对于需要修复的纸质文物则是抢救为先，先重后轻。在我国纸质文物待修复数量庞大，而修复人员基数尚少，遵从以防为主、防治结合的修复原则是现有条件决定的。安全性修复顺序还体现在依据文物价值、破损程度、老化程度、使用顺序等综合判断修复顺序，对于濒临灭绝或破损极为严重的文物优先修复，集中财力、物力、科技力量攻克亟待修复的珍贵纸质文物技术。

安全的修复材料和安全的修复措施是安全修复理念的重要环节。修复材料的安全，是指在修复过程中作用于文物本身的直接材料或辅助材料对文物不会造成危害。在 20 世纪中期，修复新技术新材料刚刚起步，修复行业热衷于将新的科技手段运用于文物修复过程中，尤其在档案修复中，采用新的粘接材料、新形式的纸张加固技术或新型除酸技术等，但未考虑这些手段对文物是否会造成损害。对新材料、新技术的使用，一定要经过科学的实验与检测，确定对文物无害，这种无害是在一百年后、两百年后都不会对文物造成损害。事前判定新技术、新材料的安全性，比事后再通过可逆方式去除更为重要。修复材料中的修复用纸应该对文物是有益与安全的，对修复用纸的选择，不仅包括补纸、加固纸、托纸、封面纸、裱纸、镶纸、背纸、函套纸等的选配，还包括修复过程中的吸水纸、隔纸、衬纸、命纸、水油纸等辅助用纸的选择，所有这些纸张都必须是中性的，对文物无伤害的，呈酸性的纸张都不能用于纸质文物修复。纸质文物修复所使用的纸材料还必须具备良好的化学稳定性和耐久性；必须具备适宜的物理强度，比如纸张纤维交织均匀，具有良好的机械强度；纸张呈中性或弱碱性，pH 值最好能控制在 7.0 至 8.5 之间。弱碱性的修复补纸或包装纸能中和纸质文物中的酸，还能中和空气中的酸性气体成分。现在市面上用于修复的纸张良莠不齐，需要运用诸如纸张纤维检测仪、酸度测试仪、白度仪等测试纸张是否符合要求，判断是否会对文物造成伤害。安全的材料还包括粘接剂、清洗剂、固色剂等其他材料。粘接剂的安全性体现在具有良好的化学稳定性和耐久性，具有良好的可逆性和适度的黏合强度，且外观上具有良好的透光性，pH 值呈中性或弱碱性。至于清洗剂、固色剂，需慎用化学药剂，哪怕是极小可能的危害，都不要尝试逾越。

安全的修复措施包括文物修复过程中的所有环节，从调查论证到修复方案的制定和实施，所有的行为都要被论证是安全与考虑长远的，绝不能因为不当的修复方案和修复措施导致文物受损。文物在实施修复之前，必须进行保存状况调查和破损状况评估，拍照、取样、分析检测，这些前期准备行为同样要符合安全规范原则。依据相关调查和分析报告，制定相应修复计划和修复方案，需经各级主管部门审批、审核，必要时还需召开专家论证会。

纸质文物修复过程中，不能随意改变古画画心或古籍书页的大小，不能使画面上的图形、文字、色彩等信息受到任何损伤，必须始终保证文物所承载的各种信息的安全，包括古画裱件背面的信息、轴杆或别签上的信息、古籍前后空白护页上的信息、档案外包装上的信息等，都不可随意更改或去除。当文物经过前人修补，背面托纸本身又是一件文物时，在修复时要同时保证正面、背面两件文物的信息安全，此时制定的修复方案必须是同时修复两件文物，这种情况非常考验修复师的应变能力。

安全性不仅体现在修复方案和修复措施上，高超的修复技艺更是文物安全的重要保障，古画修复中的洗、揭、补、托、全等，任何一项技艺不到位，都有可能造成文物不可逆的损害。洗的过程要注意水的温度、水的冲力、洗的次数，纸张在潮湿状态下的拉力和强度都会降低，清洗时要十分小心。揭的过程中不可揭薄或揭荒画心，非必要不揭命纸。补的过程对于刮口的处理亦要慎之又慎，能不刮就不刮，尤其在有信息的部位，不能以刮的理由损伤信息。全色更是讲究技艺水平，不能全到文物原物上，以防混淆原迹。古籍修复中，洗、揭、补的技艺和古书画修复类似。在捶书和剪书时，要确保古籍的安全，不能捶破、捶伤书页，剪书不能剪到原书页。在完成毛装后，为使书页四边整齐美观，有打磨古籍三边毛口的过程，在古籍书页四边处于较完整的状态时，磨边是不可取的。总之，安全的修复理念要渗透到文物修复的每一处细节。

二、持续变化的真实性理念

在经典文物保护理论中，保护文物的“真实性”是核心理念。《威尼斯宪章》中写道：“为子孙后代而妥善地保护它们是我们共同的责任。我们必须一点不走样地把它们的全部信息传下去。”“一点不走样”就是强调文物保护的真实性原则。另外，在第九条“修复”中描述：“修复过程是一个高度专业性的工作，其目的旨在保存和展示古迹的美学与历史价值，并以尊重原始材料和确凿文献为依据。一旦出现臆测，必须立即予以停止。”修复过程不能有臆测的行为，必须尊重原始材料和确凿的文献依据，这里再次强调了真实性的修复理念。追求文物的真实性指要在文物保护与修复过程中保持文物的原状，这也是我国文物保护与修复中的原则之一，已写入《中华人民共和国文物保护法》，第二章第二十一条：“对不可移动文物进行修缮、保养、迁移，必须遵守不改变文物原状的原则。”第四章第四十六条：“修复馆藏文物，不得改变馆藏文物的原状；复制、拍摄、拓印馆藏文物，不得对馆藏文物造成损害。具体管理办法由国务院制定。”这里强调的不可改变文物原状，即对文物真实性的追求，然而文物的原状与真实性是一个持续变化的过程，所谓的真实性要确定是文物哪个阶段的真实性，是指文物当下的真实性，还是指文物在破损前或未经任何修复之前的原初状态。

文物的真实性主要存在于文物的物质载体上，保护文物物质载体是保护文物真实状态的主要手段。文物的真实性常常有一些隐藏或覆盖，保护与修复就是清除遮蔽物，使文物恢复原貌。譬如移除壁画外罩住的一层墙皮，清洗掉古画上的污垢，去除古画上的伪题跋与伪章。文物的真实性从物质层面较易理解和把握，从历史层面、美学层面来看，文物的真实性并不是那么直观或易被察觉的，比如古画上的包浆、古籍上的钤印、档案文献上的圈点符号等，修复师以还原文物真实性的名义移除这些历史痕迹，使文物恢复其最初的真实原状，这些修复行为是否合适，值得商榷。实际上，保护和修复的行为可能会改变文物真实存在的状态，使其与修复师偏好的真实状态更接近，但并不一定会比文物该有的真实状态更接近。即便是破损状态，也是文物最后的真实状态，以修复掩饰破损，也是一种伪装。为了所谓“真实”，许多真正的历史痕迹被移除，这使得许多古画看起来像新画一样。“对一幅如新的米开朗琪罗绘画的期盼与真实无关—— 至少，将‘把一件 500 年的对象变成得看上去像全新的一样’归于对真实性的追求，这肯定是错误的。就像兰斯当的《赫拉克勒斯》的例子和其他修复案例一样，《最后的审判》不比修复前更真实，因为修复不会使对象比过去更真实，但会更符合我们的期望。”[1] 我们不能简单把文物原状理解为文物最早的状态，或者说文物最早的状态才是文物最真实的状态，现实中的每一件文物都经历了百年或千年的漫长岁月，时间的痕迹烙印在每一件文物上，若除去每一段历史留在文物上的印记，文物将失去历史价值，文物的艺术价值、经济价值及文物的完整性也会遭受损失，因此我们对文物原状的理解应该是动态的。我国的古代书画在经历过每一次装裱与修复之后，新增的裱件、题跋、印章都成为书画的一部分，而书画的藏家、修复师、题跋签印作者都参与了书画的创作，从这一点来看，文物的真实性是持续变化的，历史与后人同样赋予了文物许多新的内涵。

---

1 [西] 萨尔瓦多·穆尼奥斯·比尼亚斯著，张鹏等译：《当代保护理论》，同济大学出版社，2012 年，第 87 页。

对于文物真实性的追求，同时涉及对文物材料真实性的追求，还是对文物所体现的艺术风格的真实性的追求。西方国家在文物保护与修复理论中反思过主观改动修复对象原初状态的行为，对真实性原则的追求逐步从材料真实扩展到对风格及其他真实性的追求。文物原状从外观上可概括为文物原来的形状和色彩、文物原有的结构、文物原有的制作材料、文物原来的制作工艺。这些都是从外观及材料工艺上能感受到的文物的真实性，保证这些外观上的真实性不被改变是制度与规范操作下可以实现的，而对文物艺术风格的真实性的追求却是需要修复师在修复时不断去体会和把握作者最初创作时的意图的过程。范胜利在《博物馆书画修复理论与实践》一书中提到："这种修复态度反映在传统书画的修复中，是由衷地希望与古人在精神上达到一致，通过补缺、色泽及气息的相似来恢复古书画本体及画意的完整。"这是在追求书画作品意趣风格的真实性，通过追求技术层面上的真实性，有如传统书画修复技艺中强调的"补处莫分""天衣无缝"，追求看不出被修复过的痕迹，以此达到恢复书画作品最初的艺术一体性的目的。此种修复动机有时会被误解为作伪，与真实性修复原则似乎相悖，进而引申出真伪区别的必要性的讨论。其实，作假与还原真实性，两者之间目的完全不同，前者是作伪、作假混乱市场，牟取暴利，后者是追求真实再现文物原貌。

从修复和保护历史中将真实的范围扩展，不仅涉及文物被创造时的真实，还包括文物在历史发展中残破的真实。真实性存在于文物流传的每个历史阶段，每个阶段都包含了无数的真实状态，在追求真实性、最小干预和可识别原则的处理中，常常产生冲突与争议，如何坚守持续变化的真实性理念，需要修复方案的决策者们以追求文物价值利益最大化为原则。从唐张彦远《历代名画记》、宋代米芾《画史》《书史》、明代周嘉胄《装潢志》、明代文震亨《长物志》、清代周二学《赏延素心录》等传统著作中亦能解读出对真实性的理解，其中均指出古书画不得已不重装，尽量不改变原貌，这里的原貌，应该以文物艺术价值、历史价值最好的阶段为基准。

三、完整性修复理念在保存与修复中的倾向

保存原貌是指在修复过程中最少干预，尽可能保持修复对象的原状，在修复时仅对该文物的残破部分进行养护，不对其他部分的现有状况做任何形态上的改变。《威尼斯宪章》对“完整性”的解释，并没有仅针对单个对象的保护，主要涉及不可移动文物的历史及周边环境的整体完整性保护。与环境相关的不可移动文物，更倾向完整性保护，因此不可移动文物的保护原则与可移动文物的保护原则存在较大差异。根据保护对象的不同，每个标准又有不同的完整性条件，这涉及可识别原则的程度选择。以书画修复为例，针对被修复对象的画面和材料，业内普遍的观点是保护并体现对象完整的面貌和价值为最高准则，这是由书画、古籍的观赏性、阅读性特征决定的，因此“天衣无缝”和“补处莫分”等完整性修复成为传统纸质文物的主要修复方案。

保护纸质文物的完整性，强调物质层面、信息层面、美学层面三方面的完整性。物质层面的完整性指不能擅自改变文物的材质与结构，譬如书画与古籍的装褫与装帧形式、纸载体材料等，在保护与修复过程中必须忠实于文物的原始材料和原始装潢形式，不能随意替换。今天很少能看到保留原装的宋式宣和装，主要是因为宋、元、明、清及后人在书画修复过程中改变了宋代原作的装裱形制，这就属于改变文物物质层面的完整性。如今，书画修复行业强调尽量不改变文物的原始装潢形制，以保存文物的完整性。而已经经过后人改装修复过的文物，对于改装部分，再次修复时，须保留待修复时的原样，不再恢复原装。如前所述，改装部分已然成为文物的一部分。在实际保护修复过程中，所有规范制度不是绝对不变的，比如明代《永乐大典》的修复。虽然《永乐大典》有几部流散在外的册页被改装过，但大部分书册仍然保留明代成书时的原始装帧形制，因有据可依，杜伟生修复团队坚持将部分改装过的《永乐大典》改回最初的装帧样式。“在修复《永乐大典》时坚持‘整旧如旧’的原则就有了新的意义：按照参照物进行修复，尽量保留《永乐大典》原有的装帧特点。”[1]

1 张志清、陈红彦：《古籍保护新探索》，浙江古籍出版社，2008 年，第 191 页。

保持纸质文物物质形态的完整性，是尽量不要改变文物的原本形态，不改变其原有装帧形制、装裱形制，包括封面形制、开本形制、裱件形制等，文物原始的装裱形式尽可能依照修复前的面貌还原。在修复过程中，古籍原书页纸不能裁，古画画心不能裁，原则上原来的装裱规格也不能改变，尽量保存古籍书页原本的厚度、白度，不能因为修复而使文物失去原本的面貌，不能因全色、染纸、清洗、托裱、加固等原因，使纸质文物原有特征和信息受损。

信息完整性指文物文献信息的完整保留，包括时光赋予文物的印记及历史信息的完整性。相较于其他文物，文献古籍及档案的历史信息价值是其价值的主要体现，在这类文物修复过程中，强调保留信息的完整，只言片语都不能缺失，任何符号文字信息，都必须保留。纸质文物的纸载体出现严重酸化、脆化现象时，附着于纸面上的文字信息会变得岌岌可危，这时不仅要及时进行数字化信息转移，在修复时也要谨小慎微，及时加固书页，尽快修复，以避免更多的信息损失，同时避免图形笔画的变形错位，造成信息误解。信息的完整还包括后人加注在文物上的信息，有时也要区分是有意还是无意留下的信息，是自然还是人为造成的伤害，如墨迹、涂鸦等，这些都是真实存在于文物上的信息，完整保存或修复去除，都需要修复师与修复团队共同决定。

纸质文物的信息包括内容信息和形态信息，内容信息通过文字、图像、色彩等来呈现，形态信息通过外在结构和内部材料来呈现，如书画的装裱形态、古籍的装帧形态等。在修复过程中，保留文字与图像内容的完整，保留书画原本装裱形态、书籍原本装帧形态，保留文献原始承载材料，就是最大限度地维护纸质文物的真实性与完整性。我国传统纸质文物从汉代至民国时期，历经岁月的洗礼，多数都有不同程度的损伤，真实还原它们的本来面貌，从寻找修复补纸开始，就要遵循“修旧如旧”这一原则。寻找匹配的补纸，从纸质原料上就要做到与原文物一致，比如文物承载物是麻纸，就要用麻纸与之匹配，文物承载物是皮纸、竹纸、混料纸，就要用相应的纸与之匹配。除了纸质原料上的匹配，在纸的白度、厚度、帘纹、密度等方面，都要匹配，以保证文物在经过修复之后，能真实还原本来面貌，做到最大程度上的完整还原。

美学层面的完整性强调文物美学价值的完整体现，这是以布兰迪为代表的唯美主义保护理论的核心理念。为了尊重艺术作品复杂的艺术天性，以及时光流转的历史痕迹，文物修复既要保留艺术作品上的古旧气韵，又要彰显作品初创时的美学完整性，同时还不能过分隐匿修复时的痕迹。修复师不能以任何方式改变艺术作品的艺术特征，并且要使之尽可能地更加鲜明。这种修复与干预，虽然全由修复师的主观经验控制，但绝不能受个人喜好而自作主张。“无论怎样，美学要求都是首要的，因为相对其他人类产物，艺术作品的独特之处并不在于它的材料依据，甚至也不在于它的双重史实性，而在于它的艺术本质。一旦丧失了这种艺术本质，它什么也不是，剩下的只不过是一具残骸罢了。”[1] 布兰迪提出修复的最终目的是旨在重建艺术作品的潜在一体性，即重建艺术作品的艺术本质。唯美主义保护理论强调了艺术作品的美学完整性，将许多非艺术品的文物排除在外，其局限性显而易见。对于非艺术类文物，同样有美学层面的完整性修复要求。譬如一本蝴蝶册页装古籍的装帧工艺，从封面、内页、镶料，到签条、函套、别子等，都足具审美意趣，哪怕是一个藏在内页书脑上的纸捻，也有盘成辫子样式的蚂蟥襻和盘成纽扣式圆盘的纸钉，这些细枝末节的精心处理都是对美的追求，在修复时都需要追求尽善尽美的还原。

四、最少干预与最大信息保留原则的坚守

最少干预是指在文物修复过程中，在保护与修复方案达到目标的前提下，采用最少介入手段对文物进行修复，尽量少地在文物上添加材料，尽量保留文物上的各种信息，使文物原本属性最少受到影响，避免因过度修复而造成对文物的损伤。如果是没有最少干预目标设定的，应当退回到最初，不实施任何措施，保持现状。《威尼斯宪章》等国际公约中提出的最少干预性原则中，

1 ［意］切萨雷·布兰迪著，陆地编译：《修复理论》，同济大学出版社，2016 年，第 76 页。

首先就是保持文物原状，其次是避免任何方式对文物的破坏，其三是不随意对文物进行添加。所以保持文物原状是最少干预原则最直接的方法，当文物能在保持原状并不影响寿命及使用时，尽量不要对文物进行修复，杜绝以保护的名义对文物进行过度修复。文物修复的最好手段是不修之修，纸质文物在一定时期内、一定保存环境下，如果纸张没有出现老化、酸化等劣化现象时，尽量不进行改变原貌的修复，只需加强保存方法和保存环境的管理即可。

最少干预修复原则，是杜绝过度修复的最好方法。过度修复指过度使用修复措施或过量使用修复材料，造成改变文物原有形态的后果。南宋周密《齐东野语·绍兴御府书画式》中指出："应古厚纸，不许揭薄。若纸去其半，则损字精神，一如摹本矣。"[1] 古画不能随意揭薄，甚至在揭命纸时，也要考量是否有损画心的精气神，能不揭就不揭。过度修复，揭荒画心，会造成古画伤痕累累，这些教训在我们今天揭开古画时还常常看到。尽管前人早有警示，后人还是有受利益驱使以修复重装的名义过度修复，有些甚至还造成对文物的破坏，比如将一张古画一揭为二的行为。当文物面临不修不能使用、不修不能停止破损的状态时，我们才为其设定修复目标，设计最少干预的修复方案。事实上，不论使用何种修复方法和材料，都会或多或少改变文物的原始状态。现实中，艺术家、收藏家更喜欢具有老旧韵味、能传递岁月沧桑痕迹的古画，而历史学家、考古学家可能更愿意看到文物直白的破损状态，这种破损状态能传递给他们更多的考古信息与历史痕迹。另外，文物修复师的个人审美及艺术修养亦会渗透到他的修复行为中，当为则为，当止则止，适度而治。

在修复措施上，最少干预原则还体现在修复方法的极简化、修复材料的极简化上。比如古籍修复时，能不拆书就不拆书，尽量保留原来的装订用线；能不拆除旧装，就不拆除旧装；能不换旧裱，就不换旧裱，正如米芾在《画史》中提出"不脱不裱"；能局部修补就不整补，能皮纸加固就不上补纸，能托薄纸就不托厚纸。国家图书馆在修复《永乐大典》时，对部分保存状况良好的书册，采取不拆开装帧直接掏补的形式完成对书页的修复，以此做到最少

1 ［宋］周密：《东齐野语》，中华书局，1983 年，第 101 页。

干预，最大限度保留书籍原貌。

最少干预原则还体现在不随意添加上，包括不随意添加材料，不随意添加结构和形式。在给待修复纸质文物选配补纸时，封面纸能不换就不换，不随意添加新封面；在使用补纸时，能少用就少用，能不用就不用；在遇到文物原书页劣化严重时，也只用超薄皮纸托固，不用补纸全托，以免改变原书页的厚度。所以，无论是抢救性修复还是预防性修复，在实际操作时，都要尽量做到修复的面积最小、添加的材料最少。最少干预还体现在视觉上最少的介入，选配的补纸尽量和原文物在质地、色泽、厚度、帘纹等方面一致，使其完全融入修复后的文物。

坚持最少干预原则，不能走向另一个极端——不修复、不作为，让对象保持破损的状态。最少干预不代表不干预，不同类型的文物，有不同的修复要求，要具体问题具体分析，确定优先缓急和分类定级。不同类型的文物修复要求也不一样，没有绝对的尺度来规定最少干预的标准。比如考古修复与商业修复、艺术修复，因为修复目的的不同，干预修复的程度亦不同，不能局限在同一个标准里。传统中国纸质文物中的手卷是一种特殊的书画装潢形制，每隔一段时间都要重新装裱一次。随着朝代的更迭，手卷越修越长，且会不断有新的题跋、批注增加，有些新内容让艺术品更具艺术价值，这些新内容不仅成为该作品的一部分，还成为该作品流传有序的历史证明。关于古籍装帧形制中的金镶玉，这种改变原来古籍形态的修复形式是否有存在的必要，在现代修复理念下不能一概否决。金镶玉的形式可以预防性保护书籍，针对书籍天头有批注、书籍版面四周过窄、被人为裁切，或者书页纸质劣化严重，随时有脆化破碎的可能时，是一种非常好的抢救性、预防性保护措施。在有些商业修复的场合，即使单纯作为艺术修复，也无可厚非。另外，对于全色接笔、画栏补缺，只要是文物足够需要，技术足够到位，也不必因为最少干预原则而一概否决。

最大信息保留原则是指在文物修复过程中最大程度保留文物原有信息，不仅包括前面提到的信息的完整性，还包括修复时所使用的所有修补材料必须与原文物在视觉上存在一定的色差，避免与文物本身固有的历史信息混淆。当书画或书籍被绘制或装订出来，其最初呈现在我们面前的是事实特征，而当这件作品经历漫长岁月，经数代先辈递藏，幸运地流传至今时，呈现在我们面前的是这件文物的现实特征。从事实特征到现实特征，文物的外形、结构、色泽等都有可能发生变化，有可能装裱形式变了，有可能装帧形制变了，有可能变形、变色或破损，有可能被题跋、钤印等，其物质结构和所承载的信息会发生各种增减变化。无论这些变化是否有提升了文物价值的积极意义，或有损价值的负面意义，它都已经存在，成为了文物的一部分，成为我们认识文物、了解历史的一种途径。无论如何，是否删除这些历史痕迹，都要经过各方面专业团队的慎重商榷。对于文物信息价值的评判，主要看其对艺术、文化、社会、经济等信息的传递能力。本着最大化的信息保留原则，在不伤及文物寿命，不影响文物艺术一体性表达的前提下，坚持最少干预、最大信息保留是我们修复原则的底线。

最小干预和最大信息保留都基于对文物真实性和完整性的追求。最大信息保留要求对文物修复前、修复中、修复后的所有信息予以保留，包括制作、传藏、破损、修复等过程中产生的信息，以及所有历史留下的破损痕迹和新增的痕迹、文物经修复之后外观信息的最大化保留。比如欧美国家在古籍书页纸质强度降低并危及古籍寿命时，采用只加固老化、絮化的书页，而对书页破损处不予修补，以此最大化保留书页原始状态。日本对于酸化、老化的古籍书页，在用皮纸加固后进行脱酸处理，也较少修补书页破损处，尽量做到最大化信息保留。在中国，目前还是会对书页破损处进行修补，以满足读者、藏家对书籍完整度和美感的需求。对于部分出土文献，也要采用最少干预、最大信息保留，保存破损状态，只加固不修补破损处。对于古书画的修复，我们国家的修复方案会综合评估书画原有信息、破损程度、原有装裱状况等多方面的因素，具体操作多参照纸质文物保护国家文物局重点科研基地和南京博物院编撰的《中国书画文物修复导则》中提出的“保留原裱”“还旧装裱”“重新装裱”三种修复方案，以此来把握最小干预和最大信息保留的原则。

最小干预和最大信息保留原则在不同国家、不同地域、不同群体、不同时期，不同文化环境下理解程度不尽相同。中国人讲中庸之道，强调“执两用中”，做事情讲究一个度，反之则会过犹不及。梁思成在《闲话文物建筑的重修与维护》中强调："在古代文物的修缮中，我们所做的最好能做到'有若无，实若虚，大智若愚'，那就是我们最恰当的表现了。"[1] 梁思成用中国传统道家思想强调最少干预的修复原则，反对在文物修复中好大喜功，追求焕然一新的错误修复理念。最少干预原则始终提醒修复师，修复行为对于文物无论如何都会有负面作用，只有在修复的正面价值大于负面价值时，保护与修复才有意义。将保护与修复的代价控制在最低程度，保护措施所带来的好处才会被最大化。

五、可识别原则与修旧如旧原则的争议

纸质文物修复原则在整个文物修复原则中，有其自身的独特性，但基本的文物修复原则还是相通的。可识别性修复原则是为了更好地传递文物修复后的真实性。《威尼斯宪章》中对可识别原则的解读是：在文物保护与修复中出于某种需要进行的添加要与原物相区别，并且添加部分应与原物有所区别并记录备案。当这一作法被认为是有误时，添加的材料和部件可以去掉、拆除，而不对文物本体造成损坏。

在中国传统的书画与古籍修复中，能够感受到传统纸质文物修复自成一体的修复原则，尤其在书画修复中常用"天衣无缝""妙手回春"来赞美修复技术的完美。中国传统书画与古籍修复的目的是维持并延长书画、古籍的寿命，并恢复其作为艺术品和文献的艺术价值和史学价值。接笔与全色是为延续书画的性命，做旧也是为还原书画的古旧韵味。米芾在《书史》中提到书画经过重装裱褙之后，仍能显现画心上的旧伤折痕则更有韵味。当然，中国书画装裱行业中自古就有作伪仿古的作假行为，不能因为这种追逐利益的投机行为而贬低天衣无缝的全色和接笔等书画修复技艺。只能说中西方对文物修复的真实性、完整性，以及艺术一体性的追求各有不同。我国传世文物传承有序，很大一部分功劳归于中国传统修复技艺对天衣无缝、修复如初修

1 梁思成：《闲话文物建筑的重修与维护》，《文物》，1964 年第 7 期。

复境界的追求，尤其部分珍贵的宋、元、明、清纸本、绢本传世古画，正是因为优秀的书画修复技艺，才使得今日的我们还能有幸亲睹，而且是非常完整和接近原状的。

国内诸多学者认为西方的可识别修复原则与中国传统的“补处莫分”修复理念冲突。中国传统的全色、接笔技艺与西方的可识别性原则在表面看是相违背的，其实不然。贾思勰在《齐民要术·卷三·杂说》中强调用厚纸补书会像疤痕一样又硬又难看，且伤书，用薄纸嵌补在裂缝处，几乎看不出痕迹，只在向光处才能略微看出补过的痕迹。这是可识别的，且能最大化保全文物真实性的修复。明代周嘉胄《装潢志》中关于全色有记载：“古画有残缺处，用旧墨，不妨以笔全之，须乞高手施灵。友人郑千里全画入神，向为余全赵千里《芳林春晓图》，即天水复生，亦不能自辨。全非其人，为患不浅，慎之！慎之！”[1] 周嘉胄指出古画有残缺的部位可以用旧墨补全，以恢复作品最初所展现的艺术气韵。全色、接笔师傅必须是技艺精湛的高手，如非能匠，势必伤及画意。这里一再强调全色、接笔要慎重，明确什么样的情况下可为、什么情况下不可为。中国传统书画中追求补处莫分的修复理念与西方修复理论中的可识别修复原则所追求的目的其实是一致的，都是强调保护文物的完整性和真实性，都追求作品艺术一体性的完整重现。布兰迪在《修复理论中》写道：“任何整合必须总是具有容易的可识别性，但却不应为此干扰我们所希望重建出来的那种一体性。因此，在艺术作品应被观赏的距离下，应察觉不到这种整合；但稍微凑近细看时，在无需借助特殊工具的情况下，应立刻能识别出这种整合。……只要其目的仍是修复，而非重制，如果采用了某种特殊且耐久的工艺，可以确保增补片段的区别，甚至不排除采用相同材料或人工做旧的做法。”[2] 西方文物修复理论体系并非不关注艺术品在经过修复之后，追求艺术品的美学要求。布兰迪亦强调不能因为可识别的修复原则而干扰对文物的一体性整合重建。无论东方的修复理论，还是西方的修复理论，在追求文物修复之后能完美呈现艺术品原有潜在一体性的艺术价值、文献价值

1 杜秉庄、杜子熊：《书画装裱技艺辑释》，上海书画出版社，1993 年，第 41 页。
2 [意] 切萨雷·布兰迪著，陆地编译：《修复理论》，同济大学出版社，2016 年，第 90 页。

图 19 ［北宋］《睢阳五老图之杜衍像》绢本册页
耶鲁大学艺术博物馆藏

图 20 杜衍耳部经全色和接笔修复，细节放大能清楚识别，远观不影响画面整体协调

的诉求是一致的。当下有一种过激的修复言论，对传统书画修复中的全色、接笔以及传统古籍修复中的画栏补缺持排斥态度，导致这些传统的修复技艺正在面临消失的尴尬境遇。中国传统书画修复中追求“天衣无缝”的全色、接笔技巧，应该被视为优秀的传统技艺而传承，使其免于技艺失传的境地。（图 19、20）

目前国家图书馆等公藏单位对馆藏古籍的修复，大多遵循可识别修复原则，在修复中强调不可更改古籍的文献信息，不画栏补字，维持当下信息的现实状态。古籍修复具体过程中只对书页进行清洗、除酸、加固、修补、展平及重新装订等。在选配修补书页的补纸时，可以适当考虑补纸与原文物纸载体的可识别性，但这种可识别是有度的，不能为此干扰修复之后重建的一体性。在配纸时，要求遵循色度“宁浅勿深”、帘纹“宁宽勿窄”、厚度“宁薄勿厚”的可识别原则。纸质文物在被修复后，补上去的部分在近距离被观赏或阅读时，最佳状态是不被察觉到，但在微观细看时又能被识别，即修复配纸的可识别原则。在古籍修复中，可识别争议点还是在补纸的选配，以及是否要补缺、是否要画栏补字等对保持修复对象的原真性等问题上。事实上，无论是古书画天衣无缝的修复，还是肉眼可识别的古籍修复，只要近距离微

观查看或运用现代科技手段，都能辨识出纸质文物经过修复过的部位，因为补纸与原画或原文献是采用粘接剂黏接在一起，并没有融为一体，配纸无论与原件用纸多么相似，也不会混淆视听。所以，经作旧修复处理的纸质文物无论怎样做“补处莫分”的修复，都符合可识别原则。

当代保护理论强调修复师无权作伪，任何刻意作假都是不可接受的，其实常规的文物修复行为中，修复师只有保护修复文物的目的，没有作伪的目的，即使有刻意模仿原物的修复行为，也是诚实地追求做旧效果，使经过修复的文物具备隐匿的一体性，这种对文物一体性的追求是所有保护理论都认可的。经过修补的部位与原文物无论如何都会存在一定的差异，这在古书画类文物修复中能充分体现。经典保护理论强调可识别性，当代保护理论强调保护文物的艺术价值、艺术风格等，文物因其价值而对人们有意义。当代保护理论强调对可识别修复原则的适度把握，但在许多特殊文物的修复中，可识别性修复原则并不合适，比如信徒更愿意看到破碎的宗教雕塑被无痕还原，修旧如初。

当代保护理论强调对文物可识别原则的适度把握，强调文物修复是对文物价值的追求，旨在修旧如旧。因此，对可识别的争议转到了对修旧如旧的争议。修旧如旧是目前修复行业达成的共识，是全行业普遍要遵循的一项原则。然而关于“修旧如旧”的两个“旧”字的解释，各家不一，争议不断。前一个“旧”应指修复前的旧貌，后一个“旧”大致有三种理解，一是指文物最初创造出来的原初状态，二是当下破损的现实状态，三是文物在经历漫长历史过程中某一个阶段的状态。这个“旧”最模糊，最具不确定性，因此，修旧如旧原则常常会为如哪一个阶段的“旧”而有争议。修复如当下的现实状态可定义为“修旧如今”，修复后如最初创作时的真实状态则是“修旧如初”。“修旧如初”“修旧如今”和“修旧如某一阶段的旧”三种观点歧义不断，但“修旧如初”在实际修复中的可操作性并不强，一方面因为原初的状态不可考，无法考证假想的原初状态是否正确；另一方面，百分之百完美修复如初的理想修复，技术手段也很难实现。“修旧如某一阶段的旧”，在此，某一阶段的特征比较模糊，依照这个阶段的特征还原修复，其他时期的特征被删除，这样也是不完整的保存文物的信息。纸质文物经历上千年的传承，尤其是古书画，常常是两百年左右会被重装、修复一次，每经历一个历史时期，都会受到那个时期的美学影响，比如宋代书画在进入明代后，原先的宋式裱常被改装为明式装裱，又如宋代的蝴蝶装古籍在明清时期大多被改为线装形式。这样经过改装、修复的纸质文物，在修复时遇到修旧如旧的原则，该选择哪个阶段的旧，存在争议。至于“修旧如今”，则是既不改变原始状态，也保留各时期留下的历史痕迹，目前得到行业普遍的认可。修旧如旧意图是有意做旧，强调修复后的“旧”要如同修复前的“旧”，也是强调“一点不走样”保留文物的真实性。而“如”的字面解释也非常恰当地呈现修复前与修复后的关系，经过修复之后的文物或多或少被改变了。所谓的“修旧如旧”，并不是企图恢复文物到最初的原状，而是尽可能恢复到文物修复前的健康状态。遵循保留历史痕迹的原则，修复行业现在达成共识，修复如当下的旧，在修复过程中，有意识保留前人修复的痕迹，这也是遵循了还原文物的真实性原则。

另一个与“修旧如旧”相似的词“整旧如旧”，来自古建筑修复原则。1964 年梁思成先生在《闲话文物建筑的重修与维护》中提到：“我认为在重修具有历史、艺术价值的文物建筑中，一般应以‘整旧如旧’为我们的原则。”[1] 梁先生提出“整旧如旧”，目的是反对当时将古建或古迹修整成“焕然一新”的倾向。“整”与“修”在这里都是指修补残缺部分，“如旧”即指修补残缺如周围原貌。“整旧如旧”与“修旧如旧”一样，本质上都是追求文物真实性的“复原性修复”，古建修复中“整旧如旧”原则衍生至纸质文物修复时，就演化为“修旧如旧”。修旧如旧从技术层面理解是指修复技巧上的无痕化处理，从修复理念层面理解则是指通过修复使文物尽量恢复创作时的一体性。如果从文物保护与保存角度来认知，修旧如旧是追求文物在经历了漫长岁月之后流传至今的理想状态，这种理想状态是一个动态的状态，在未来可能又是一种与此刻这个“旧”不一样的“更理想”的状态。

1 梁思成：《闲话文物建筑的重修与维护》，《文物》，1964 年第 7 期。

六、可逆原则向可持续原则的更迭

文物任何形式的破损都是文物历史进程中的证明，修复破损往往意味着破坏了文物原有真实的破损状态，也就失去了文物破损状态的象征性。修复行为一方面为文物续命，一方面也会有这样的负面作用，或者说因为修复，消除或扭曲了文物的历史痕迹，为了恢复文物更具功能性的实用价值或艺术价值，文物历史的真实性在修复中被牺牲了。因此，在进行文物修复时，可逆性原则与可持续性原则，为的是有一天需要重回这些被隐匿掉的破损文物的真实状态时，还能有机会返回修复前的原始真实状态。

多数文物保护与修复行为都是有风险的，尤其是具体的修复动作，很可能会伤及文物的载体材料，或因修复有损文物所承载的意义。强调文物修复的可逆性原则，从某种程度上说可以缓解修复师的压力。“可逆性指的是容许在未来将对象恢复到采取某种保护措施之前的状态。”[1] 文物修复中所有的修复措施都被要求是可逆的、可重复的。如果将来发现有更科学、更适宜的保护修复技术，随时可以回到修复前的状态，以更换修复材料。纸质文物在经历一次次抢救性修复之后，若干年后，文物纸张会因为人为使用、自然环境、岁月流传等各种原因需要重新装裱、修复，因此，中国传统纸质文物的修复自古以来都是可逆的。可逆性原则在具体修复中包括修复技术的可逆性和修复材料的可逆性。修复技术的可逆是指修复行为不会对原始文物载体和信息造成任何不可逆的变化，并且保证在未来对文物进行重新修复时，可以比较容易地拆解修复时的装帧与装裱，便于采用更为先进的修复方案进行修复。修复材料的可逆性，指使用的修复材料性状稳定，一直到下一次修复时都不会发生变化，可以很容易地从原修复处取下。因此，慎用新技术、新材料是文物保护与修复行业一直坚持的原则。在纸质文物修复中曾使用不可逆化学粘接剂，造成文献无法拆解的遗憾，这种不能溶解的粘接剂很快被禁止使用。在纸质档案修复中，对纸张絮化、脆化的文献曾采用加膜等方法加固，这种加固技术要慎重使用。对不成熟的新技术、新材料，一定要经过多次试验和论证，并确保所有修复行为都可逆，方可使用。

1 ［西］萨尔瓦多·穆尼奥斯·比尼亚斯著，张鹏等译:《当代保护理论》，同济大学出版社，2012 年，第 163 页。

事实上，无论从科学角度还是保护角度，都不可能实现真正完全的可逆。比如所有对纸质文物的清洗都是不可逆的。纸张遇水，纤维强度会减弱，当水分带走纸张内的污渍，随着纸张中水分挥发，纤维氢键结合重新恢复，但重新结合的氢键已经不是入水清洗前的状态了，所以即使喷潮展平书页，也不能让书页恢复到真实如从前的状态。另外，纳米镀膜技术用在纸质文献修复上时，会用纳米材料填补到纸张纤维的细孔中，起到加强纸张强度的作用，而填到纸张纤维细孔中的纳米材料不可能被彻底清除，这种加固技术也是一种不可逆的修复技术。此外，还有些材料在今天看来是可以溶解的，但时间的推移、环境的变化，也可能会对文物产生不可逆的破坏影响。比如给纸张上一层可溶解保护剂，保护剂随着时间的推移，可溶解性降低，稳定性变差，对纸张就是不可逆的伤害。

伴随着对完全可逆性技术的质疑，当代修复理论中出现“可去除性”“可再处置性”这样折中的原则来替代可逆性原则。可去除性是指经过修复的文物在未来还能够去除为其添加的材料或结构，可再处置性指经过修复的文物在未来还能进行更理想的保护与修复措施，相比之下，这两种修复理念在保护与修复过程中更容易实现。如传统书画修复技术中，粘接剂浆糊是遇水可溶解的，即粘接的行为是可逆的，但其他如裁切掉老褾件与揭掉命纸是难以实现可逆性复原的，而对书画修复的可再处置性重装是始终可以继续的。中国传统书画的重装修复是典型地遵循了可去除性和可再处置性修复原则的，这使得众多古书画得以在千百年间经历数次重装与修复养护，并实现了文物未来的可持续性修复。

可去除性和可再处置性是较理性与可实现的可逆性修复原则的体现。“应当追求可逆性，但不应不计代价。如史密斯所说‘是用哲学意义上的可逆性替代作为专业标准的可逆性的时候了’。”[1] 因此，可逆性原则的折中是可再处置性原则，可再处置性是为了更好地保障文物的安全性，可再处置性实际也是使后人有再保护与修复文物的机会，可再处置性修复原则与可持续性修复原则是一样的目的。历史遗留下来的文物资源不仅是留给我们的，也是留

1 ［西］萨尔瓦多·穆尼奥斯·比尼亚斯著，张鹏等译：《当代保护理论》，同济大学出版社，2012年，第165页。

给后人的文化遗产。文物一旦被保护和修复，其历史痕迹可能会被破坏，后人可能就无法全面认知文物的真实性。因此，可持续修复原则强调避免对文物进行不可逆的过度修复，可持续性修复强调修复方式应该是既能满足当下对文物价值的需求，又不损害未来使用者的利益，这与尽可能多地将文化遗产传承给后人的观点不谋而合。文物任何形式的残缺、破损都是历史进程中留下的证据，过度修复也会使未来的使用者失去文物所带来的震撼。譬如断臂的维纳斯、倾斜的比萨斜塔，今人已达成共识，不会修补断臂，也不会扶正斜塔，文物的这种残缺美已经成为文物艺术象征性的一部分。从另一个角度来看，可持续修复原则是对修复师和使用者的行为限制，警示当下的我们不能过度使用文物。

对文物的修复无论做到怎样的最少干预，总是有可能因为破坏历史而扭曲文物的原始状态，使文物而走向真实的反面，给文物带来负面作用。可持续修复原则正是为了尽量少地避免不当修复给文物带来的不可逆损失。因此，与可逆性和最少干预原则相比，可持续性修复原则考虑更周全，它将未来使用者的需求纳入考虑范围。只有满足更多使用者需求的修复，才能实现文物价值的最大化呈现。

我们在执行修复原则的时候，会受到修复对象本体现状的影响，也会受到文物拥有者意愿的牵绊，还会受到修复时间成本、修复材料局限、修复技术高低、修复设备条件等的影响。所有这些都会干扰修复原则的执行，而修复师个人不仅要具备相当的修复经验和技术水平，还要有相当的文化素养，了解当前社会对文物的需求，能判断后人对文物的态度，有良好的沟通与协调能力，和对修复原则的坚守。如今，对于文物安全性的坚守，对最小干预程度的判断，对可识别与修旧如旧的理解，以及从可逆到可再处置、可持续性修复观念的更迭，已经逐步为修复师接受。此外，各项修复理念与原则在具体执行过程中的协调，既要考虑适度的可识别性，又要兼顾修旧如旧的一体性和谐之美，使最少干预修复行为利益最大化，同时顾忌后人对文物的态度。修复师对自己所修复的文物要有责任心，在修复原则的理性限制中，能充满感情地让文物恢复到最佳状态。

第五章

从保护理论到修复技术

我国纸质文物保护从传统书画、古籍修复的自我探索，到走出国门向世界学习文物保护理念，由对国际当代文物保护理论不甚了解，到对现代文物保护原则形成普遍共识，在进入21世纪以后发生了巨大转变。文物保护理论的成熟，促进了修复技术的进步，对决策方案的制定影响深远。同时，决策方案的实施受到修复技术的影响，而修复技术的高低决定了修复策略中的可为与不可为。因此，在遵循修复原则制定修复方案时，还要综合考量各方实际情况，判断修复技术是否能顺利完成修复计划，在平衡各方能力及价值中制定修复方案。每一件文物的修复方案都是独特的，修复原则可以标准化制定，但修复技术可以多样化、创造性地执行。

一、传世书画修复案例

中国对传世书画的保护与修复，焦点体现在对保护修复环节中技艺的重视。传统书画的保护与修复是一种有原则的创造性行为，需要修复师审美、技能兼有，通过对书画审美内涵的理解，对技术环节的把控，为传世书画续命，使修复后的书画重新构建艺术和历史价值。本章所述传世书画修复案例是在对技法娴熟掌握的基础上，阐释修复技术对文物保护理论的加持作用。

1.《女史箴图》

《女史箴图》（图21），东晋著名画家顾恺之作，绢本，成品距今约1600年，现藏于伦敦大英博物馆，传为唐代摹本。纵25厘米、横349厘米；原为11节，

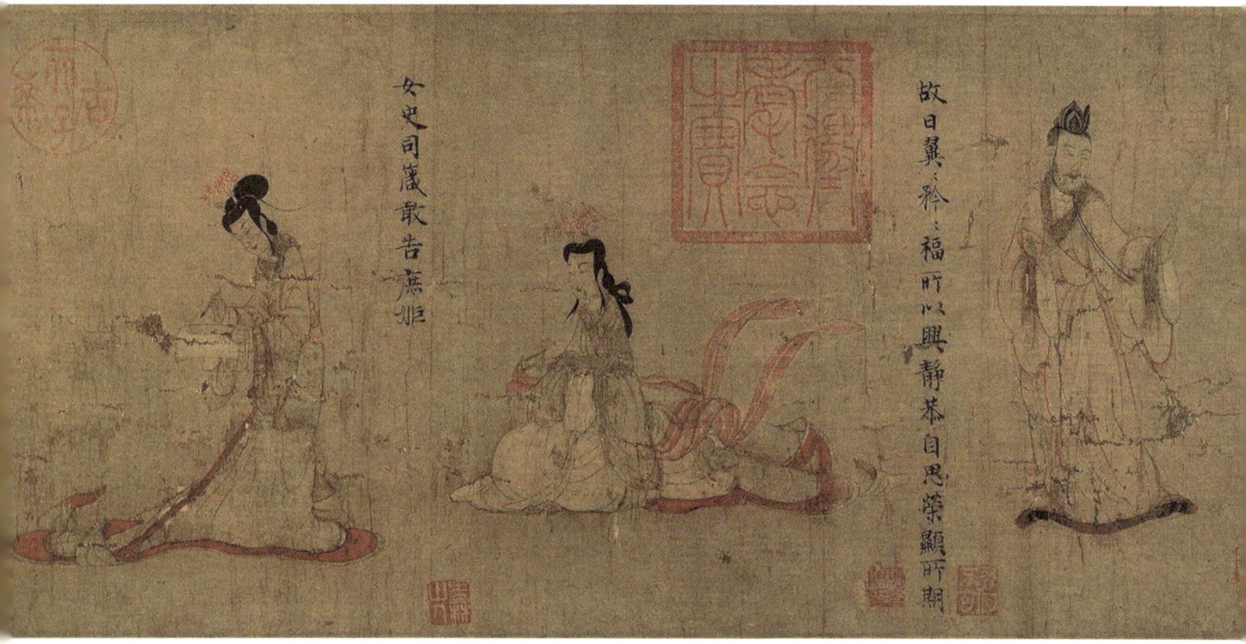

现存 9 节，每节书有女德节操之箴文。《女史箴图》流传有序，有众多题签和藏印，在唐末流落民间，宋徽宗政和年间收入内府，有宋徽宗赵佶题“女史箴”，后为宋贾似道，明严嵩、项墨林，清张孝思、梁清标、杨世齐等收藏，后入清宫为乾隆所藏。此卷画心及装裱部位压有宋、金、明、清内府藏印以及明、清历代收藏者的私人藏印，包括清代乾隆书引首并钤“弘文之印”等。《女史箴图》在众多书画论著上都有著录，包括《画史》《宣和画谱》《石

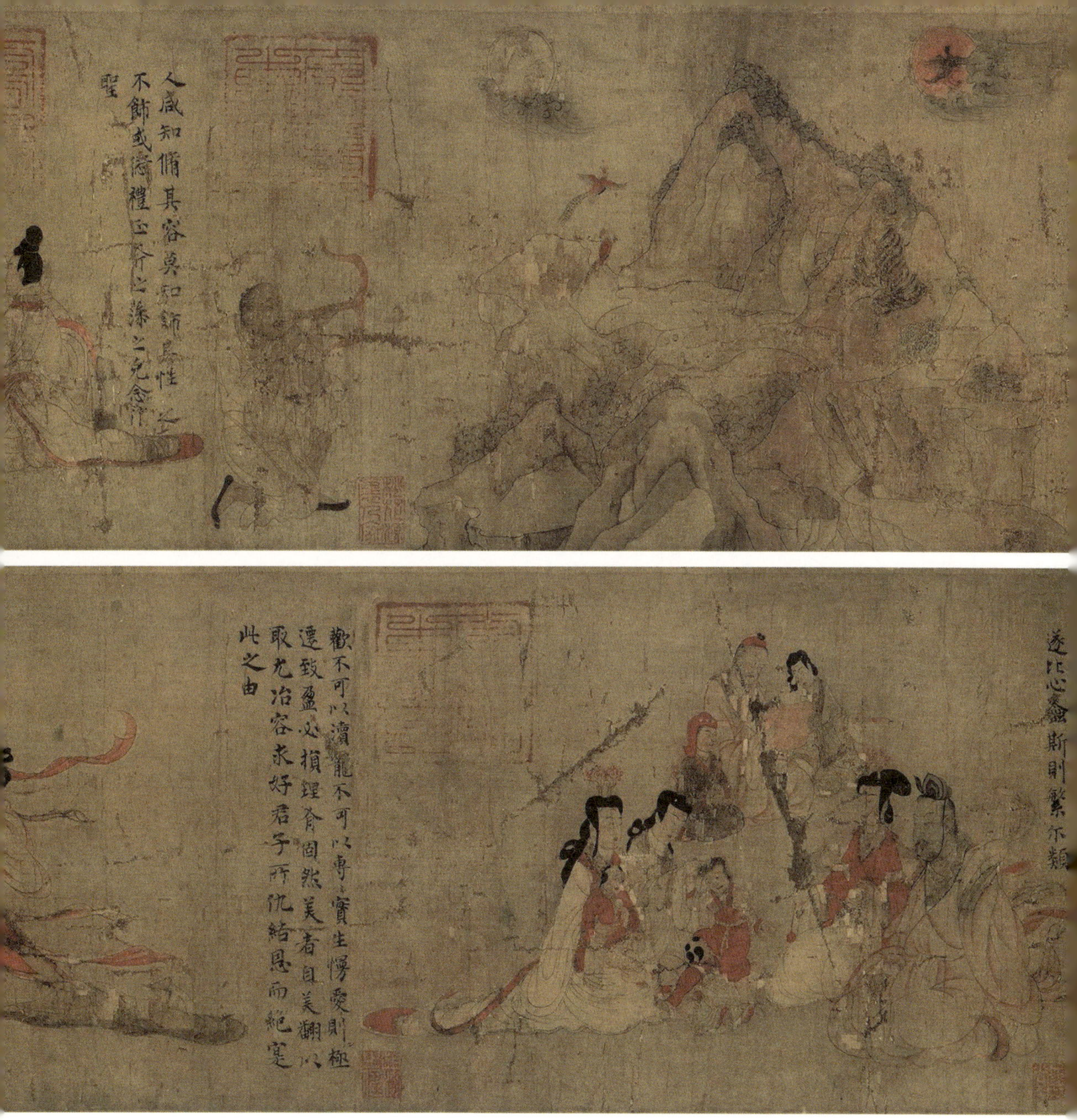

图 21　唐代摹本《女史箴图》（传东晋顾恺）　大英博物馆藏

渠宝笈》等。该画在大英博物馆几经修复，1914 年至 1923 年间，为了让作品能够展出，同时避免开、收卷时所造成的磨损，大英博物馆修画师参考日式折屏的装帧形式，将原本是手卷的《女史箴图》分割成两长段和一小段几个独立的部分，原画心内容被裁切转移到一整块镶板上，天头、引首、拖尾等一起被装裱在另一块镶板上，此次改装，《女史箴图》再没能收卷起来。更为严重的是，因为改装托镶的木板材质热胀冷缩，致使木板不同程度裂开，绢丝也被带皴裂，绢画和托纸分离，画芯多处受损，布满裂痕，而被分割的断裂处明显看到绢丝破裂、掉渣、掉色。此次分割与装裱在木板上的修复方案无疑给《女史箴图》造成了不可逆的损坏。2013 年，大英博物馆邀请中国及其他地区的书画修复专家一起讨论《女史箴图》的状态和保护方案，中国书画修复师邱锦仙创造性地将日本淀粉浆糊和化学浆糊混合起来对《女史箴图》进行修复，该粘接剂能完全粘接画芯断裂处，并不会留下痕迹。邱锦仙在放大镜下一寸一寸为《女史箴图》添浆，将原本断裂、脱落的画芯粘接恢复，并用藤黄、朱砂和墨调配出合适的颜色，全色残缺之处。修复之后，专家评定《女史箴图》还能再保存数百年。尽管得到了修复，但《女史箴图》特殊的材质以及过去修复不当的教训，让大英博物馆不得不以最谨慎的态度来对待这幅古画：博物馆为《女史箴图》定制了展柜和玻璃罩，画作被长期放置在展柜内，每年限定展出约 6 个星期，且展厅的灯光非常暗。中国传统书画因其特殊的装潢形制和修复技术，从产生之日起，装潢方案与修复技术就相辅相成、相伴而生，即使是在当代博物馆文物保护体系、文化遗产保护体系非常成熟的情况下，传世书画的保护与修复仍然要以继承传统书画修复理念和技艺为先，合理汲取西方保护修复理念，结合现代科学技术，制定符合中国纸质文物的保护与修复决策方案。对《女史箴图》保护与修复案例分析，是对我国纸质文物保护的警示，也为我们在今后的文物保护与修复提供了可借鉴的宝贵经验。

2.《五牛图》

《五牛图》（图 22），纸本设色中国画，是现存最早的纸本古画之一，画芯纸张为桑皮纸，纸质泛浅黄色，纤维长，表面较光滑，或经过施胶、打蜡、研光等二次加工处理。该画画芯纵 20.8 厘米、横 139.8 厘米，整幅画卷由五张纸黏接而成，每张纸画一头牛。五头牛，五种颜色，五种体态，神采姿态各异，虽各处不同位置，但眼神似乎都朝着一个方向凝视。整幅画卷几无背景，引首有乾隆御题“兴托春犁”四字，拖尾有赵孟頫行书三跋，以及孔克表、乾隆、金农等元、明、清十四家题记。两宋时期入皇室收藏，元代经赵孟頫、邹君玉收藏，明代经项元汴收藏，清代经尹继善之手入清宫，乾隆在画上有多处题跋和钤印。《五牛图》在 20 世纪 50 年代收入故宫博物院时已是满目疮痍，画心破洞不下百个，且以往所补破处的接笔皆已变色，画心多处起壳。1977 年《五牛图》被送至故宫博物院文物修复厂，由孙承枝主持修复。由于作品画芯破损严重，选配补纸成为关键。20 世纪末，国内还没有各类检测设备，对画芯纸的质地、帘纹、光泽、颜色完全凭借肉眼观测，再凭借经验选配补纸。当时，选配补纸还可在故宫旧藏中寻找，经过用小样反复比试，最后筛选出一种年代接近，材质、厚度、光泽、色度等都较为接近的旧纸用作补纸。现在能用于古书画修复的旧纸已经很难找得到，因为旧纸已经成为文物，基本不作为补纸使用了。具体修复先从清洗开始，用排笔蘸热水反复淋洗画芯，恢复画面的色泽，且不能因过度清洗使画面失去温润的旧色。第二步是揭褙纸和命纸，因画芯已多处起壳，必须揭去旧褙与旧命纸，整幅画褙纸好揭，命纸难揭，命纸与画芯直接粘连，稍有疏忽，便会伤及画芯，

图 22 ［唐］韩滉《五牛图》故宫博物院藏

造成无法弥补的损失。孙承枝揭命纸的技术与经验十分丰富，他先用镊子一点一点地揭起命纸，遇有难揭之处便用中指轻搓慢捻，将其搓捻成极细的纸屑，再用镊子或软毛刷轻轻扫除，整个揭命纸的过程极其缓慢。第三步修补破洞，《五牛图》画芯有近百个破洞，加上四周边口缺损及裂缝等，刮口与补破工作量巨大。孙承枝仔细分析了每一处破洞的大小、形态及破口边沿的纹路，在补纸中选择色泽、厚薄、帘纹合适部位，运用掏、转、补、刮等传统修补技术，拼接补缀破洞，保证补口厚薄均匀，平整干净，补处莫分。补破完成之后，他又选配质地、色泽、厚薄、韧性相协调的新命纸托芯。第四步全色接笔，即比较画芯原色和补纸的细微差异，精细调制补色，同时力求补笔不触及原画芯，全色及接笔处不露痕迹，直至最后达到“四面光”的效果。最后一步是装潢，以宣和式撞边形制完成装裱。历时 8 个月的精心修复之后，生命垂危的顶级文物《五牛图》起死回生，整幅手卷画意完整，装潢精良，重新焕发了生机。中国传统书画修复中追求天衣无缝、补处莫分的修复理念，只有通过传统修复技术中的全色与接笔等精湛技术才能得以体现，《五牛图》的修复若没有精湛的补破、全色、接笔技术的支持，不可能完成修复要求，呈现最佳的修复效果。

3.《清明上河图》的修复

国宝级文物《清明上河图》是北宋画家张择端仅见的绢本设色风俗画，中国十大传世名画之一，现藏于北京故宫博物院。画芯纵 24.8 厘米、横 528 厘米，生动描绘了北宋都城东京繁荣的城市面貌和社会各阶层人民的生活场景。《清明上河图》传藏有序，最早被收入南宋御府，宋徽宗用瘦金体书写“清明上河图”五字，宋灭亡后入金人之手；元朝建立后，被收入秘府；明代辗转杨准、徐溥、严嵩等藏家之后入内府；清代先后为陆费墀、毕沅等人收藏，后入清宫，并著录于《石渠宝笈三编》；清灭亡之后，被溥仪带出皇宫后散落民间；中华人民共和国成立后，入藏北京故宫博物院。《清明上河图》收回故宫时，伤痕累累，画心有无数折痕，画面上的亭台楼阁已有多处斑驳受损，有的地方画意全失。另外，绢本画芯绢体风化严重，有的绢丝断裂，有的绢丝发黑。故宫博物院为修复《清明上河图》，召集书画鉴定与修复专

图 23 《清明上河图》修复档案　故宫博物院

家徐邦达、刘九庵、杨文斌等人协商研讨，决定依照还原文物真实性、最少干预的修复原则，最大限度保留文物原貌。为保障文物安全，故宫博物院对送修文物都有严格的报批手续和修复流程，《清明上河图》的送修审批同样格外慎重（图 23）。1973 年，故宫博物院修复厂上报《关于修裱宋张择端〈清明上河图〉卷计划报告》，经由专家反复审核，提出修改意见，修复厂经过反复修改与完善，最后制定的修复方案缜密周全，对修复原则、信息记录、决策方案、技术路线、修复材料、人员配备以及修复环境，都做了详尽的规划与安排。

故宫的古代书画修复严格遵循真实性、可逆性和最少干预原则，古画原装裱材料原则上均须保留并还原，不能在原镶裱材料仍可使用的情况下更换新材料。同时，古画原装潢品式属于文物历史信息的一部分，原则上需保持原状，不可随意更改。在制定《清明上河图》的修复方案时，能使用的原镶料均被要求还原，前代修复师使用的不当补绢也被妥善保存下来。时任故宫博物院副院长的杨伯达主持了《清明上河图》的修复工作，他在《清明上河图卷》序言中记述："原在老翁背后木柱之旁残缺一大片，原绢已失，至明末清初揭裱时补绢余画一尖嘴立牛正在张嘴嘶叫，殊碍原画意境，故一九七三年新裱时揭下，留存归档，不再复原。"文中清楚记录明末清初旧修中的补绢绢质远逊于原画芯的绢质，补绢与原绢相比，色泽不同、密度不同、经纬不同，且质地粗糙，并有做旧痕迹，补绢的颜色深于原绢，可明显看出是后补的。前代修复师修复时，在没有审清画意的情况下，将一处树杈揣测为一头毛驴的两只耳朵，在补绢上主观臆造接笔添加了一头毛驴拉着板车的画面，而原画面此处实际仅存凉棚一角、老人与幼童。因此，在重新修复《清明上河图》时，经多方专家慎重分析与讨论，以尊重最大限度保留文物原始信息为原则，决定揭去不当补绢，对于有争议的画面内容保持原状，只全色不接笔，只在明确知晓画面内容时才接笔补全，这不仅是对原画的尊重，也是对历史的尊重。

为制作《清明上河图》修复方案，确保修复质量，故宫博物院专门制作了珂罗版《清明上河图》，并由修复师在图上用色笔标明具体需要修补的位置、需要接笔的位置以及破损处、断裂处等，并在画面下方注明具体破损情况。这份清晰标注修复部位的珂罗版《清明上河图》印刷品被放入修复方案和修复报告中。修复档案内还有全称为《故宫博物院文物复制厂文物修整记录》的修复单，从日期上看，专家虽然已在1972年填写了破损状况，但并未急于修复，直至1973年才由当时的书画组送修。当时工作人员记录的《清明上河图》资料信息非常详细，从修复单的字里行间我们不难看出，修复和验收的标准都非常严格，要求原装裱旧的材料能恢复的都要尽量恢复。修复过程中，不得扩大原有破损处的面积，原有的破碎件不得丢失，应尽量复原。《清明上河图》的修复持续进行了近两年的时间，由杨文彬主持修复。中国古画修复一般要经历清洗、揭裱、补缀、全色、装潢等五个主要步骤。修复的第一步是清洗去污，主要方法是用排笔蘸温水，轻轻刷洗画面上的灰尘污垢，折叠处的黑色斑痕用马蹄刀谨慎剔除，刷洗和剔除的动作用力都要均匀，整个过程做到了去污不伤画。待画面自然干燥后，用自制水油纸贴在画芯正面，对画芯进行加固，以保证绢本画面上的风景、人物不走形。第二步揭裱的过程需要极大的耐心与经验。加固好的画芯正面朝下铺在修复台上，先揭褙纸，再揭命纸。命纸关乎书画性命，紧挨画芯且特别薄，操作时将命纸轻搓慢捻成极细的小条再取下。《清明上河图》的绢质画芯历经千年，绢丝之间的拉力非常弱，在揭去画芯后面的命纸与褙纸时，需要非常小心，稍微粗心一点，或稍微力气大了一点，带下一根绢丝，就有可能造成画面上人物形象的缺损。另外，《清明上河图》上留存着很多收藏印章，有些是钤印于题跋与隔水相交的中缝处，即骑缝章，为保证两部分可对齐，在揭取时不能对印章处造成损伤，否则修复后两个部分无法吻合。褙纸和命纸揭去后，顺利进入第三个步骤补缀。补缀的关键是找到合适的补绢。补绢必须与画芯原绢在材质、色泽、厚薄、经纬密度等方面尽可能接近。《清明上河图》为北宋宫廷画作，要选配与之相适应的补绢，必须了解北宋时期画绢的特点，据《芥子园画传》记载：“宋有院绢，匀净厚密，有独梭绢，细密如纸，宽至七八尺。”经过长时间的讨论与研究，修复人员全面分析了画芯原绢的特点，决定一边从故宫库房中选取部分与之匹配的旧绢；一边从文物商店寻找、购买与之匹配的旧绢，并通过放大镜对原画绢所用材料与备选旧绢做了进一步的分析和观察，反复比对后从中选出匹配度最高的补绢。采用旧绢进行补缀，一方面易刮口拼接，不会伤到原绢画芯；另一方面，补绢补过的地方不会与原画芯绢质地、光泽等方面产生明显差异，全色后不易发觉修补过的痕迹。还有，补绢在日后的老化上亦能与原画芯绢料基本同步，既能保护画卷本体，也能保证修复后的一体化效果。《清明上河图》画芯上有两百多处破损，通过用旧绢精细补缀，大大提升了画绢的保存状态。补缀托芯之后进入全色接笔的环节。经过补缀的画芯部分一般比原绢画芯的颜色略浅，需要调出最接近的颜色进行全色。全色是技术性很强的工作，需要长时间的调色和上色训练，如果调色不到位，色相跑偏，会对整幅画的画意造成严重不良影响。上色也是一样，若敷色不匀，形成黑圈或斑驳痕迹，都会有损画意。杨文彬在给《清明上河图》全色前，带着徒弟反复调色，不断实验，先全小块处，再全大块处；

先全上部，再全下部；先全浅处，再全深处，最后完成全色之后，基本能做到补处莫分，从正面不仔细观察，看不出哪里经过修复。当然，通过多角度仔细观察或放大镜观看，还是能识别出修补过的痕迹。

最后一步是还原装裱。对于重装的古书画，若原装裱尚佳，且不影响画芯的艺术风格，不影响画芯的保存状态，原则上都必须保留原装裱。《清明上河图》的原装形式是手卷装，手卷是中国最古老的装潢形制之一，对于横长幅的叙事性画卷，最适合的装裱形制就是手卷。这种形制便于展阅、收纳，储存与携带也非常方便，是古代文人雅士最喜爱的装潢形制之一。手卷的品式大致可分为撞边、转边、套边三种，其中撞边能更好地起到保护画芯的作用，有利于文物的收藏。宋代风行撞边手卷，《装潢志》有云："每见宋装名卷，皆纸边，至今不脱。今用绢折边，不数年便脱，切深恨之。古人凡事期必永传，今人取一时之华，苟且从事，而画主及装者俱不体认，遂迷古法。"最后，重修后的《清明上河图》仍保持了原来的宋宣和装纸撞边手卷装潢格式，原轴头改为平顶玉轴，原画卷的签条继续沿用，托纸和背纸都选用较薄的棉连纸，使装裱后的手卷更加柔软、易收卷。经过近两年的时间，《清明上河图》（图24）的修复工作才算正式完成，尽管修复非常成功，但验收时专家仍提出"补

图 24 ［北宋］张择端《清明上河图》局部　故宫博物院藏

绢的包浆没原绢好”以及全色无法到达“四面光”的效果等问题。补绢在老旧光泽上没有达到原画绢的效果，这种岁月的痕迹需要时间打磨，相信经过一段时间的融合，补绢与画芯原绢会逐渐融为一体，当然这种区别在今天，或许会成为专家的可识别要求。全色中的“四面光”是指在对画芯补处全色之后，从画面的上下左右四个方向观看，都能到达与原画芯色调一致，看不出全色的痕迹，这是对传统书画全色的最高要求。受诸多因素制约，传统书画全色要达到“四面光”不是易事，尤其是绢本书画文物，由于原绢的包浆与补绢的包浆不一样，经纬厚度也有细微不同，要使画面的每一个角度都一致，不仅需要极高的经验与技术，还要有各方面的自然条件。《清明上河图》的修复留下了完整的修复方案与修复档案，从中可以看出我国纸质文物保护与修复工作的逐步成熟，同时也体现了我国老一辈修复师的精湛修复技术。

中国古代书画装潢形制在历史长河中随时代流变不断更迭，目前流传于世还保留原装的传世书画稀见。北京故宫博物院藏北宋梁师闵的《芦汀密雪图》是少见保留较为完整的宋宣和装作品，该画天头、隔水、画心、拖尾等接缝处还保留有“宣和”“政和”等印鉴；北京故宫博物院藏北宋赵昌的《写生蛱蝶图》的包首还保留原装北宋缂丝《紫鸾鹊谱》，十分珍贵。该作品还保留有宣和原装的黄绢隔水及天青色云凤纹花绫天头，拖尾亦留有“宣和七玺”的部分印记。现在能看到宋代原装潢形式的书画已是十分难得，想要未来的人能看到保留原装潢形制的书画作品，需要当下的保护工作者努力。因此，传世书画的保护与修复非常重要，而对于传世书画的装潢形制的保护与修复更是迫在眉睫，如何保存与修复原装潢形制亦成为当下值得探讨与研究的课题。

二、传统修复技艺与科学保护技术并进

今天的文物保护技术相较于过去，已经更加安全、高效，现代科技的进步与传统技艺的弘扬促成了今天文物保护的进步。科技有助于判断、评估文物的现状，有助于了解文物的历史，有助于判断保护、修复材料及修复技术的安全性。比如修复人员可以通过仪器检测判断纸张中的纤维成分，分析古画表面颜料层的成分并判断古画的创作年代，或者可以通过对黏合剂纤维素的研究，证明羧甲基纤维素是一种可逆且性能较稳定的化学成分，可以作为纸质文物修复时的粘接剂使用等。但从理论分析到实践操作，还需科学技术与传统技艺融合，需要科学家与修复师联合，以实现当代文物保护与修复事业的进步。

纸质文物保护与修复学科涉及多个领域，融汇了品读鉴藏、艺术复原、科学保护、活化创新等知识体系，是一门独具特色的艺术与科技结合的交叉学科。中国纸质文物保护从传统装潢、修复技艺向现代科学保护技术迈进之后，便开始囊括哲学、艺术、技艺和科学知识等全方位的知识技能体系。哲学的内容体现在纸质文物修复方案的制定过程中，对于修复目标方向与最终评价的争论，如究竟保存文物哪一个阶段的真实面貌，体现文物何种价值之争，还有文物修复的持久性和可逆性之争等，都需要用哲学的思维来平衡各方的意见。艺术一方面需要天分，另一方面需要后天不断地训练与熏陶，许多文物的价值体现在艺术价值上，如何保证文物的艺术价值在经过修复之后不会改变或减弱，需要修复师具备较高的艺术素养。文物修复技艺是保证文

物修复质量的关键，修复技艺的培养主要源于实践，过去主要通过师徒手把手传授，现在除了师徒传承，还有短期培训以及高等教育等方式。师徒制传授的技艺属于口口相传的隐性知识，远比我们想象的更加难以表达与不确定，它传授的不仅仅是表面的修复动作，还包括长期沉淀的修复经验。这种多年积累下来的解决问题的经验如果仅凭文字或语言表达，不能使学员感同身受、深刻体会，要在实践操作中遇到问题，迅速凭经验制定决策方案并解决问题，才能逐渐掌握师傅在操作中的隐性知识。这种传统技艺传袭中的隐形知识常常被忽视，甚至被认为是要淘汰的东西，实际上却是宝贵的财富。现代科学知识主通过学历教育、培训、交流以及阅读等来获得。科学知识包括基础理论、保护技术、标准规范等。基础理论部分主要是指纸质文物的材料、学理、造型以及方法论等，以当代学理整理和转化传统修复技艺，结合现代科学保护修复技术，建立适合中国的纸质文物保护与修复理论体系。纸材料和装褫、装帧材料是纸质文物材料研究的主体，作为纸质文物载体的主要部分，纸张的制作工艺、加工工艺以及纸张老化、酸化、霉变等影响文物保存的因素是基础理论首要研究的内容，此外还包括纸面字迹的墨色、颜料、染料等成分的褪色、变色问题研究，字迹在纸张上着色的相互作用、相互影响的研究。对装褫、装帧材料的研究包括装裱材料、装订材料，及对纸质文物加固或弱化的影响因素，如纸张的二次加工或装裱固色促成字迹墨色褪色、变色等；其他还有光照、环境以及粘接剂等对纸载体造成的影响。基础理论部分还有对纸质文物的艺术价值、历史价值、文献价值等学理、造型、方法论的研究。自从现代科技进入纸质文物保护领域之后，许多科学保护的手段成为文物修复的主流。在整个修复流程中，科学保护包括前期调查研究、科技检测、修复方案制定与论证、修复过程纪要、修复档案撰写以及后期的结项修复报告。保护技术中包含对传统修复技艺的继承和发展，在对传统纸质文物修复的历史、材料、形制、工艺等研究的基础上，在洗揭、补托、全色、装潢等环节进行科学研究之后，重新梳理纸质文物修复与装潢的技术流程。将现代科技手段和传统技艺融合，在纸质文物保护与修复的现阶段主要体现在保藏技术、材料检测技术、清洗除酸技术、再生复制技术、固色技术等方面。现代科学技术融入纸质文物保护涵盖文物保存、文物修复、文物复制以及文物传承与活化等多个方面。因此，纸质文物保护技术包括建设科学保藏环境，提升脱酸技术及设备，提升纸质文物纸载体的加固技术以及墨迹颜色的加固技术、恢复技术等，还有纸质文物的科学检测与修复技术，以及未来可能出现的AI智能修复等。另外还有纸质文物的复制技术，包括临摹复制、数字写真复制、三维虚拟复制等。

现代科学技术推动了文物保存技术的进步。应用现代科技改善文物保存环境，将文物放置在一个合适的保存环境中，以防止或减缓文物损坏，是现代科学保护文物的重要技术与方向。科学的保存技术包括防光、防火、防水、防盗、防霉、防有害生物、防污染物、防机械性损坏等，还包括温度、湿度环境控制，室内各种有害气体控制，以及其他非常规大气环境如充氮封存、真空封存的环境保存、各种保护溶液中封存保存等。技术检测是进行纸质文物修复前必不可少的环节，它除了能帮助考证文物的年代、内容之外，还能检测纸质文物载体的各项信息，如纸张的成分、纤维、色度、厚度、紧度、密度、抗张强度、耐丝裂度、耐折度、老化度、酸碱度以及表面结构、帘纹结构等。对纸质文物的检测包括肉眼可见的外观性质和运用仪器观测的内部物理、化学、光学性质。通过各种如光学仪器、显微仪器等的检测分析，可以帮助判断文物载体纸纤维原料、造纸处理工艺等，进一步了解该文物用纸的特性。对文物纸质的检测与分析，不仅可以帮助辨别纸质文物的年代特征，还可以帮助寻找匹配的补纸与裱纸，制定合理的修复方案等。用现代科技手段全面了解古代纸质文物和现代手工修复用纸的详细信息，对于研究文物的制造过程、艺术特征、保存历史、病害情况、真迹与否、修复方案等具有重要的意义。除酸技术是针对纸质文物中纸载体出现酸化现象之后的保护措施，纸质文物纸载体若出现酸化现象，会严重缩短文物寿命。酸能促使纸中纤维素水解，使纸张发黄变脆，导致纸张抗张强度降低，影响纸张的寿命。同时，酸还具有迁移性，它不仅能在书页内迁移，还能从一种材料迁移至另一种材料。酸化是纸质文物的第一大杀手，脱酸成为纸质文物保护迫在眉睫的工作，但是，安全脱酸是首要前提。目前，常用脱酸技术有碱性水溶液脱酸、碱性有机溶液除酸等。纸质文物加固技术是指在纸质文物的纸载体老化、糟朽、断裂，出现继续劣化的情况下，对纸张进行加固处理，在字迹颜色出现褪色、洇化、扩散等状况时，需要对墨迹进行固色处理。在纸质文物修复中，任何新材料、新技术的方法都必须建立在文物安全的前提下，目前能确定安全的主要加固技术还是采用超薄皮纸对纸张进行加固，对墨迹颜色的加固及恢复技术，主要从加固剂和加固方法进行研究。纸质文物复制技术，除传统的临摹复制技术之外，因为摄影、扫描、印刷、数字、网络等科技的快速更迭，现代文物复制技术也得到快速发展，文物的实物复制品、数字复制品、虚拟复制品、活化复制品在许多场合替代了文物本体，使得文物本体得到了更好的保护，避免文物受到运输、展览、借阅等人为或意外伤害。面对文物本体在未来或将消失的现实，后人还有机会通过现代科技制造的复制品来享受文物的艺术价值、文献价值等。

文物保护应用科学知识还包括文物保护与修复的管理制度与标准规范制定。管理制度包括纸质文物保护机构的管理制度、法律法规的管理制度、人员财物的管理制度、技术科研的管理制度等。标准规范制定包括：文物保存环境的标准制定、有害气体指标的标准制定、光照强度的标准制定、科技检测数据库的标准制定、文献装潢装订材料的标准制定、文献字迹墨色材料的标准制定、保护及修复用材料的标准制定、修复资质认证及修复标准认证，还有制定标准规范的调研报告、修复方案、修复档案、修复报告等。

现代科技广泛应用于文物保护的各个领域。保护科学虽然对贯穿于保护实践中的“微观决策”和“品味决定”无能为力，但是有助于做出“中等尺度”的决策，特别是诸如选择木材加固剂、纸张去酸法等的技术类决策。有时，它也有助于确定修复目标时发挥次要作用，如它能够帮助决策者知道保护对象的年代情况。总之，自然科学在保护中能够起到协助的作用，但无法把整个保护活动转化为某种科学的活动。就目前实际应用来看，在纸质文物修复过程中，基础性科学检测等研究数据能够广泛应用于实际修复过程中并起到非常重要作用的案例并不多。因为只有新的纸样能被用于有损测试中，而纸本文物本身却不能用于有损检测，而且每一件纸质文物的纸载体所经历的环境各异，可参照对比的数据库非常有限。虽然目前看到许多科技保护方面的论文取得较有价值的成果，但在实际运用中，这些成果数据并不完全能为实际修复提供更有价值的帮助，因为它们都有太多的限定和非结论性结果。

科学检测技术通过实验数据寻找理想规范的修补材料、制定理想的修复技术标准，而修复师并不会完全依靠从实验室得来的数据展开工作，更多的是凭借多年的经验与技术来判断、解决修复对象存在的问题。每一件文物都是独一无二的，修复师所面临的问题都是高度综合的，对没有实际从事过一定数量的修复项目、缺乏经验的修复人员来说，很难全面综合地解决各种问题。而熟练的修复师会运用长期积累的修复技艺与经验，采取切实可行的适应性策略，时刻应对修复过程中的意外事件。这种适时的应变和微观决策能力，在整个文物的保护与修复过程中起着非常重要的作用。修复师这种快速应变的修复技能经验，无法凭借科学知识所概括的物理或化学规律来提升，只能在修复实践过程中通过无数实际案例的磨砺才能促成。

在传统修复技艺与科学保护技术并进的当下，修复师应当具备较全面的技术知识，这些技术知识既包括隐性的传统修复技艺知识，也包括科学的保护与修复技术知识；既包括自然科学知识，也包括艺术和历史等人文知识；不仅如此，修复师还需要具备与时俱进的科研能力和良好的社会沟通能力。除此之外，修复师还应当具备了解当前社会对文物的需求、感受和展望后人对文物的可持续发展的态度的能力。

对当代纸质文物保护与修复的发展研究，应从传统技艺、科学技术、学理研究三方面深入，以传统学理、传统技艺研究传统文化、传统艺术，以当代学术、当代技术整理当代科学保护理论，将传统技艺学习升华为学问研究，以现代科技推动传统技艺不断进步；打通人文品鉴、技艺传承、科学化保护的一体化研究模式壁障，构建传藏艺术、传统技艺、保护技术、活化创新等全流程研究模式，形成传统技艺和科技保护并进的良性循环，构建当代科学与艺术融合环境下的纸质文物保护与修复理论体系。

三、修复对象的价值判断与修复方案的制定

《中华人民共和国文物保护法》强调文物必须具备一定的价值，并依据文物价值的高低，将其分为珍贵文物和一般文物。文物之所以重要，是因为

其具备的历史价值、艺术价值、经济价值、社会价值、文化价值等，因此对文物实施保护与修复，必须围绕文物价值的判断来展开。文物价值在不同领域、不同地域、不同时代，因审美、信仰、思想、文化等意识形态的不同而体现不一样的价值判断，不同的价值判断则会影响修复理念、修复原则的形成，而各方价值判断的不同，会导致修复理念的冲突，继而引发关于修复原则的争议。从修复理念到修复原则，再到修复方案、修复技术路线的制定，文物价值的评估与判断起决定性的作用。对文物价值的判定通常可分为两个方面，一是附着于文物物质载体背后的隐性价值，如艺术价值、历史价值、文化价值等；二是强调工艺、材料、技术等显性层面的功能价值，如实用价值、科学价值、经济价值等。西方近现代文物修复理论强调恢复文物的功能价值，中国传统书画修复则偏重恢复文物的美学价值，而布兰迪在《修复理论》中提出，文物修复要注重史学、美学、工艺、材料等方面的美学和史实双重价值的判断与评估，既不能忽视文物的隐形价值，也不能无视功能价值。当文物处于当下状态的史证价值更重要时，修复师要采取最少干预的修复原则，以抑制损害、保存现状为主要目标，最科学的修复方案就是使文物能尽可能地完整保持当下状态，使其不再继续劣化下去。“抑制损害”的修复是最少干预修复原则的体现。当文物的实用价值高于其他价值，且需要文物恢复如初时，才能使其价值最大化，文物可以修复回最初的状态，“修旧如初”成重点遵循的修复原则，如寺庙中的造像，重塑金身的修复更为普通大众接受。这里还有一个关键因素，即谁来作为评估该文物价值的主体，比如请艺术家来评估寺庙中造像的价值，他们会强调造像当下的艺术价值，而此时的修复原则变成了最少干预为原则。所以，文物价值的评估与判定是一种博弈，要考虑文物价值的最大化。对于文物，不仅仅需要恢复其实用价值，还要恢复其所处的人类文明的社会属性。文物的社会属性需要通过展览、交流、互动等社会活动来体现，流传至今的文物已不再简单地仅拥有被创造时的功能与价值，而是在历史发展过程中被赋予了更多的新功能和新使命。除了修复理念、修复原则、修复技术、文物价值的判定对文物修复的决策产生决定性的影响，当代的文物观、未来的可持续文物利用等，都会对文物保护与修复政策的制定产生影响。如何判定文物修复方案的对错，应该综合考量，理念与原则没有绝对的标准，保护人员与修复师制定的修复方案，应是多方团队协商的结果。

随着考古学、博物馆学与当代文物保护理论的发展，对于修复对象价值的研究与判定，通常以保护并体现修复对象多方面价值为最高准则，但文物的价值如何判断、以哪方价值判定为准，是追求史学价值的真实性还是艺术价值的一体性，这些都需要不断协商与沟通，在权衡各方利益与价值中达成决议。中国传世书画作品都经历多次重装，重装的目的是保护与提升其艺术价值。对于历经重装、名人题跋钤印无数、传藏有序的珍贵书画作品，如果装潢保存尚佳，为保存完整的艺术价值和历史价值，最少干预是对它最适合的修复原则。当一件古书画作品残损严重，不修复无法遏制其继续劣化状态的，且书画的艺术完整性严重缺失、文物的史证价值弱化、文物的艺术价值不修复不能得以重现时，可遵循适当还原文物艺术完整性的修复原则，前提是修复技术必须能实现，修复技艺能做到天衣无缝、补处莫分。如果没有合适的修复材料、没有精湛的全色与接笔技术，单有理想的修复理念，亦是不可行的。因此，修复方案的制定一方面受文物价值判断影响，另一方面，修复方案的制定还受到修复技术高低的影响，修复技术限制了修复方案的制定，要客观判断修复师的修复技艺，以及现代科学修复技术的加持力度，综合各方意见，在妥协与最大化价值体现的综合考量中制定修复方案。每一件文物的修复方案都是独特的，修复理念与修复原则可以标准化制定，但修复方案却是多样的。

目前我国的大部分纸质文物修复人员都是以学习修复知识和技术为主的专业修复人员，或者是师徒传承下来的修复师，大多没有经历过全面的艺术鉴赏、历史考古、文献版本等与纸质文物价值鉴定有关的系统学习，修复人员大多不具备全面综合判断纸质文物价值的能力。因此，对于文物价值的评估与判断，需要一个具备相当深厚专业背景和综合能力的团队的共同智慧，才能实现对文物价值相对全面的评估判断，才能对文物修复方案的制定有正确的指导作用。对于修复方案的制定，因为文物价值判断的角度多样性，以至于常常用具体问题具体分析来确定。每一次修复团队在艰难取舍文物价值、在考量现有修复技术后，在保证文物安全的前提条件下，制定可实施修复方案，以达到抑制损害、实现文物存续的目的。在当代文物保护与修复理论的语境下，在当代纸质文物保护理念和技术发生巨大转变的状态下，强调以功能性价值为主导的保护决策。在实际修复项目中，不应仅针对某个片面的价值问题攻击某种修复理念的不足。修复方案的形成，是疑惑、争论、冲突、妥协，最后达成共识的。判定文物修复方案的对错，应该是综合分析，价值判定没有绝对的标准，理念与原则亦没有绝对的对错，保护与修复团队制定的修复方案，应是综合多方意见，最后由多方协商，得到专业论证的结果。

附文

1.《威尼斯宪章》

《威尼斯宪章》是保护文物建筑及历史地段的国际原则，全称《保护文物建筑及历史地段的国际宪章》。是 1964 年 5 月 31 日，从事历史文物建筑工作的建筑师和技师国际会议第二次会议在威尼斯通过的决议。宪章肯定了历史文物建筑的重要价值和作用，将其视为人类的共同遗产和历史的见证。

简介

又称为《国际古迹保护与修复宪章》，宪章分定义、保护、修复、历史地段、发掘和出版 6 部分，共 16 条。明确了历史文物建筑的概念，同时要求，必须利用一切科学技术保护与修复文物建筑。强调修复是一种高度专门化的技术，必须尊重原始资料和确凿的文献，决不能有丝毫臆测。其目的是完全保护和再现历史文物建筑的审美和价值，还强调对历史文物建筑的一切保护、修复和发掘工作都要有准确的记录、插图和照片。

全文

（第二届历史古迹建筑师及技师国际会议于 1964 年 5 月 25 日—31 日在威尼斯通过）

发文单位：第二届历史古迹建筑师及技师国际会议

发文时间：1964 年 5 月 25 日

生效日期：1964 年 5 月 25 日

世世代代人民的历史文物建筑，饱含着从过去的年月传下来的信息，是人民千百年传统的活的见证。人民越来越认识到人类各种价值的统一性，从而把古代的纪念物看作共同的遗产。大家承认，为子孙后代而妥善地保护它们是我们共同的责任。我们必须一点不走样地把它们的全部信息传下去。

绝对有必要为完全保护和修复古建筑建立国际公认的原则，每个国家有义务根据自己的文化和传统运用这些原则。

1933 年的雅典宪章，第一次规定了这些基本原则，促进了广泛的国际运动的发展。这个运动落实在各国的文件里，落实在历史古迹建筑师及技师国际会议（ICOM）的工作里，落实在联合国教科文组织的工作以及它建立文物的完全保护和修复的国际研究中心（ICCROM）里。人们越来越注意到，问题正在继续不断地变得更加复杂多样，并展开了紧急研究。于是，有必要重新检查宪章，彻底研究一下它所包含的原则，并且在一份新的文件里扩大它的范围。

为此，第二届历史古迹建筑师及技师国际会议于1964年5月25日至31日在威尼斯开会，通过了以下的决定：

定义

第一条　历史古迹的要领不仅包括单个建筑物，而且包括能从中找出一种独特的文明、一种有意义的发展或一个历史事件见证的城市或乡村环境。这不仅适用于伟大的艺术作品，而且适用于随时光逝去而获得文化意义的过去一些较为朴实的艺术品。

第二条　古迹的保护与修复必须求助于对研究和保护考古遗产有利的一切科学技术。

宗旨

第三条　保护与修复古迹的目的旨在把它们既作为历史见证，又作为艺术品予以保护。

保护

第四条　古迹的保护至关重要的一点在于日常的维护。

第五条　为社会公用之目的使用古迹永远有利于古迹的保护。因此，这种使用合乎需要，但决不能改变该建筑的布局或装饰。只有在此限度内才可考虑或允许因功能改变而需做的改动。

第六条　古迹的保护包含着对一定规模环境的保护。凡传统环境存在的地方必须予以保存，决不允许任何导致改变主体和颜色关系的新建、拆除或改动。

第七条　古迹不能与其所见证的历史和其产生的环境分离。除非出于保护古迹之需要，或因国家或国际之极为重要利益而证明有其必要，否则不得全部或局部搬迁古迹。

第八条　作为构成古迹整体一部分的雕塑、绘画或装饰品，只有在非移动而不能确保其保存的情况下方可进行移动。

修复

第九条　修复过程是一个高度专业性的工作，其目的旨在保存和展示古迹的美学与历史价值，并以尊重原始材料和确凿文献为依据。一旦出现臆测，必须立即予以停止。此外，即使如此，任何不可避免的添加都必须与该建筑的构成有所区别，并且必须要有现代标记。无论在任何情况下，修复之前及之后必须对古迹进行考古及历史研究。

第十条　当传统技术被证明为不适用时，可采用任何经科学数据和经验证明为有效的现代建筑及保护技术来加固古迹。

第十一条　各个时代为一古迹之建筑物所做的正当贡献必须予以尊重，因为修复的目的不是追求风格的统一。当一座建筑物含有不同时期的重叠作品时，揭示底层只有在特殊情况下，在被去掉的东西价值甚微，而被显示的东西具有很高的历史、考古或美学价值，并且保存完好足以说明这么做的理由时才能证明其具有正当理由。评估由此涉及的各部分的重要性以及决定毁掉什么内容不能仅仅依赖于负责此项工作的个人。

第十二条　缺失部分的修补必须与整体保持和谐，但同时须区别于原作，以使修复不歪曲其艺术或历史见证。

第十三条　任何添加均不允许，除非它们不致于贬低该建筑物的有趣部分、传统环境、布局平衡及其与周围环境的关系。

第十四条　古迹遗址必须成为专门照管对象，以保护其完整性，并确保用恰当的方式进行清理和开放。在这类地点开展的保护与修复工作应得到上述条款所规定之原则的鼓励。

发掘

第十五条　发掘应按照科学标准和联合国教育、科学及文化组织 1956 年通过的适用于考古发掘国际原则的建议予以进行。遗址必须予以保存，并且必须采取必要措施，永久地保存和保护建筑风貌及其所发现的物品。此外，必须采取一切方法促进对古迹的了解，使它得以再现而不曲解其意。然而对任何重建都应事先予以制止，只允许重修，也就是说，把现存但已解体的部分重新组合。所用粘结材料应永远可以辨别，并应尽量少用，只须确保古迹的保护和其形状的恢复之用便可。

出版

第十六条　一切保护、修复或发掘工作永远应有用配以插图和照片的分析及评论报告这一形式所做的准确的记录。清理、加固、重新整理与组合的每一阶段，以及工作过程中所确认的技术及形态特征均应包括在内。这一记录应存放于一公共机构的档案馆内，使研究人员都能查到。该记录应建议出版。

2.《中华人民共和国文物保护法》

第一章　总则

第二章　不可移动文物

第三章　考古发掘

第四章　馆藏文物

第五章　民间收藏文物

第六章　文物出境进境

第七章　法律责任

第八章　附则

第一章　总则

第一条　为了加强对文物的保护，传承中华民族优秀历史文化遗产，促进科学研究工作，进行爱国主义和革命传统教育，增强历史自觉、坚定文化自信，建设社会主义精神文明和物质文明，根据宪法，制定本法。

第二条　文物受国家保护。本法所称文物，是指人类创造的或者与人类活动有关的，具有历史、艺术、科学价值的下列物质遗存：

（一）古文化遗址、古墓葬、古建筑、石窟寺和古石刻、古壁画；

（二）与重大历史事件、革命运动或者著名人物有关的以及具有重要纪念意义、教育意义或者史料价值的近代现代重要史迹、实物、代表性建筑；

（三）历史上各时代珍贵的艺术品、工艺美术品；

（四）历史上各时代重要的文献资料、手稿和图书资料等；

（五）反映历史上各时代、各民族社会制度、社会生产、社会生活的代表性实物。

文物认定的主体、标准和程序，由国务院规定并公布。

具有科学价值的古脊椎动物化石和古人类化石同文物一样受国家保护。

第三条　文物分为不可移动文物和可移动文物。

古文化遗址、古墓葬、古建筑、石窟寺、古石刻、古壁画、近代现代重要史迹和代表性建筑等不可移动文物，分为文物保护单位和未核定公布为文物保护单位的不可移动文物（以下称未定级不可移动文物）；文物保护单位分为全国重点文物保护单位，省级文物保护单位，设区的市级、县级文物保护单位。

历史上各时代重要实物、艺术品、工艺美术品、文献资料、手稿、图书资料、代表性实物等可移动文物，分为珍贵文物和一般文物；珍贵文物分为一级文物、二级文物、三级文物。

第四条　文物工作坚持中国共产党的领导，坚持以社会主义核心价值观为引领，贯彻保护为主、抢救第一、合理利用、加强管理的方针。

第五条　中华人民共和国境内地下、内水和领海中遗存的一切文物，以及中国管辖的其他海域内遗存的起源于中国的和起源国不明的文物，属于国家所有。

古文化遗址、古墓葬、石窟寺属于国家所有。国家指定保护的纪念建筑物、古建筑、古石刻、古壁画、近代现代代表性建筑等不可移动文物，除国家另有规定的以外，属于国家所有。

国有不可移动文物的所有权不因其所依附的土地的所有权或者使用权的改变而改变。

第六条　下列可移动文物，属于国家所有：

（一）中国境内地下、内水和领海以及中国管辖的其他海域内出土、出水的文物，国家另有规定的除外；

（二）国有文物收藏单位以及其他国家机关、部队和国有企业、事业单位等收藏、保管的文物；

（三）国家征集、购买或者依法没收的文物；

（四）公民、组织捐赠给国家的文物；

（五）法律规定属于国家所有的其他文物。

国有可移动文物的所有权不因其收藏、保管单位的终止或者变更而改变。

第七条　国有文物所有权受法律保护，不容侵犯。

属于集体所有和私人所有的纪念建筑物、古建筑和祖传文物以及依法取得的其他文物，其所有权受法律保护。文物的所有者必须遵守国家有关文物保护的法律、法规的规定。

第八条　一切机关、组织和个人都有依法保护文物的义务。

第九条　国务院文物行政部门主管全国文物保护工作。

地方各级人民政府负责本行政区域内的文物保护工作。县级以上地方人民政府文物行政部门对本行政区域内的文物保护实施监督管理。

县级以上人民政府有关部门在各自的职责范围内，负责有关的文物保护工作。

第十条　国家发展文物保护事业，贯彻落实保护第一、加强管理、挖掘价值、有效利用、让文物活起来的工作要求。

第十一条　文物是不可再生的文化资源。各级人民政府应当重视文物保护，正确处理经济建设、社会发展与文物保护的关系，确保文物安全。

基本建设、旅游发展必须把文物保护放在第一位，严格落实文物保护与安全管理规定，防止建设性破坏和过度商业化。

第十二条　对与中国共产党各个历史时期重大事件、重要会议、重要人物和伟大建党精神等有关的文物，各级人民政府应当采取措施加强保护。

第十三条　县级以上人民政府应当将文物保护事业纳入本级国民经济和社会发展规划，所需经费列入本级预算，确保文物保护事业发展与国民经济和社会发展水平相适应。

国有博物馆、纪念馆、文物保护单位等的事业性收入，纳入预算管理，用于文物保护事业，任何单位或者个人不得侵占、挪用。

国家鼓励通过捐赠等方式设立文物保护社会基金，专门用于文物保护，任何单位或者个人不得侵占、挪用。

第十四条　县级以上人民政府及其文物行政部门应当加强文物普查和专项调查，全面掌握文物资源及保护情况。

县级以上人民政府文物行政部门加强对国有文物资源资产的动态管理，按照国家有关规定，及时报送国有文物资源资产管理情况的报告。

第十五条　国家支持和规范文物价值挖掘阐释，促进中华文明起源与发展研究，传承中华优秀传统文化，弘扬革命文化，发展社会主义先进文化，铸牢中华民族共同体意识，提升中华文化影响力。

第十六条　国家加强文物保护的宣传教育，创新传播方式，增强全民文物保护的意识，营造自觉传承中华民族优秀历史文化遗产的社会氛围。

新闻媒体应当开展文物保护法律法规和文物保护知识的宣传报道，并依法对危害文物安全、破坏文物的行为进行舆论监督。

博物馆、纪念馆、文物保管所、考古遗址公园等有关单位应当结合参观游览内容有针对性地开展文物保护宣传教育活动。

第十七条　国家鼓励开展文物保护的科学研究，推广先进适用的文物保护技术，提高文物保护的科学技术水平。

国家加强文物保护信息化建设，鼓励开展文物保护数字化工作，推进文物资源数字化采集和展示利用。

国家加大考古、修缮、修复等文物保护专业人才培养力度，健全人才培养、使用、评价和激励机制。

第十八条　国家鼓励开展文物利用研究，在确保文物安全的前提下，坚持社会效益优先，有效利用文物资源，提供多样化多层次的文化产品与服务。

第十九条　国家健全社会参与机制，调动社会力量参与文化遗产保护的积极性，鼓励引导社会力量投入文化遗产保护。

第二十条　国家支持开展考古、修缮、修复、展览、科学研究、执法、司法等文物保护国际交流与合作，促进人类文明交流互鉴。

第二十一条　县级以上人民政府文物行政部门或者有关部门应当公开投诉、举报方式等信息，及时受理并处理涉及文物保护的投诉、举报。

第二十二条　有下列事迹之一的单位或者个人，按照国家有关规定给予表彰、奖励：

（一）认真执行文物保护法律、法规，保护文物成绩显著的；

（二）为保护文物与违法犯罪行为作坚决斗争的；

（三）将收藏的重要文物捐献给国家或者向文物保护事业捐赠的；

（四）发现文物及时上报或者上交，使文物得到保护的；

（五）在考古发掘、文物价值挖掘阐释等工作中做出重大贡献的；

（六）在文物保护科学技术方面有重要发明创造或者其他重要贡献的；

（七）在文物面临破坏危险时，抢救文物有功的；

（八）长期从事文物工作，做出显著成绩的；

（九）组织、参与文物保护志愿服务，做出显著成绩的；

（十）在文物保护国际交流与合作中做出重大贡献的。

第二章　不可移动文物

第二十三条　在文物普查、专项调查或者其他相关工作中发现的不可移动文物，应当及时核定公布为文物保护单位或者登记公布为未定级不可移动文物。公民、组织可以提出核定公布文物保护单位或者登记公布未定级不可移动文物的建议。

国务院文物行政部门在省级和设区的市级、县级文物保护单位中，选择具有重大历史、艺术、科学价值的确定为全国重点文物保护单位，或者直接确定为全国重点文物保护单位，报国务院核定公布。

省级文物保护单位，由省、自治区、直辖市人民政府核定公布，并报国务院备案。

设区的市级和县级文物保护单位，分别由设区的市、自治州人民政府和县级人民政府核定公布，并报省、自治区、直辖市人民政府备案。

未定级不可移动文物，由县级人民政府文物行政部门登记，报本级人民政府和上一级人民政府文物行政部门备案，并向社会公布。

第二十四条　在旧城区改建、土地成片开发中，县级以上人民政府应当事先组织进行相关区域内不可移动文物调查，及时开展核定、登记、公布工作，并依法采取保护措施。未经调查，任何单位不得开工建设，防止建设性破坏。

第二十五条　保存文物特别丰富并且具有重大历史价值或者革命纪念意义的城市，由国务院核定公布为历史文化名城。

保存文物特别丰富并且具有重大历史价值或者革命纪念意义的城镇、街道、村庄，由省、自治区、直辖市人民政府核定公布为历史文化街区、村镇，并报国务院备案。

历史文化名城和历史文化街区、村镇所在地县级以上地方人民政府应当组织编制专门的历史文化名城和历史文化街区、村镇保护规划，并纳入有关规划。

历史文化名城和历史文化街区、村镇的保护办法，由国务院制定。

第二十六条　各级文物保护单位，分别由省、自治区、直辖市人民政府和设区的市级、县级人民政府划定公布必要的保护范围，作出标志说明，建立记录档案，并区别情况分别设置专门机构或者专人负责管理。全国重点文物保护单位的保护范围和记录档案，由省、自治区、直辖市人民政府文物行政部门报国务院文物行政部门备案。

未定级不可移动文物，由县级人民政府文物行政部门作出标志说明，建立记录档案，明确管理责任人。

县级以上地方人民政府文物行政部门应当根据不同文物的保护需要，制定文物保护单位和未定级不可移动文物的具体保护措施，向本级人民政府报告，并公告施行。

文物行政部门应当指导、鼓励基层群众性自治组织、志愿者等参与不可移动文物保护工作。

第二十七条　各级人民政府制定有关规划，应当根据文物保护的需要，事先由有关部门会同文物行政部门商定本行政区域内不可移动文物的保护措施，并纳入规划。

县级以上地方人民政府文物行政部门根据文物保护需要，组织编制本行政区域内不可移动文物的保护规划，经本级人民政府批准后公布实施，并报上一级人民政府文物行政部门备案；全国重点文物保护单位的保护规划由省、自治区、直辖市人民政府批准后公布实施，并报国务院文物行政部门备案。

第二十八条　在文物保护单位的保护范围内不得进行文物保护工程以外的其他建设工程或者爆破、钻探、挖掘等作业；因特殊情况需要进行的，必须保证文物保护单位的安全。

因特殊情况需要在省级或者设区的市级、县级文物保护单位的保护范围内进行前款规定的建设工程或者作业的，必须经核定公布该文物保护单位的人民政府批准，在批准前应当征得上一级人民政府文物行政部门同意；在全国重点文物保护单位的保护范围内进行前款规定的建设工程或者作业的，必须经省、自治区、直辖市人民政府批准，在批准前应当征得国务院文物行政部门同意。

第二十九条　根据保护文物的实际需要，经省、自治区、直辖市人民政府批准，可以在文物保护单位的周围划出一定的建设控制地带，并予以公布。

在文物保护单位的建设控制地带内进行建设工程，不得破坏文物保护单位的历史风貌；工程设计方案应当根据文物保护单位的级别和建设工程对文物保护单位历史风貌的影响程度，经国家规定的文物行政部门同意后，依法取得建设工程规划许可。

第三十条　在文物保护单位的保护范围和建设控制地带内，不得建设污染文物保护单位及其环境的设施，不得进行可能影响文物保护单位安全及其环境的活动。对已有的污染文物保护单位及其环境的设施，依照生态环境有关法律法规的规定处理。

第三十一条　建设工程选址，应当尽可能避开不可移动文物；因特殊情况不能避开的，应当尽可能实施原址保护。

实施原址保护的，建设单位应当事先确定原址保护措施，根据文物保护单位的级别报相应的文物行政部门批准；未定级不可移动文物的原址保护措施，报县级人民政府文物行政部门批准；未经批准的，不得开工建设。

无法实施原址保护，省级或者设区的市级、县级文物保护单位需要迁移异地保护或者拆除的，应当报省、自治区、直辖市人民政府批准；迁移或者拆除省级文物保护单位的，批准前必须征得国务院文物行政部门同意。全国重点文物保护单位不得拆除；需要迁移的，必须由省、自治区、直辖市人民政府报国务院批准。未定级不可移动文物需要迁移异地保护或者拆除的，应当报省、自治区、直辖市人民政府文物行政部门批准。

依照前款规定拆除国有不可移动文物，由文物行政部门监督实施，对具有收藏价值的壁画、雕塑、建筑构件等，由文物行政部门指定的文物收藏单位收藏。

本条规定的原址保护、迁移、拆除所需费用，由建设单位列入建设工程预算。

第三十二条　国有不可移动文物由使用人负责修缮、保养；非国有不可移动文物由所有人或者使用人负责修缮、保养，县级以上人民政府可以予以补助。

不可移动文物有损毁危险，所有人或者使用人不具备修缮能力的，县级以上人民政府应当给予帮助；所有人或者使用人具备修缮能力但拒不依法履行修缮义务的，县级以上人民政府可以给予抢救修缮，所需费用由所有人或者使用人承担。

对文物保护单位进行修缮，应当根据文物保护单位的级别报相应的文物行政部门批准；对未定级不可移动文物进行修缮，应当报县级人民政府文物行政部门批准。

文物保护单位的修缮、迁移、重建，由取得文物保护工程资质证书的单位承担。

对不可移动文物进行修缮、保养、迁移，必须遵守不改变文物原状和最小干预的原则，确保文物的真实性和完整性。

县级以上人民政府文物行政部门应当加强对不可移动文物保护的监督检查，及时发现问题隐患，防范安全风险，并督促指导不可移动文物所有人或者使用人履行保护职责。

第三十三条　不可移动文物已经全部毁坏的，应当严格实施遗址保护，不得在原址重建。因文物保护等特殊情况需要在原址重建的，由省、自治区、直辖市人民政府文物行政部门报省、自治区、直辖市人民政府批准；全国重点文物保护单位需要在原址重建的，由省、自治区、直辖市人民政府征得国务院文物行政部门同意后报国务院批准。

第三十四条　国有文物保护单位中的纪念建筑物或者古建筑，除可以建立博物馆、文物保管所或者辟为参观游览场所外，改作其他用途的，设区的市级、县级文物保护单位应当经核定公布该文物保护单位的人民政府文物行政部门征得上一级人民政府文物行政部门同意后，报核定公布该文物保护单位的人民政府批准；省级文物保护单位应当经核定公布该文物保护单位的省、自治区、直辖市人民政府文物行政部门审核同意后，报省、自治区、直辖市人民政府批准；全国重点文物保护单位应当由省、自治区、直辖市人民政府报国务院批准。国有未定级不可移动文物改作其他用途的，应当报告县级人民政府文物行政部门。

第三十五条　国有不可移动文物不得转让、抵押，国家另有规定的，依照其规定。建立博物馆、文物保管所或者辟为参观游览场所的国有不可移动文物，不得改作企业资产经营；其管理机构不得改由企业管理。

依托历史文化街区、村镇进行旅游等开发建设活动的，应当严格落实相关保护规划和保护措施，控制大规模搬迁，防止过度开发，加强整体保护和活态传承。

第三十六条　非国有不可移动文物不得转让、抵押给外国人、外国组织或者国际组织。

非国有不可移动文物转让、抵押或者改变用途的，应当报相应的文物行政部门备案。

第三十七条　县级以上人民政府及其有关部门应当采取措施，在确保文物安全的前提下，因地制宜推动不可移动文物有效利用。

文物保护单位应当尽可能向社会开放。文物保护单位向社会开放，应当合理确定开放时间和游客承载量，并向社会公布，积极为游客提供必要的便利。

为保护不可移动文物建立的博物馆、纪念馆、文物保管所、考古遗址公园等单位，应当加强对不可移动文物价值的挖掘阐释，开展有针对性的宣传讲解。

第三十八条　使用不可移动文物，必须遵守不改变文物原状和最小干预的原则，负责保护文物本体及其附属文物的安全，不得损毁、改建、添建或者拆除不可移动文物。

对危害不可移动文物安全、破坏不可移动文物历史风貌的建筑物、构筑物，当地人民政府应当及时调查处理；必要时，对该建筑物、构筑物依法予以拆除、迁移。

第三十九条　不可移动文物的所有人或者使用人应当加强用火、用电、用气等的消防安全管理，根据不可移动文物的特点，采取有针对性的消防安全措施，提高火灾预防和应急处置能力，确保文物安全。

第四十条　省、自治区、直辖市人民政府可以将地下埋藏、水下遗存的文物分布较为集中，需要整体保护的区域划定为地下文物埋藏区、水下文物保护区，制定具体保护措施，并公告施行。

地下文物埋藏区、水下文物保护区涉及两个以上省、自治区、直辖市的，或者涉及中国领海以外由中国管辖的其他海域的，由国务院文物行政部门划定并制定具体保护措施，报国务院核定公布。

第三章　考古发掘

第四十一条　一切考古发掘工作，必须履行报批手续；从事考古发掘的单位，应当取得国务院文物行政部门颁发的考古发掘资质证书。

地下埋藏和水下遗存的文物，任何单位或者个人都不得私自发掘。

第四十二条　从事考古发掘的单位，为了科学研究进行考古发掘，应当提出发掘计划，报国务院文物行政部门批准；对全国重点文物保护单位的考古发掘计划，应当经国务院文物行政部门审核后报国务院批准。国务院文物行政部门在批准或者审核前，应当征求社会科学研究机构及其他科研机构和有关专家的意见。

第四十三条　在可能存在地下文物的区域，县级以上地方人民政府进行土地出让或者划拨前，应当由省、自治区、直辖市人民政府文物行政部门组织从事考古发掘的单位进行考古调查、勘探。可能存在地下文物的区域，由省、自治区、直辖市人民政府文物行政部门及时划定并动态调整。

进行大型基本建设工程，或者在文物保护单位的保护范围、建设控制地带内进行建设工程，未依照前款规定进行考古调查、勘探的，建设单位应当事先报请省、自治区、直辖市人民政府文物行政部门组织从事考古发掘的单位在工程范围内有可能埋藏文物的地方进行考古调查、勘探。

考古调查、勘探中发现文物的，由省、自治区、直辖市人民政府文物行政部门根据文物保护的要求与建设单位共同商定保护措施；遇有重要发现的，由省、自治区、直辖市人民政府文物行政部门及时报国务院文物行政部门处理。由此导致停工或者工期延长，造成建设单位损失的，由县级以上地方人民政府文物行政部门会同有关部门听取建设单位意见后，提出处理意见，报本级人民政府批准。

第四十四条　需要配合进行考古发掘工作的，省、自治区、直辖市人民政府文物行政部门应当在勘探工作的基础上提出发掘计划，报国务院文物行政部门批准。国务院文物行政部门在批准前，应当征求社会科学研究机构及其他科研机构和有关专家的意见。

确因建设工期紧迫或者有自然破坏危险，对古文化遗址、古墓葬急需进行抢救发掘的，由省、自治区、直辖市人民政府文物行政部门组织发掘，并同时补办审批手续。

第四十五条　凡因进行基本建设和生产建设需要的考古调查、勘探、发掘，所需费用由建设单位列入建设工程预算。

县级以上人民政府可以通过适当方式对考古调查、勘探、发掘工作给予支持。

第四十六条　在建设工程、农业生产等活动中，任何单位或者个人发现文物或者疑似文物的，应当保护现场，立即报告当地文物行政部门；文物行政部门应当在接到报告后二十四小时内赶赴现场，并在七日内提出处理意见。文物行政部门应当采取措施保护现场，必要时可以通知公安机关或者海上执法机关协助；发现重要文物的，应当立即上报国务院文物行政部门，国务院文物行政部门应当在接到报告后十五日内提出处理意见。

依照前款规定发现的文物属于国家所有，任何单位或者个人不得哄抢、私分、藏匿。

第四十七条　未经国务院文物行政部门报国务院特别许可，任何外国人、外国组织或者国际组织不得在中国境内进行考古调查、勘探、发掘。

第四十八条　考古调查、勘探、发掘的结果，应当如实报告国务院文物行政部门和省、自治区、直辖市人民政府文物行政部门。

考古发掘的文物，应当登记造册，妥善保管，按照国家有关规定及时移交给由省、自治区、直辖市人民政府文物行政部门或者国务院文物行政部门指定的国有博物馆、图书馆或者其他国有收藏文物的单位收藏。经省、自治区、直辖市人民政府文物行政部门批准，从事考古发掘的单位可以保留少量出土、出水文物作为科研标本。

考古发掘的文物和考古发掘资料，任何单位或者个人不得侵占。

第四十九条　根据保证文物安全、进行科学研究和充分发挥文物作用的需要，省、自治区、直辖市人民政府文物行政部门经本级人民政府批准，可以调用本行政区域内的出土、出水文物；国务院文物行政部门经国务院批准，可以调用全国的重要出土、出水文物。

第四章　馆藏文物

第五十条　国家鼓励和支持文物收藏单位收藏、保护可移动文物，开展文物展览展示、宣传教育和科学研究等活动。

有关部门应当在设立条件、社会服务要求、财税扶持政策等方面，公平对待国有文物收藏单位和非国有文物收藏单位。

第五十一条　博物馆、图书馆和其他文物收藏单位对其收藏的文物（以下称馆藏文物），必须按照国家有关文物定级标准区分文物等级，设置档案，建立严格的管理制度，并报主管的文物行政部门备案。

县级以上地方人民政府文物行政部门应当建立本行政区域内的馆藏文物档案；国务院文物行政部门应当建立全国馆藏一级文物档案和其主管的国有文物收藏单位馆藏文物档案。

第五十二条　文物收藏单位可以通过下列方式取得文物：

（一）购买；

（二）接受捐赠；

（三）依法交换；

（四）法律、行政法规规定的其他方式。

国有文物收藏单位还可以通过文物行政部门指定收藏或者调拨方式取得文物。

文物收藏单位应当依法履行合理注意义务，对拟征集、购买文物来源的合法性进行了解、识别。

第五十三条　文物收藏单位应当根据馆藏文物的保护需要，按照国家有关规定建立、健全管理制度，并报主管的文物行政部门备案。未经批准，任何单位或者个人不得调取馆藏文物。

文物收藏单位的法定代表人或者主要负责人对馆藏文物的安全负责。文物收藏单位的法定代表人或者主要负责人离任时，应当按照馆藏文物档案办理馆藏文物移交手续。

第五十四条　国务院文物行政部门可以调拨全国的国有馆藏文物。省、自治区、直辖市人民政府文物行政部门可以调拨本行政区域内其主管的国有文物收藏单位馆藏文物；调拨国有馆藏一级文物，应当报国务院文物行政部门备案。

国有文物收藏单位可以申请调拨国有馆藏文物。

第五十五条　文物收藏单位应当改善服务条件，提高服务水平，充分发挥馆藏文物的作用，通过举办展览、科学研究、文化创意等活动，加强对中华民族优秀的历史文化和革命传统的宣传教育；通过借用、交换、在线展览等方式，提高馆藏文物利用效率。

文物收藏单位应当为学校、科研机构开展有关教育教学、科学研究等活动提供支持和帮助。

博物馆应当按照国家有关规定向公众开放，合理确定开放时间和接待人数并向社会公布，采用多种形式提供科学、准确、生动的文字说明和讲解服务。

第五十六条　国有文物收藏单位之间因举办展览、科学研究等需借用馆藏文物的，应当报主管的文物行政部门备案；借用馆藏一级文物的，应当同时报国务院文物行政部门备案。

非国有文物收藏单位和其他单位举办展览需借用国有馆藏文物的，应当报主管的文物行政部门批准；借用国有馆藏一级文物的，应当经国务院文物行政部门批准。

文物收藏单位之间借用文物的，应当签订借用协议，协议约定的期限不得超过三年。

第五十七条　已经依照本法规定建立馆藏文物档案、管理制度的国有文物收藏单位之间可以交换馆藏文物；交换馆藏文物的，应当经省、自治区、直辖市人民政府文物行政部门批准，并报国务院文物行政部门备案。

第五十八条　未依照本法规定建立馆藏文物档案、管理制度的国有文物收藏单位，不得依照本法第五十五条至第五十七条的规定借用、交换其馆藏文物。

第五十九条　依法调拨、交换、借用馆藏文物，取得文物的文物收藏单位可以对提供文物的文物收藏单位给予合理补偿。

文物收藏单位调拨、交换、出借文物所得的补偿费用，必须用于改善文物的收藏条件和收集新的文物，不得挪作他用；任何单位或者个人不得侵占。

调拨、交换、借用的文物必须严格保管，不得丢失、损毁。

第六十条　禁止国有文物收藏单位将馆藏文物赠与、出租、出售或者抵押、质押给其他单位、个人。

第六十一条　国有文物收藏单位不再收藏的文物退出馆藏的办法，由国务院文物行政部门制定并公布。

第六十二条　修复馆藏文物，不得改变馆藏文物的原状；复制、拍摄、拓印馆藏文物，不得对馆藏文物造成损害。修复、复制、拓印馆藏二级文物和馆藏三级文物的，应当报省、自治区、直辖市人民政府文物行政部门批准；修复、复制、拓印馆藏一级文物的，应当报国务院文物行政部门批准。

不可移动文物的单体文物的修复、复制、拍摄、拓印，适用前款规定。

第六十三条　博物馆、图书馆和其他收藏文物的单位应当按照国家有关规定配备防火、防盗、防自然损坏的设施，并采取相应措施，确保收藏文物的安全。

第六十四条　馆藏一级文物损毁的，应当报国务院文物行政部门核查处理。其他馆藏文物损毁的，应当报省、自治区、直辖市人民政府文物行政部门核查处理；省、自治区、直辖市人民政府文物行政部门应当将核查处理结果报国务院文物行政部门备案。

馆藏文物被盗、被抢或者丢失的，文物收藏单位应当立即向公安机关报案，并同时向主管的文物行政部门报告。

第六十五条　文物行政部门和国有文物收藏单位的工作人员不得借用国有文物，不得非法侵占国有文物。

第五章　民间收藏文物

第六十六条　国家鼓励公民、组织合法收藏，加强对民间收藏活动的指导、管理和服务。

第六十七条　文物收藏单位以外的公民、组织可以收藏通过下列方式取得的文物：

（一）依法继承或者接受赠与；

（二）从文物销售单位购买；

（三）通过经营文物拍卖的拍卖企业（以下称文物拍卖企业）购买；

（四）公民个人合法所有的文物相互交换或者依法转让；

（五）国家规定的其他合法方式。

文物收藏单位以外的公民、组织收藏的前款文物可以依法流通。

第六十八条　禁止买卖下列文物：

（一）国有文物，但是国家允许的除外；

（二）国有不可移动文物中的壁画、雕塑、建筑构件等，但是依法拆除的国有不可移动文物中的壁画、雕塑、建筑构件等不属于本法第三十一条第四款规定的应由文物收藏单位收藏的除外；

（三）非国有馆藏珍贵文物；

（四）国务院有关部门通报或者公告的被盗文物以及其他来源不符合本法第六十七条规定的文物；

（五）外国政府、相关国际组织按照有关国际公约通报或者公告的流失文物。

第六十九条　国家鼓励文物收藏单位以外的公民、组织将其收藏的文物捐赠给文物收藏单位或者出借给文物收藏单位展览和研究。

文物收藏单位应当尊重并按照捐赠人的意愿，对受赠的文物妥善收藏、保管和展示。

国家禁止出境的文物，不得转让、出租、抵押、质押给境外组织或者个人。

第七十条　文物销售单位应当取得省、自治区、直辖市人民政府文物行政部门颁发的文物销售许可证。

文物销售单位不得从事文物拍卖经营活动，不得设立文物拍卖企业。

第七十一条　依法设立的拍卖企业经营文物拍卖的，应当取得省、自治区、直辖市人民政府文物行政部门颁发的文物拍卖许可证。

文物拍卖企业不得从事文物销售经营活动，不得设立文物销售单位。

第七十二条　文物行政部门的工作人员不得举办或者参与举办文物销售单位或者文物拍卖企业。

文物收藏单位及其工作人员不得举办或者参与举办文物销售单位或者文物拍卖企业。

禁止设立外商投资的文物销售单位或者文物拍卖企业。

除文物销售单位、文物拍卖企业外，其他单位或者个人不得从事文物商业经营活动。

第七十三条　文物销售单位不得销售、文物拍卖企业不得拍卖本法第六十八条规定的文物。

文物拍卖企业拍卖的文物，在拍卖前应当经省、自治区、直辖市人民政府文物行政部门依照前款规定进行审核，并报国务院文物行政部门备案。

文物销售单位销售文物、文物拍卖企业拍卖文物，应当如实表述文物的相关信息，不得进行虚假宣传。

第七十四条　省、自治区、直辖市人民政府文物行政部门应当建立文物购销、拍卖信息与信用管理系统，推动文物流通领域诚信建设。文物销售单位购买、销售文物，文物拍卖企业拍卖文物，应当按照国家有关规定作出记录，并于销售、拍卖文物后三十日内报省、自治区、直辖市人民政府文物行政部门备案。

拍卖文物时，委托人、买受人要求对其身份保密的，文物行政部门应当为其保密；法律、行政法规另有规定的除外。

第七十五条　文物行政部门在审核拟拍卖的文物时，可以指定国有文物收藏单位优先购买其中的珍贵文物。购买价格由国有文物收藏单位的代表与文物的委托人协商确定。

第七十六条　银行、冶炼厂、造纸厂以及废旧物资回收单位，应当与当地文物行政部门共同负责拣选掺杂在金银器和废旧物资中的文物。拣选文物除供银行研究所必需的历史货币可以由中国人民银行留用外，应当移交当地文物行政部门。移交拣选文物，应当给予合理补偿。

第六章　文物出境进境

第七十七条　国有文物、非国有文物中的珍贵文物和国家禁止出境的其他文物，不得出境；依照本法规定出境展览，或者因特殊需要经国务院批准出境的除外。

国家禁止出境的文物的具体范围，由国务院文物行政部门规定并公布。

第七十八条　文物出境，应当经国务院文物行政部门指定的文物进出境审核机构审核。经审核允许出境的文物，由国务院文物行政部门颁发文物出境许可证，从国务院文物行政部门指定的口岸出境。

任何单位或者个人运送、邮寄、携带文物出境，应当向海关申报；海关凭文物出境许可证放行。

第七十九条　文物出境展览，应当报国务院文物行政部门批准；一级文物超过国务院规定数量的，应当报国务院批准。

一级文物中的孤品和易损品，禁止出境展览。

出境展览的文物出境，由文物进出境审核机构审核、登记。海关凭国务院文物行政部门或者国务院的批准文件放行。出境展览的文物复进境，由原审核、登记的文物进出境审核机构审核查验。

第八十条　文物临时进境，应当向海关申报，并报文物进出境审核机构审核、登记。文物进出境审核机构发现临时进境的文物属于本法第六十八条规定的文物的，应当向国务院文物行政部门报告并通报海关。

临时进境的文物复出境，必须经原审核、登记的文物进出境审核机构审核查验；经审核查验无误的，由国务院文物行政部门颁发文物出境许可证，海关凭文物出境许可证放行。

第八十一条　国家加强文物追索返还领域的国际合作。国务院文物行政部门依法会同有关部门对因被盗、非法出境等流失境外的文物开展追索；对非法流入中国境内的外国文物，根据有关条约、协定、协议或者对等原则与相关国家开展返还合作。

国家对于因被盗、非法出境等流失境外的文物，保留收回的权利，且该权利不受时效限制。

第七章　法律责任

第八十二条　违反本法规定，地方各级人民政府和县级以上人民政府有关部门及其工作人员，以及其他依法履行公职的人员，滥用职权、玩忽职守、徇私舞弊的，对负有责任的领导人员和直接责任人员依法给予处分。

第八十三条　有下列行为之一的，由县级以上人民政府文物行政部门责令改正，给予警告；造成文物损坏或者其他严重后果的，对单位处五十万元以上五百万元以下的罚款，对个人处五万元以上五十万元以下的罚款，责令承担相关文物修缮和复原费用，由原发证机关降低资质等级；情节严重的，对单位可以处五百万元以上一千万元以下的罚款，由原发证机关吊销资质证书：

（一）擅自在文物保护单位的保护范围内进行文物保护工程以外的其他建设工程或者爆破、钻探、挖掘等作业；

（二）工程设计方案未经文物行政部门同意，擅自在文物保护单位的建设控制地带内进行建设工程；

（三）未制定不可移动文物原址保护措施，或者不可移动文物原址保护措施未经文物行政部门批准，擅自开工建设；

（四）擅自迁移、拆除不可移动文物；

（五）擅自修缮不可移动文物，明显改变文物原状；

（六）擅自在原址重建已经全部毁坏的不可移动文物；

（七）未取得文物保护工程资质证书，擅自从事文物修缮、迁移、重建；

（八）进行大型基本建设工程，或者在文物保护单位的保护范围、建设控制地带内进行建设工程，未依法进行考古调查、勘探。

损毁依照本法规定设立的不可移动文物保护标志的，由县级以上人民政府文物行政部门给予警告，可以并处五百元以下的罚款。

第八十四条　在文物保护单位的保护范围或者建设控制地带内建设污染文物保护单位及其环境的设施的，由生态环境主管部门依法给予处罚。

第八十五条　违反本法规定，有下列行为之一的，由县级以上人民政府文物行政部门责令改正，给予警告或者通报批评，没收违法所得；违法所得五千元以上的，并处违法所得二倍以上十倍以下的罚款；没有违法所得或者违法所得不足五千元的，并处一万元以上五万元以下的罚款：

（一）转让或者抵押国有不可移动文物；

（二）将建立博物馆、文物保管所或者辟为参观游览场所的国有不可移动文物改作企业资产经营，或者将其管理机构改由企业管理；

（三）将非国有不可移动文物转让或者抵押给外国人、外国组织或者国际组织；

（四）擅自改变国有文物保护单位中的纪念建筑物或者古建筑的用途。

第八十六条　历史文化名城的布局、环境、历史风貌等遭到严重破坏的，由国务院撤销其历史文化名城称号；历史文化街区、村镇的布局、环境、历史风貌等遭到严重破坏的，由省、自治区、直辖市人民政府撤销其历史文化街区、村镇称号；对负有责任的领导人员和直接责任人员依法给予处分。

第八十七条　有下列行为之一的，由县级以上人民政府文物行政部门责令改正，给予警告或者通报批评，没收违法所得；违法所得五千元以上的，并处违法所得二倍以上十倍以下的罚款；没有违法所得或者违法所得不足五千元的，可以并处五万元以下的罚款：

（一）文物收藏单位未按照国家有关规定配备防火、防盗、防自然损坏的设施；

（二）文物收藏单位法定代表人或者主要负责人离任时未按照馆藏文物档案移交馆藏文物，或者所移交的馆藏文物与馆藏文物档案不符；

（三）国有文物收藏单位将馆藏文物赠与、出租、出售或者抵押、质押给其他单位、个人；

（四）违反本法规定借用、交换馆藏文物；

（五）挪用或者侵占依法调拨、交换、出借文物所得的补偿费用。

第八十八条　买卖国家禁止买卖的文物或者将国家禁止出境的文物转让、出租、抵押、质押给境外组织或者个人的，由县级以上人民政府文物行政部门责令改正，没收违法所得、非法经营的文物；违法经营额五千元以上的，并处违法经营额二倍以上十倍以下的罚款；没有违法经营额或者违法经营额不足五千元的，并处一万元以上五万元以下的罚款。

文物销售单位、文物拍卖企业有前款规定的违法行为的，由县级以上人民政府文物行政部门没收违法所得、非法经营的文物；违法经营额三万元以上的，并处违法经营额二倍以上十倍以下的罚款；没有违法经营额或者违法经营额不足三万元的，并处五万元以上二十五万元以下的罚款；情节严重的，由原发证机关吊销许可证书。

第八十九条　未经许可擅自从事文物商业经营活动的，由县级以上人民政府文物行政部门责令改正，给予警告或者通报批评，没收违法所得、非法经营的文物；违法经营额三万元以上的，并处违法经营额二倍以上十倍以下的罚款；没有违法经营额或者违法经营额不足三万元的，并处五万元以上二十五万元以下的罚款。

第九十条　有下列情形之一的，由县级以上人民政府文物行政部门责令改正，给予警告或者通报批评，没收违法所得、非法经营的文物；违法经营额三万元以上的，并处违法经营额二倍以上十倍以下的罚款；没有违法经营额或者违法经营额不足三万元的，并处五万元以上二十五万元以下的罚款；情节严重的，由原发证机关吊销许可证书：

（一）文物销售单位从事文物拍卖经营活动；

（二）文物拍卖企业从事文物销售经营活动；

（三）文物拍卖企业拍卖的文物，未经审核；

（四）文物收藏单位从事文物商业经营活动；

（五）文物销售单位、文物拍卖企业知假售假、知假拍假或者进行虚假宣传。

第九十一条　有下列行为之一的，由县级以上人民政府文物行政部门会同公安机关、海上执法机关追缴文物，给予警告；情节严重的，对单位处十万元以上三百万元以下的罚款，对个人处五千元以上五万元以下的罚款：

（一）发现文物隐匿不报或者拒不上交；

（二）未按照规定移交拣选文物。

第九十二条　文物进出境未依照本法规定申报的，由海关或者海上执法机关依法给予处罚。

第九十三条　有下列行为之一的，由县级以上人民政府文物行政部门责令改正；情节严重的，对单位处十万元以上三百万元以下的罚款，限制业务活动或者由原发证机关吊销许可证书，对个人处五千元以上五万元以下的罚款：

（一）改变国有未定级不可移动文物的用途，未依照本法规定报告；

（二）转让、抵押非国有不可移动文物或者改变其用途，未依照本法规定备案；

（三）国有不可移动文物的使用人具备修缮能力但拒不依法履行修缮义务；

（四）从事考古发掘的单位未经批准擅自进行考古发掘，或者不如实报告考古调查、勘探、发掘结果，或者未按照规定移交考古发掘的文物；

（五）文物收藏单位未按照国家有关规定建立馆藏文物档案、管理制度，或者未将馆藏文物档案、管理制度备案；

（六）未经批准擅自调取馆藏文物；

（七）未经批准擅自修复、复制、拓印文物；

（八）馆藏文物损毁未报文物行政部门核查处理，或者馆藏文物被盗、被抢或者丢失，文物收藏单位未及时向公安机关或者文物行政部门报告；

（九）文物销售单位销售文物或者文物拍卖企业拍卖文物，未按照国家有关规定作出记录或者未将所作记录报文物行政部门备案。

第九十四条　文物行政部门、文物收藏单位、文物销售单位、文物拍卖企业的工作人员，有下列行为之一的，依法给予处分；情节严重的，依法开除公职或者吊销其从业资格证书：

（一）文物行政部门和国有文物收藏单位的工作人员借用或者非法侵占国有文物；

（二）文物行政部门、文物收藏单位的工作人员举办或者参与举办文物销售单位或者文物拍卖企业；

（三）因不负责任造成文物保护单位、珍贵文物损毁或者流失；

（四）贪污、挪用文物保护经费。

前款被开除公职或者被吊销从业资格证书的人员，自被开除公职或者被吊销从业资格证书之日起十年内不得担任文物管理人员或者从事文物经营活动。

第九十五条　单位违反本法规定受到行政处罚，情节严重的，对单位直接负责的主管人员和其他直接责任人员处五千元以上五万元以下的罚款。

第九十六条　违反本法规定，损害他人民事权益的，依法承担民事责任；构成违反治安管理行为的，由公安机关依法给予治安管理处罚；构成犯罪的，依法追究刑事责任。

第九十七条　县级以上人民政府文物行政部门依法实施监督检查，可以采取下列措施：

（一）进入现场进行检查；

（二）查阅、复制有关文件资料，询问有关人员，对可能被转移、销毁或者篡改的文件资料予以封存；

（三）查封、扣押涉嫌违法活动的场所、设施或者财物；

（四）责令行为人停止侵害文物的行为。

第九十八条　监察委员会、人民法院、人民检察院、公安机关、海关、市场监督管理部门和海上执法机关依法没收的文物应当登记造册，妥善保管，结案后无偿移交文物行政部门，由文物行政部门指定的国有文物收藏单位收藏。

第九十九条　因违反本法规定造成文物严重损害或者存在严重损害风险，致使社会公共利益受到侵害的，人民检察院可以依照有关诉讼法的规定提起公益诉讼。

第八章　附则

第一百条　文物保护有关行政许可的条件、期限等，本法未作规定的，适用《中华人民共和国行政许可法》和有关法律、行政法规的规定。

第一百零一条　本法自 2025 年 3 月 1 日起施行。

参考文献

【古籍】

1.［北魏］贾思勰. 齐民要术选读本［M］. 石声汉释. 北京：农业出版社，1961.

2.［唐］张彦远. 历代名画记［M］. 南京：江苏凤凰美术出版社，2007.

3.［宋］米芾. 画史［M］. 北京：中华书局，1985.

4.［宋］周密. 齐东野语［M］. 北京：中华书局，1983.

5.［宋］黄伯思. 东观余论［M］. 北京：人民美术出版社，2010.

6.［宋］米芾. 书史［M］. 郑州：中州古籍出版社，2013.

7.［宋］罗从彦. 豫章先生文集［M］. 四部丛刊景宋乾道刊本（中国基本古籍库）.

8.［宋］施宿. 嘉泰会稽志·卷十七［M］. 清文渊阁四库全书本（中国基本古籍库）.

9.［宋］苏易简. 文房四谱·卷五·墨谱［M］.《四库全书》本.

10.［宋］晁说之. 墨经［M］. 上海古书流通处影印本.

11.［元］汤垕. 古今画鉴［M］. 北京：中华书局，1985.

12.［元］陶宗仪. 南村辍耕录［M］. 北京：中华书局，1958.

13.［明］文震亨. 长物志［M］. 北京：中华书局，2012.

14.［明、清］周嘉胄，周二学. 装潢志赏延素心录外九种［M］. 扬州：广陵书社，2016.

15.［明］屠隆. 纸墨笔砚笺·纸笺《美术丛刊》二集九辑［M］. 上海：上海神州国光社排印本，1936.

16.［明］陆万垓. 楮书［M］. 国家图书馆藏万历廿五年（1597）刊本.

17.［明］高濂. 遵生八笺［M］. 台湾商务印书馆影印四库全书子部 177 卷，1983.

18.［明］屠隆. 考槃余事［M］.《四库全书存目丛书》子部 118 册，济南：齐鲁书社，1995.

19.［明］张萱. 疑耀［M］. 台湾商务印书馆影印四库全书，总 857 卷（子部 162 卷），1986.

20.［明］詹景凤. 东图玄览编印［M］.《中国书画全书》第四册，上海：上海书画出版社，1992.

21.［明］沈继孙. 墨法集要［M］. 北京：中华书局，1985.

22.［明］张丑. 清河书画舫·卷八［M］. 清文渊阁四库全书本（中国基本古籍库）.

23.［明］胡震亨. 海盐县图经［M］. 杭州：浙江古籍出版社，2009.

24.［明］方以智. 物理小识［M］. 上海：商务印书馆，1936 年.

25.［明］董其昌. 画禅室随笔·卷一［M］. 清文渊阁四库全书本（中国基本古籍库）.

26.［明］宋应星. 天工开物［M］. 长沙：岳麓书社，2002.

27.［明］谢肇淛. 五杂俎·卷十二·物部四［M］. 上海：中央书店，1935.

28.［明］唐志契. 绘事微言［M］. 南京：江苏凤凰美术出版社，2020.

29.［明］李时珍. 本草［M］. 北京：人民卫生出版社，1957.

30. [明] 陈嘉谟. 本草蒙筌 [M]. 北京：商务印书局，1985.
31. [明] 張懋，李东阳. 大明孝宗敬皇帝实录 [M]. 天一阁抄本 .
32. [清] 周二学. 一角编 [M]. 上海：上海美术出版社，1986.
33. [清] 邹一桂. 小山画谱 [M]. 济南：山东画报出版社，2009.
34. [清] 叶昌炽. 语石 [M]. 杭州：浙江大学出版社，2018.
35. [清] 叶德辉. 书林清话 [M]. 扬州：广陵书社，2007.
36. [清] 黄丕烈. 黄丕烈藏书题跋集 [M]. 上海：上海古籍出版社，2013.
37. [清] 巢勋（临本）.《白话芥子园·青在堂画学浅说》. 孙永选，刘宏伟，译 . 北京：华夏出版社，2019.

【今人著作】

1. 杜秉庄，杜子熊. 书画装裱技艺辑释 [M]. 上海：上海书画出版社，1995.
2. 南京博物院编. 中国书画文物修复导则 [M]. 南京：译林出版社，2017.
3. 故宫博物院修复厂裱画组. 书画的装裱与修复 [M]. 北京：文物出版社，1981.
4. 《纸质文物保护修复概论》编写组. 纸质文物保护修复概论 [M]. 北京：文物出版社，2019.
5. 兰德省，夏寅，周铁. 陶质彩绘文物保护修复技术 22 讲 [M]. 北京：文物出版社，2019.
6. 李晓东. 文物学 [M]. 北京：学苑出版社，2005.
7. 王慧贞. 文物保护学 [M]. 北京：文物出版社，2018.
8. [意] 马里奥·米凯利，詹长法. 文物保护和修复的问题卷 3[A]. 北京：文物出版社，2009.
9. [西] 萨尔瓦多·穆尼奥斯·比尼亚斯. 当代保护理论 [M]. 张鹏，等，译. 上海：同济大学出版社，2012.
10. [意] 切萨雷·布兰迪. 修复理论 [M]. 陆地，编译. 上海：同济大学出版社，2016.
11. 中国第二历史档案馆. 民国档案修复技术手册 [M]. 北京：九州出版社，2021.
12. 徐邦达. 古书画鉴定概论 [M]. 北京：故宫出版社，2015.
13. 杨仁恺. 中国书画鉴定学稿 [M]. 沈阳：辽宁人民出版社，2015.
14. 黄永年. 古籍版本学 [M]. 南京：江苏教育出版社，2009.
15. 李致忠. 古籍版本鉴定 [M]. 北京：国家图书馆出版社，2007.
16. 中国文化遗产研究院. 中国文物保护与修复技术 [M]. 北京：科学出版社，2009.
17. 刘家真. 古籍保护原理与方法 [M]. 北京：国家图书馆出版社，2015.
18. 杨时荣. 图书文献保存性修复 [M]. 台北：南天书局有限公司，2008.
19. 潘吉星. 中国造纸史 [M]. 上海：上海人民出版社，2009.
20. 王菊华. 中国古代造纸技术史 [M]. 太原：山西教育出版社，2006.
21. 刘仁庆. 中国手工纸的传统技艺 [M]. 北京：知识产权出版社，2019.
22. 刘玉才，陈红彦. 古籍鉴定与保护 [M]. 北京：北京大学出版社，2024.

23. 谢稚柳. 鉴余杂稿：中国古代书画品鉴 [M]. 上海：上海人民出版社，2016.
24. 范胜利. 博物馆书画修复理论与实践 [M]. 北京：燕山出版社，2017.
25. 国家图书馆古籍馆. 国家图书馆藏法帖修复与保护 [M]. 北京：国家图书馆出版社，2021.
26. 张美芳. 档案保护技术 [M]. 北京：中国文史出版社，2017.
27. 张平，吴澍时. 古籍修复案例述评 [M]. 北京：国家图书馆出版社，2012.
28. 赵权利. 中国古代绘画技法·材料·工具史纲 [M]. 南宁：广西美术出版社，2006.
29. 蒋玄佁. 中国绘画材料史 [M]. 上海：上海书画出版社，1986.
30. 于非闇. 中国画颜色的研究 [M]. 杭州：浙江人民美术出版社，2019.
31. 张珩. 怎样鉴定书画 [M]. 杭州：浙江人民美术出版社，2015.
32. 冯鹏生. 中国书画装裱概说 [M]. 上海：上海人民美术出版社，1982.
33. 陆宗润. 书画修复理论 [M]. 北京：高等教育出版社，2020.
34. 刘家真，郭晓光. 藏品虫霉防治指南 [M]. 桂林：广西师范大学出版社，2023.
35. 刘芳如. 书画装池之美 [M]. 台北：台湾“故宫博物院”，2008.
36. 华东师范大学古籍整理研究室. 历代书法论文选续编 [M]. 上海：上海书画出版社，2007.
37. 吴湖帆. 吴湖帆文献 [M]. 上海：上海书画出版社，2018.
38. 麦英豪，黄展岳. 西汉南越王墓 [M]. 北京：文物出版社，1991.
39. 钱存训. 中国古代书史 [M]. 香港：香港大学出版社，1975.
40. 张志清，陈红彦. 古籍保护新探索 [M]. 杭州：浙江古籍出版社，2008.
41. 何士扬. 艺术鉴藏与活化 [M]. 杭州：中国美术学院出版社，2020.
42. 李爱红. 传统手工纸与纸质文物修复 [M]. 杭州：中国美术学院出版社，2021.

【期刊论文】

1. 何伟俊，郑冬青，陈潇俐，于书大，张诺. 我国书画文物装裱修复的理念转变与实践 [J]. 东南文化，2017（5）.
2. 范胜利. 中国古代书画修复思想概述 [J]. 遗产与保护研究，2016（5）.
3. 梁思成. 闲话文物建筑的重修与维护 [J]. 文物，1963（7）.
4. 李玮. 文物修复理论与文化遗产价值体系思考 [J]. 遗产与保护研究，2018（11）.
5. 李军. 文化遗产保护与修复理论模式的比较研究 [J]. 文艺研究，2006（2）.
6. 王红军. 遗产保护的主体性思维评《当代保护理论》[J]. 时代建筑，2014（6）.
7. 詹长法，徐琪歆.《威尼斯宪章》和中国文物古迹保护 [J]. 中国文物科学研究，2014（2）.
8. 易晓辉. 我国古纸及传统手工纸纤维原料分类方法研究 [J]. 中国造纸，2015（10）.
9. 詹长法. 预防性保护问题面面观 [J]. 国际博物馆（中文版），2009（3）.
10. 何流，詹长法.《威尼斯宪章》的指导思想和现实意义 [J]. 中国文化遗产，2015（1）.
11. 詹长法. 意大利现代的文物修复理论和修复史（下）[J]. 中国文物科学研究，2006（3）.
12. 詹长法. 意大利现代的文物修复理论和修复史（上）[J]. 中国文物科学研究，2006（2）.

13. 陈逸斐. 传统与现代的冲突与融合——中国书画修复“全色”研究 [D]. 中央美术学院，2018.
14. 谢子琪. 传统书画修复中“真实性”的多维建构 [D]. 广州大学，2022.
15. 于晨. 文物保护理念发展中的争议与共识研究 [D]. 中国科学技术大学，2021.
16. 陆寿麟，李化元，姜怀英，周保中，王时伟，杜晓帆，杨军昌，万俐，毛颖. 传统工艺与现代科技的结合与创新——“中国文物保护技术协会第七次学术年会”专家访谈 [J]. 东南文化，2012（6）.
17. 陆寿麟. 以科学的发展观促进文物科技事业的发展——在中国文物保护技术协会第四次学术年会上的讲话 [A]. 2005.
18. 范胜利. “修旧如原”与“修旧如现”——从传统书画修复实践与现代书画修复理念两方面看修复原则问题 [D]. 中央美术学院，2008.
19. 吕舟. 中国文物保护原则的发展与演变 [J]. 遗产与保护研究，2016（1）.
20. 陆地. 解读切萨雷·布兰迪《修复理论》内外的若干关键词 [J]. 建筑师，2019（4）.
21. 何伟俊，张金萍，陈潇俐. 传统书画装裱修复工艺的科学化探讨——以南京博物院为例 [J]. 东南文化. 2014（2）.
22. 钱存训. 中国墨的起源和发展 [J].《文献》，1989（2）.
23. 邓锋. 中国古代书画修复中的“修旧如旧”[J]. 中国美术馆，2012（1）.
24. 吴春龙. 中国书画的“修旧如旧”与“最小干预”[J]. 中国文物科学研究，2012（1）.
25. 郭文林. 中国古书画修复如何借鉴“最小干预原则”——以传统书画修复中的接笔为例 [J]. 故宫博物院院刊，2011（4）.
26. 冯乐耘.《游春图》《五牛图》重裱观感 [J]. 紫禁城，2014（1）.
27. 王红梅.《清明上河图》修复过程研究 [J]. 文博学刊，2022（2）.
28. 冉茂金，田红玉.《清明上河图》斩头续尾故宫再遭质疑 [N]. 中国艺术报. 2003（1）.
29. 王天凤. 博物馆古书画复制技术的演进——以故宫博物院、上海博物馆、荣宝斋为例 [J]. 中国非物质文化遗产，2021（1）.
30. 王伟. 中国传统制墨工艺研究——以松烟墨、油烟墨工艺发展研究为例 [D]. 中国科学技术大学，2010.
31. 李崇寒.《五牛图》——中国现存最早的纸本画 [J]. 国家人文历史，2017（2）.
32. 孔德平，蔡可. 传统制墨的形态结构与文化建构 [J]. 中国非物质文化遗产，2023（3）.
33. 杜伟生. 古籍修复原则 [J]. 国家图书馆学刊，2007（4）.
34. 吴庭宏. 古籍修复原则与方法研究——以黄丕烈藏书题跋之古书修补论述为基础 [J]. 古籍保护研究，第七辑 .
35. 沈宏敏，李玮. 嬗变与思考——兼谈中西方文物保护理念方法论 [J]. 博物馆研究，2016（1）.
36. 王世襄. 西晋陆机《平复帖》考略 [J]. 紫禁城（增刊），2005.
37. 余辉. 旷古至精绝 浪迹到天涯——《女史箴图》卷的前前后后 [J]. 紫禁城，2007（4）.

38. 李最雄. 敦煌莫高窟唐代绘画颜料分析研究 [J]. 敦煌研究，2020（4）.
39. [印] 雅·帕·凯思帕利亚. 档案材料的保护和修复 [J]. 档案学通讯（增刊），北京：中国档案学会筹备委员会，1981.

后记

早在2014年，习近平总书记就指出："要坚持古为今用、以古鉴今，坚持有鉴别的对待、有扬弃的继承，而不能搞厚古薄今、以古非今，努力实现传统文化的创造性转化、创新性发展，使之与现实文化相融相通，共同服务以文化人的世代任务。"[1]习近平总书记的讲话为我们文化遗产保护利用指明了方向。中国传统书画保护与修复经历了上千年的传承，在传承过程中已经形成一套安全可靠的规范性保护方法，这些保护方法虽然没有形成系统的理论体系，但仍然可作为我们构建符合中国特色的纸质文物保护理论体系的基础。

一直以来，希望能看到一本契合中国纸质文物保护与修复的理论书籍，希望能有这样一本理论书籍支持日常教学与日常修复实践。在切萨雷·布兰迪的《修复理论》、萨尔瓦多·穆尼奥斯·比尼亚斯的《当代保护理论》中系统了解了西方的文物保护理论，在周嘉胄的《装潢志》、周二学的《赏延素心录》中探寻到中国传统纸质文物保护理论雏形，并且在东西方的修复观念之间找到相通之处，这一切都触发笔者想系统梳理、出版符合中国纸质文物保护与修复的理论书籍的想法。在日常的研究生与本科生的教学中，尤其是在给毕业生辅导毕业论文的过程中，教学相长，获得许多有价值的思路，赋予了笔者动力。经过四年的笔耕，《纸质文物保护与修复理论》终于完成，从最初战战兢兢起笔，到今天收笔，其中仍然有许多不成熟的地方，希望得到文物保护界同人的批评与指正，倘若能给一线文物保护管理者和修复人员有些许的启发与帮助，则是笔者最大的欣慰。

1《习近平谈治国理政》（第二卷），外文出版社，2017年，第313页。

在中国美术学院文物保护与修复系工作期间，笔者曾数次带学生下乡考察实践，考察内容为传统文房笔墨纸砚的实地调查研究，在这期间记录下了传承千年的传统手工造纸工艺、传统手工制墨工艺等。本书第一章第三节中关于传统手工竹纸制作工艺，来自对杭州富阳逸古斋手工竹纸制作传承人朱中华老师的采访，朱老师将传统手工竹纸制作工艺详细地介绍给我们；传统手工墨的制作工艺来自安徽歙县万杵堂制墨传承人胡卫东老师的口述，胡老师详细讲解了传统松烟墨、油烟墨的制作工艺，以及松烟墨、油烟墨的用墨特征等。在此对两位老师深表感谢！本书的部分图例来源互联网，有些不清楚归属，不能一一标明确认，在此深表歉意！本书的设计延续了笔者前两本书籍的设计风格，这也是设计师梁庆老师的建议，感谢梁老师的精心设计，才促成这套系列书籍的出版。最后还要感谢中国美术学院出版社丁国志老师，在丁老师的督促下，才使得本书能顺利出版。

本书在撰写过程中，由于学识有限，加之时间仓促，纰漏不足之处，恳请方家与读者指正。

李爱红

2024 年 10 月于缮书堂

责任编辑　丁国志
装帧设计　梁　庆
责任校对　王　怡
责任印制　张荣胜

图书在版编目（CIP）数据

纸质文物保护与修复理论 / 李爱红著. -- 杭州 : 中国美术学院出版社, 2024. 12. -- ISBN 978-7-5503-3565-3

Ⅰ. K876.9

中国国家版本馆 CIP 数据核字第 20242W6J34 号

纸质文物保护与修复理论

李爱红　著

出 品 人　祝平凡
出版发行　中国美术学院出版社
地　　址　杭州市南山路 218 号　邮政编码：310014
网　　址　http://www.caapress.com
经　　销　全国新华书店
制版印刷　浙江海虹彩色印务有限公司
版　　次　2024 年 12 月第 1 版
印　　次　2024 年 12 月第 1 次印刷
开　　本　787mm × 1092mm　1/16
印　　张　13.5
字　　数　280 千
印　　数　0001—1000
书　　号　ISBN 978-7-5503-3565-3
定　　价　98.00 元